Robert Schmalstieg

775 Jahre Böseckendorf

Inhaltsverzeichnis

Beschreibung des Ortswappens der Gemeinde Böseckendorf (seit April 1996)

Das Wappen der Gemeinde Böseckendorf ist blau mit einem goldenen Schildhaupt und zeigt eine goldene Weizenähre, links beseitet von der silbernen Kurvatur eines Krummstabes, rechts beseitet von einem silbernen Beil.

Aus: Amtsblatt VG Lindenberg Nummer 4 vom 18. April 1997

Bedeutung der Symbole im Ortswappen

Der Krummstab steht für die frühere Abhängigkeit vom Kloster Teistungenburg (Kloster-Dorf)

Die Ähre steht für den bäuerlichen Ursprung (Weizen-Bauern)

Das Beil steht für den Ortsteil Bleckenrode als Rodungs-Dorf

Impressum

ISBN: **978-3-8423-0067-5**

Lektorat: Uwe Klingebiel, Wien

Verlag: BoD · Books on Demand GmbH, Überseering 33, 22297 Hamburg, bod@bod.de

Druck: Libri Plureos GmbH, Friedensallee 273, 22763 Hamburg

Bildnachweis

Die verwendeten Fotos stammen aus dem Besitz des Verfassers sowie von:

Christa **Aust geb. Dornieden**, Bad Wildungen; Gertrud **Bauermeister geb. Dornieden**, Böseckendorf; Jörg **Bauermeister**, Bleckenrode; Uwe **Dornieden**, Böseckendorf; Gerhard **Duwald**, Böseckendorf; Agnes **Eckardt geb. Zwingmann**, Böseckendorf; Rudolf **Eckermann**, Duderstadt; Eva **Halemeier geb. Niggemann**, Salzkotten-Oberntudorf; Rita **Hillebrand geb. Eberhardt**, Düsseldorf-Garath; Bertil **Holst**, Duderstadt; Wigbert **Iseke**, Leinefelde; Pfarrer Erich **Johne†**, Neuendorf; Georg **Klingebiel**, Böseckendorf; Lutz **Klingebiel**, Erfurt; Gerhard **Konradi**, Heiligenstadt; Manfred **Konradi†**, Böseckendorf; Klaus **Matwijow**, Herzberg; Erich **Müller**, Böseckendorf; Ewald **Napp**, Nordhorn; Waltraud **Rhode**, Dörnberg; Berthold **Schmalstieg**, Böseckendorf; Erich **Schmalstieg†**, Berlin-Hermsdorf; Georg **Schmalstieg**, Hamburg; Karl **Schmalstieg†**, Hildesheim; Ulrich **Schmalstieg**, Goslar; Gisbert **Schröder†**, Horb-Rexingen; Josef **Thume†**, Böseckendorf; Waltraud **Wand geb. Anhalt**, Bischofferode; Monika **Watzl geb. Klingebiel**, Streitholz; Holger **Weise**, Böseckendorf; Helmut **Zwingmann†**, Böseckendorf.

Hintergrundbild des Buchumschlags verwendet mit Genehmigung des Landesamts für Vermessung und Geoinformation, Hohenwindenstr. 13a, 99086 Erfurt: © GeoBasisDE / TLVermGeo , **Gen.-Nr. : 17/2011**

Vorwort

775 Jahre Böseckendorf! Als offizielles Jahr der Ersterwähnung wird 1250 angenommen, weil Böseckendorf in zwei Schenkungsurkunden vom 7. und 11. September genannt wird. Allerdings wurde der Ort schon früher als "Bisenkendorp, Bisekendorp" in dem zwischen 1212 und 1227 angefertigten Lehnsverzeichnis der Grafen von Regenstein schriftlich erwähnt (Q057), und zum zweiten Mal als Herkunftsname der Herren von Böseckendorf in einer 1231 ausgestellten Urkunde: "Wesmoth de Besekenthorp" (Q217).

Ab 1431 gehörte der Ort dem Kloster Teistungenburg, einem Zisterzienserinnenkloster. Für die Geschichtsschreibung darf man das als Glücksfall bezeichnen – gelten doch die Zisterzienser als die "schreibende Zunft". Wir verdanken ihnen Protokollbücher, Gerichtshandelsbücher und Klosterrechnungen, die bis weit ins 17. Jahrhundert zurück reichen.

Es wurden hier viele Urkunden aufgenommen, die Besitzwechsel von Ländereien in und um Böseckendorf an das Kloster Teistungenburg dokumentieren.

Anmerkungen bzw. Einfügungen des Verfassers wurden in eckige Klammern gesetzt. Offensichtliche Grammatik- bzw. Rechtschreibfehler in Urkunden wurden stillschweigend korrigiert, um die Lesbarkeit zu verbessern.

Die im Buch genannten Hausnummern beziehen sich auf die neue Nummerierung. (Gegenüberstellung alt/neu siehe Seiten 170-171).

Um das Buch möglichst lebendig zu gestalten, wurden viele Fotos aufgenommen, auf denen Böseckendorfer Einwohner zu sehen sind. Auch wurde versucht, die abgebildeten Personen soweit möglich zu identifizieren.

Die Erarbeitung erfolgte ohne künstliche Intelligenz - dafür mit sehr viel natürlicher - insbesondere folgender lieber Mitmenschen:
- Frau Agnes Eckardt aus Böseckendorf, der ich besonders danke für die Überlassung ihrer Dorfchronik (die ich bearbeitet und ergänzt habe), vieler alter Fotos und ihre intensive Mitarbeit
- Herr Franz Zwingmann (†2013), ohne dessen profundes Wissen über sein Heimatdorf vieles im Dunkeln geblieben wäre
- Herr Rudolf Eckermann aus Duderstadt, der mir viele alte Fotos überlassen hat und bei der Identifizierung etlicher Personen auf alten Fotos sehr geholfen hat
- Herr Leo Engelhardt aus Nordhorn, er hat mir viele lateinische Urkunden in sehr einfühlsamer Weise übersetzt
- Herr Uwe Klingebiel aus Wien, der sich mit der Transkription der Teistungenburger Protokoll- bzw. Gerichtshandelsbücher und Klosterrechnungsbücher aus der Zeit vor 1678 große Verdienste erworben hat. Außerdem hat er das Lektorat für dieses Buch übernommen.

Schließlich möchte ich meiner lieben Frau Elke danken für ihre hilfreiche Kritik, Mitarbeit und Geduld.

Das Buch dokumentiert den derzeitigen Stand meiner Forschungen. Für die Mitteilung von Fehlern oder Ergänzungen bin ich jederzeit dankbar.

Petershagen (Weser), Oktober 2025

Robert Schmalstieg   r.schmalstieg@web.de

Ortsgeschichte

- von den Anfängen bis 1400

Die Ursprünge Böseckendorfs liegen in den Jahren nach dem Untergang des Thüringer Reiches in der zweiten eichsfeldischen Siedlungsperiode (**531-850**). Franken und Sachsen regierten gemeinsam die Gebiete, die schließlich zum Fürstentum Eichsfeld zusammengeschlossen wurden. Damals entstanden viele Orte, deren Anfang heute im Dunkeln liegt. Orte, die auf "-dorf" (Haufe, Schar, Ansiedlung mehrerer) enden, fallen in die zweite Siedlungsperiode. Wie aus den Akten des Preußischen Staatsarchivs hervorgeht, gehörte die Gemarkung Böseckendorf bis zum 11. Jahrhundert den 3 Rittern von Basiko, nach deren Name der Ort benannt wurde: Dorf des Basiko oder Basikendorf – woraus allmählich "Böseckendorf" wurde. Die Siedlungsanlage und der Baustil der Häuser deuten auf fränkischen Einfluss.

Im "Lehnsverzeichnis Graf Heinrich I. von Regenstein 1212/1227" wird aufgeführt, dass die Besitzanteile des Regensteiners in einem geschlossenen Gebiet um Duderstadt – dem sogenannten Unteren Eichsfeld – lagen. Der ganze Ort Böseckendorf, Stammsitz eines gleichnamigen Geschlechts des niederen Adels, gehörte dazu. Die früheste Nachricht über die Herren von Böseckendorf, die ermittelt werden konnte, nennt einen Wasmod von Böseckendorf, der 1231 als Urkundenzeuge der Edelherren Gottschalk und Poppo von Plesse erscheint.

Die erste Erwähnung des Ortes Böseckendorf findet sich im Jahre **1250**, als der Ort in zwei Schenkungsurkunden des Grafen Ulrich von Regenstein vom **7. September** und der Äbtissin Gertrud von Quedlinburg vom **11. September** über 12 Hufen (ca. 95,8 ha) zu "Beskendorb" bzw. "Besekendorp" für das Kloster Beuren erwähnt wird.

Urkunde vom 7. September 1250:
Ulrich, Graf in Regenstein, verzichtet zu Gunsten der Quedlinburger Äbtissin auf 12 Hufen in Besekendorp.

Originaltext:
Ulricus dei gracia comes in Regensten omnibus, ad quos hoc scriptum pervenerit, salutem in eo, qui salutis propagator et conditor est humane. Literis presentibus protestamur, quod mansos duodecim proprietatis ecclesie in Quedelighebore sitos in Besekendorb, quibus infeodati exstitimus a domina abbatissa, plane et bona resignavimus voluntate, quos consensu capituli et ministerialium iamdicta nostra domina Gertrudis videlicet abbatissa contulit in Buren ecclesie non feodaliter, immo libere in omnia proventu et integritate eidem perpetuo servituros. Quod autem ut fieret sine Quedelighheb[org]ensis ecclesie detrimento, mansos totidem proprietatis nostre ecclesie eidem subiecimus et iterato iure recepimus feodali, quorum quinque siti sunt in Oyerot, Widagerot, et Welrot septem. Super quod factum ne cadat oblivio, presentem paginam weriem acte rei planius edocentem appensione sigilli nostril voluimus roborari. Datum anno gracie MCCL., VII. idus septembris.

(Q041 Urkunde Nr. 337; Q076 Bd. II Urkunde III)

Or.: Perg. Geringe Siegelreste an Pressel (Abb. Posse Bd. V Nr. 488). Rückvermerke: (saec. XIV) Litera proprietatis XII mansorum in Beskendorp; (saec. XVII) I, Ulricus gratia dei comes resignirt XII mansos gelegen zu Beßgendorff, so die Äbtissin zu Quedelingenburgh in Macht gehabt, dem Gotteshaus Teistingenburgh anno 1250; (saec. XIX) A No. 12 Magdeburg StA, Teistungenburg Nr. 4.

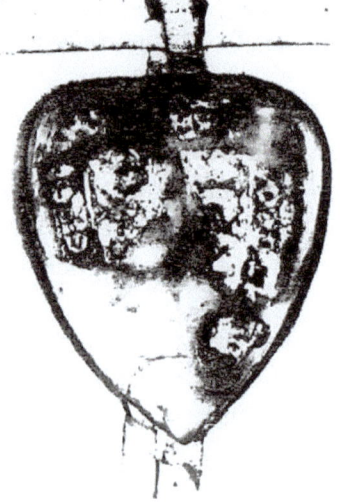

Urkunde des Ulrich Graf von Regenstein   (Q043)

Übersetzung:

Ulrich, durch Gottes Gnade Graf in Regenstein, an alle, zu denen dieses Schreiben gelangt: Heil in ihm, der der Begründer und Ausbreiter alles menschlichen Heils ist!

Mit gegenwärtigem Schreiben erklären Wir, dass Wir auf 12 in Böseckendorf gelegene, der Kirche in Quedlinburg gehörende Hufen, die Wir von der Frau Äbtissin in Feudalbesitz gehabt hatten, voll und ganz und freiwillig verzichtet haben, welche, mit Zustimmung des Kapitels und der Ministerialen, Unsere schon erwähnte Frau Gertrudis, die Äbtissin, der Kirche in Beuren ohne Feudalbindung übertragen hat, um ihnen völlig frei, mit allem Ertrag, und jeglichem Recht, für immer zu dienen.

Damit dies aber ohne Schaden für die Kirche von Quedinburg geschehe, haben Wir ebensoviele Äcker von Unseren Gütern eben derselben Kirche überschrieben und feudalrechtlich wieder zurückbekommen, fünf davon in Oyerot[1] und Widagerot[2] und sieben in Welrot[3].

Und damit dieses Faktum nicht in Vergessenheit versinke, haben Wir dieses den Sachverhalt darstellende Papier mit Unserem Siegel bestätigen lassen.
Gegeben im Jahr der Gnade 1250, VII. Idus des September.   (Q027)

Siegel des Ulricus I. Graf von Regenstein   (Q051)

Urkunde vom 11. September 1250:
Die Quedlinburger Äbtissin Gertrudis überträgt dem Beurener Kloster 12 Hufen in Besekendorp.

Originaltext:

In nomine domini amen. Gertrudis die gracia Quidelingeburgensis ecclesie abbatissa omnibus Christi fidelibus tam presentibus quam futuris salutem in Christo Ihesu. Ea, que fiunt in tempore, ne cum fuga temporis evanescant, scriptis et testibus expedit roborari. Ad noticiam igitur tam presentium quam futurerum cupimus pervenire, quod nos de communi et pleno nostri conventus assensu duodecim mansos proprietatis ecclesie nostre sitos in Besekendorp, quos fidelis et consanguineus noster comes Olricus de Regensten in feodo dinoscitur tenuisse, ecclesie in Buren libera donatione contulimus perpetuo possidendos, in quorum restaurum alios duodecim mansos sue proprietatis idem comes Olricus ecclesie nostre dedit, quos iure feodi recepit a nobis; ex quibus quinque siti sunt in Oyerod et in Widagerod, septem vero in Welrod. Ut autem hec nostra donation circa ecclesiam in Buren perpetuis temporibus inviolabiliter observetur, ipsaque predictos duodecim mansos quiete possideat cum omnibus tam in villis quam in agris pertinentibus, ad eosdem presens scriptum sigillis tam nostro quam etiam nostri conventus firmatum sibi dedimus ad cautelam, ne nocitura possit super hoc dubietas suboriri. Huius rei testes sunt: Sophia ecclesie nostre preposita, Machtildis decana, Rieza de Wedestorp, Machtildis de Elson, Benedicta preposita in Wenethusen, Adelheidis de Gandersem, laici vero: comes Sifridus de Blankenborch, Tidericus pincerna noster, Hermannus Reme, Bertrammus Spikere, Henricus Lemgreue, Iohannes de Marsleue, Bertrammus et Sifridus fratres de Hoiem et alii quamplures.
Datum anno gracie MCCL., III. idus septembris.   (Q041, Urkunde Nr. 338; Q076 Bd. II, Urkunde IV)

Or.: Perg. 2 Siegel an Pressel ab. Rückvermerke: (saec. XVII) Gertrudis abbatissa in Quedelburgh dat XII mansos in Besgendorff sitos m. Beuren; (saec. XIX) A No. 41 Magdeburg StA, Teistungenburg Nr. 3. Regest Dobenecker III Nr. 1834.

---

[1] Oyerot – nicht identifiziert, Südharz
[2] Widagerot – Wittgerode, Wüstung bei Weilrode, wüst seit dem 15. Jhdt.
[3] Welrot – Weilrode, heute Ortsteil von Bockelnhagen

Urkunde der Quedlinburger Äbtissin Gertrud   (Q044)

Übersetzung:

Im Namen des Herrn, Amen! Gertrud, durch Gottes Gnade Quedlinburger Äbtissin, allen Christgläubigen, wie den heutigen so auch den künftigen, Heil in Christus Jesus!

Damit, was in der Zeit geschieht, nicht mit dem flüchtigen Gang der Zeit alsbald verlorengeht, ist gut daran zu tun, es durch Schrift und Zeugen festzuhalten. So wünschen Wir, das gegenwärtige Schreiben möge Heutigen und Künftigen darüber Kenntnis geben, dass Wir mit einmütiger Zustimmung Unseres ganzen Konvents aus dem Eigentum Unserer Kirche in Böseckendorf 12 Hufen, die bekanntlich Unser Blutsverwandter, der getreue Graf Ulrich von Regenstein, in Feudalbesitz gehabt hatte, der Kirche in Beuren als freie Gabe zu Besitz für immer übertragen haben, zu deren Ausgleich andere 12 Hufen seines Eigentums derselbe Graf Ulrich Unserer Kirche gegeben hat, welche er wiederum feudalrechtlich von Uns zurückempfangen hat, und zwar fünf in Oyerot und in Widagerot gelegen und sieben in Welrot.

Damit aber diese Unsere Schenkung bezüglich der Kirche in Beuren zu allen Zeiten unverletzlich beobachtet werde, nämlich dass sie die genannten 12 Hufen mit sämtlichen Zugehörigkeiten in den Dörfern und Äckern ungestört besitzt, haben Wir ihr das gegenwärtige, durch Unser und Unseres Konvents Siegel geschützte Schreiben zur Sicherheit überreicht, so dass irgendein sträflicher Zweifel hierüber nicht dürfte entstehen können.

Zeugen dieser Sache sind: Sophia, Pröpstin Unserer Kirche; Mechthild, Dekanin; Bieza von Wedestorp; Mechthild von Elson; Benedicta, Pröpstin im Kloster Wendhusen [in Thale]; und Adelheid von Gandersheim; und die Laien: Graf Sifridus von Blankenburg4; Tidericus, Unser Kellermeister, Hermann Reme, Bertramus Spikere, Heinrich Romgreve, Johannes von Morsleve [Morsleben?], und die Brüder Bertram und Sifridus von Hoiem. Gegeben im Jahr der Gnaden 1250, III. Idus des September.

(Q027)

Siegel der Quedlinburger Äbtissin Gertrud   (Q051)

Urkunde vom 21. Januar 1255:

Ludold, Pleban, und die Rathmannen zu Duderstadt, bekennen, dass Alexander, Schwestersohn Heinrichs von Hagen, Bürger zu Duderstadt, einen halben Vierdung jährlicher Zinseinnahmen aus Böseckendorf der Kirche zu Beuren verkauft habe.

Originaltext:

Universis Christi fidelibus, ad quos scriptum pervenerit presens. Ludoldus plebanus . . consules ceterique burgenses in Duderstat et vite presentis prospera et future. Literis presentibus protestamur, quod Alexander filius sororis Heinrici de Indagine, comburgensis noster, vendidit dimidium fertonem census annui ecclesie Buren, quem in Besekendorp hereditarie possidebat. Huic quoque renunciavit coram multis heredibus suis presentibus et consencientibus, matre videlicet, Conrado suo sororio et sorore. In huius rei testimonium notulam presentem conscribi fecimus et sigilli nostri! munimine roborari. Datum anno domini 1255, die Agnetis.   (Q005, S. 301 Urkunde Nr. 5; Q048 Nr. 5)

Übersetzung:

Allen an Christus Glaubenden, an die das gegenwärtige Schreiben gelangen wird. Pfarrer Ludold, die Ratsherren und die übrigen Bürger in Duderstadt [wünschen] glückliche Verhältnisse im gegenwärtigen und zukünftigen Leben.

Im gegenwärtigen Brief versichern wir öffentlich, dass Alexander, Sohn der Schwester des Heinrich von Hagen, unser Mitbürger, $^1/_8$ der jährlichen Zinsen, die er in Böseckendorf aus einer Erbschaft erhalten hatte, an die Kirche von Beuren verkauft hat.

Auch hat er darauf vor vielen seiner anwesenden und mitwissenden Erben, besonders seiner Mutter, seinem Schwager Conrad und seiner Schwester verzichtet.

Zur Bekräftigung dieser Sache haben wir die gegenwärtige Anweisung aufschreiben und mit dem Schutz unseres Siegels bekräftigen lassen.

Gegeben im Jahre des Herrn 1255, am Tage der Agnes.   (Q050)

Altes Stadtsiegel Duderstadt von 1255 mit den beiden Leoparden und der Umschrift "Sigillum Buriensium in Tuterstat"   (Q199)

---

4 Siegfried Graf von Regenstein-Blankenburg (*um 1192, †vor 26.11.1263); Bruder des Ulrich I. Graf von Regenstein-Blankenburg

Aus Richtung Westen gesehen: Mitte "Schäpers" (Kirchgasse 5), dahinter die Kirche, rechts "Drieselmann/Konradi" (Kirchgasse 4). Foto vom **17. Dezember 1989** (Q102)

v.l.n.r.: Schulscheune, Schule (alte Haus-Nr. 2), "Eckens" Hof (Dorfstr. 29)   Foto um 1900

"Schäpers" (Kirchgasse 5, links), und "Gregor Leineweber" (Kirchgasse 6, rechts)

"Johannes Napp" und "Johannes Schatz" (Dorfstr. 6, Dorfstr. 4)

1255 zahlte Böseckendorf also Zins an Duderstadt!

Um 1260. Der Propst Bruningus und der ganze Konvent zu "Buren" [Beuren] geben bekannt, dass sie wegen Überfüllung des Klosters gezwungen sind, 10 Personen nach "Teistingenburgk" zu schicken. Vom Herzog (domino duce) zu Braunschweig[5] haben sie dort einen Ort zur Klostergründung geschenkt bekommen. Der Tochtergründung schenken sie einen Kornzins von 27 Maltern, den sie in "Besgendorf" beziehen. (Q118)

Urkunde um 1260:
Propst und Convent zu Beuren bekennen, dass sie 10 Klosterfrauen zu Teistungenburg angesiedelt und versprochen haben, alle Hindernisse, die der Neugründung seitens des Erzbischofs und der Äbtissin zu Quedlinburg entgegengestellt werden könnten, zu beseitigen oder sie wieder aufzunehmen, und schenken ihnen 27 Malter Korn in Böseckendorf.

Originaltext:
B[runingus][6] minister totusque conventus in Buern omnibus presens scriptum inspecturis salutem in vero salutari. Noverint universi, quod cogente multitudinis necessitate vix optinuimus a domino duce locum in Teistingenburgk et illuc direximus unanimi consensu personas decem, quibus promisimus aut receptionem aut omnia impedimenta per nos disponenda scilicet a firmacione loci a domino archiepiscopo, licencia a domina abbatissa in Quedelenburgk. Nos vero loci intuentes paupertatem dedimus eis septem et viginti maldratas in Besgendorf, quia totidem recepimus in Molhusen cum puella quadam, quam sub tali suscepimus nomine, ut mitteretur iam dictis personis; sed saniori utentes consilio maturiorem transmisimus personam. Ne ergo ista frivola re[d]dantur, sed rata conserventur, sigillo nostro fecimus roborari. (Q041, Urkunde Nr. 414)

Übersetzung:
Propst (Diener) Brüning und der gesamte Konvent in Beuren für alle, die das gegenwärtige Schreiben lesen werden, Heil im wahren Heil.
Alle sollen erfahren, dass - da die Not der Menge dazu zwingt - wir gerade einen Ort von dem führenden Herrn in Teistungenburg erhalten haben und dorthin zehn Personen mit einmütiger Zustimmung gelenkt haben. Wir haben ihnen entweder die Aufnahme oder unsererseits die Beseitigung aller Hindernisse von der Festlegung auf den Ort durch den Herrn Erzbischof versprochen, mit Erlaubnis der Herrin Äbtissin in Quedlinburg.
Wir, die wir fürwahr die Armut sehen, haben ihnen 27 Malter in Böseckendorf gegeben; denn wir haben ebenso viele in Mühlhausen erhalten zusammen mit einem Mädchen, das wir unter einem solchen Namen aufgenommen haben, dass es zu den schon genannten Personen geschickt werden konnte; indem wir aber eine bessere Überlegung benutzten, haben wir eine reifere Person geschickt.
Damit also diese Festlegungen nicht ungültig werden, sondern gültig erhalten bleiben, haben wir sie mit unserem Siegel bekräftigen lassen. (Q050)

Das Kloster wurde ursprünglich im heute nicht mehr existierenden Dorf Teistungenburg, das unten an der Straße lag, gegründet. Später wurde es - vermutlich wegen der Hochwasser-Gefahr - auf den Berg verlegt, den das Kloster zusammen mit der reich dotierten Kapelle im Jahre **1270** von der Quedlinburger Äbtissin Gertrud erhalten hat. Dadurch kam das Kloster zu Wohlstand. (Q148)

---

[5] Albrecht I., gnt. "der große", Herzog zu Braunschweig-Lüneburg (*1236, †15.08.1279), ältester Sohn Herzog Ottos I.
[6] Bruning, 1251-1261 Propst in Beuren

"Hermanns" Hof (Dorfstr. 39)   Foto 1992

Gasthaus Busch/Schmalstieg (ehem. "Schwarzer Adler", Kirchgasse 1), an der Fassade hängt Tabak zum Trocknen   Foto vor 1900

Robert **Schmalstieg** (1885-1954), mein Großvater, mit seinem Kuh-Gespann vor der Gaststätte "Schwarzer Adler" (Kirchgasse 1)
Foto um 1954

Mitte: "Schmetts" Hof (Dorfstr. 41), Hochzeit von Maria **Schmalstieg** (1931-2006) mit Heinrich **Klingebiel** (1925-2008) aus Streitholz
(Foto vom 14. November 1956)

Das Stift Quedlinburg übereignete **1270** den Nonnen in Teistungenburg nicht allein den Berg, sondern auch die Kirche des Orts, stellte dabei aber die Bedingung, dass Teistungenburg Quedlinburgs **Tochterkloster** werde. Zur Anerkennung dieses Verhältnisses sollte jeder neu erwählte Propst die Temporalien[7] von der Äbtissin in Quedlinburg empfangen und beim Servatiusfeste als ein dem Stift untergeordneter Prälat zugegen sein. Dieses Verhältnis Teistungenburgs zu Quedlinburg bestand bis zur Reformation. (Q149)

Das Dorf Teistungenburg existierte nach der Gründung des Klosters nur noch etwas mehr als 70 Jahre. Ein Recht und ein Besitz nach dem anderen ging auf das Kloster über, und nach 1333 wurde das Dorf Teistungenburg nicht mehr erwähnt. Dank der erhalten gebliebenen Urkunden kann man verfolgen, wie der Übergang des Dorfes vom Herreneigentum zum Klosterbesitz ablief: **1278** schenkte Heinrich **von Hagen** die Fischereirechte und die halbe Mühle. Ein Jahr später vermachte Günther **von Hardenberg** ein Drittel des Zehnten (10 Prozent des Einkommens mussten damals als Steuer an den Grundherrn gezahlt werden). **1300** tauschte das Kloster 8 Hufen Ackerland, **1301** schenkte Heinrich **von Hagen** seinen Wald. **1307** übergab die Familie von Hagen ihr Patronatsrecht an der Paulskirche. **1308** verkaufte Volkmar **von Teistungenburg** seinen gesamten Besitz dem Kloster. 2 Jahre darauf gingen 2 Hufen Land, 2 Hofstätten und weitere Hagensche Anteile an der Mühle als Geschenk auf das Kloster über. Die letzten Mühlenanteile und 2 weitere Hufen Land verkauften **1313** die Brüder **von Hagen** für 4 ¾ Mark, etwa 615,60 DM. (Q038)

18. Mai 1300 (siehe auch: **27. Mai 1310**):
Die Brüder Johann, Ludeger, Wedekind, Wasmod und Bruno, genannt **von Stopenhagen**, Neffen des Wachsmuth **von Beskendorf**, verkauften dem Kloster Teistungenburg "duas areas sitas in villa dicta Besekendorp" für 2 ½ Mark Silbers und verzichteten zu Gunsten des Klosters auf ihren Anteil an dem Patronatsrecht über die Kirche in Besekendorp. **1300** am Tag vor Christi Himmelfahrt.
Es siegeln die gemeinsamen Cousins der Verkäufer, die Ritter Hermann und Hermann von Hagen, und Wasmod von Besekendorp, der Onkel der Aussteller.
(Wolf, C. d. A. H. No.14. Das Original ist nicht aufzufinden gewesen, auch das Teistungenb. K. B. enthält keine Abschrift der Urkunde. Anscheinend hat sich Wolf in der Jahreszahl verlesen, es findet sich wenigstens eine mit dem vorstehend gedachten Abdrucke bis auf einige andere Lesefehler ziemlich wörtlich übereinstimmende Originalurkunde im Magdeburger Staatsarchiv mit dem Datum 1310 in vigilia assentionis [sic!] domini [Mai 27.] und 4 Abschriften dieser letzten Urkunde im Teistungenburger Kop.-Buch Blatt 66[b]/67, Blatt 72[b], sowie Blatt 17 und 19 eines nur in Bruchstücken erhaltenen zweiten Kopialbuches, gedruckt Teistungenburger U.B. No. 49.) (Q012, S. 909)

Urkunden mit dem Namen Böseckendorfs in den verschiedensten Schreibweisen (Besgendorf, Beskendorf, Bösekendorf) tauchten in der Folgezeit immer häufiger auf. Die verhältnismäßig gut erhalten gebliebenen Archive des 1809 aufgehobenen Klosters Teistungenburg registrierten laufend neue Erwerbungen in Böseckendorf und der Böseckendorfer Flur. Zunächst wurde die Überschreibung der dem Kloster Beuren - dem Mutterkloster Teistungenburgs - gehörenden einstigen Quedlinburger Äcker von Böseckendorf bekannt, dann erfolgten ständig neue Übernahmen: 1307, 1310, 1314, 1316, 1331, 1382, 1384, 1385, 1386, 1394, 1420 und 1429.

---

[7] siehe Kapitel "Erläuterungen und Abkürzungen"

Engelhardt-Hof (Dorfstr. 7), v.l.n.r.: Christina **Dietrich** (*1890), Christina **Dietrich geb. Römer** (*1857), Konrad **Dietrich** (*1888)

Foto 1910

"Kaufmanns" (Dorfstr. 27) zur Zeit des Kolonialwarenladens   (Foto 1933)

Deppe-/ Rhode-/ Heimbrodt-Hof (alte Haus-Nr. 36)

Urkunde vom 27. Mai 1310 (siehe auch: **18. Mai 1300):**
Die Gebrüder **von Stopenhagen**, Neffen des Wachsmuth **von Beskendorf**, verkaufen dem Kloster Teistungenburg zwei Hofstätten in Böseckendorf für 2 ½ Mark reinen Goldes und verzichten auf ihren Anteil an dem Juspatronat der dortigen Kirche.

Originaltext:
Nos fratres dicti Stopenhagen videlicet Johannes, Ludegerus, Wedekindus, Wastmodus et Bruno huius scripti inspectoribus recongnoscimus universis conventui sanctimonialium in Theystingeborg duas areas sitas in villa dicta Besekendorp pro duabus marcis et dimidia puri argenti unanimiter, rite et rationabiliter vendidisse renunciantes etiam pure propter deum nec non ob salute animarum omnium parentum nostrorum octave parti iuris patronatus ecclesie in dicta villa Besekendorp, quam partem huiusque dinoscimur habuisse. In premissorum efficatiam sigillis strenuorum militum Hermanni et Hermanni, conpatruelium de Indagine nec non sigillo Wastmodi de Besekendorp nostril patrui presens scriptum procuravimus roborari. Testes huius rei sunt dominus Conradus officialis ecclesie Heiligenstadensis, dominus Gyselerus plebanus in Duderstat, dominus Hermannus et Hermannus dicti milites de Indagine, Bertoldus Hallis, Johannes Rumspring, Symon et Johannes Amilii, Bertoldus Seborch, Thydericus Emeconis, consules civitatis Duderstat et quam plures alii viri fide digni. Datum anno domini 1310, in vigilia assentionis (sic) domini. (Q005, S. 322 Urkunde Nr. 49)

Übersetzung:
Wir Brüder, genannt von Stopenhagen, nämlich Johannes, Ludger, Wedekind, Wachsmuth und Bruno geben den Betrachtern dieses Schreibens zur Kenntnis, dass wir dem Konvent der Schwestern in Teistungenburg zwei im besagten Dorf Böseckendorf gelegene Flächen für 2 ½ Mark reinen Goldes einmütig verkauft haben.
Dabei verzichten wir auch rein vor Gott und zum Heil aller Seelen unserer Vorfahren auf den 8. Teil des Patronatsrechts der Kirche im besagten Dorf Böseckendorf, welchen Anteil daran auch immer wir nach unserer Wahrnehmung besessen haben.
Zur Bestätigung des Vorhergehenden haben wir das gegenwärtige Schreiben mit den Siegeln der tüchtigen Soldaten Hermann und Hermann[8], der Mitbrüder von Hagen und auch durch das Siegel des Wachsmuth von Böseckendorf, unseres Onkels, bekräftigen lassen.
*Zeugen dafür sind der Herr Conrad, Pfarrverweser der Kirche in Heiligenstadt, Herr Gieselher, Pfarrer in Duderstadt, Herr Hermann und Hermann, besagte Soldaten von Hagen, Berthold Hallis, Johannes Rhumspring, Simon und Johannes[9] Amilii, Berthold[10] Seeburg, Diederich Emeconis, Ratsherren der Stadt Duderstadt, und ebenso mehrere andere vertrauenswürdige Männer. Gegeben anno **1310** in der Vigil der Auferstehung des Herrn.* (Q050)

Urkunde vom 20. Dezember 1314:
Wachsmuth **von Böseckendorf** verspricht, dem Kloster Teistungenburg 7 ½ Hufen bei Böseckendorf mit allem Zubehör, welche er bislang vom Grafen von Regenstein zu Lehen gehabt hat, übereignen zu wollen.

Originaltext:
Noverint universi presentis littere inspectores, videlicet quod ego Wastmodus dictus de Besgendorf una cum meis filiis, scilicet Hugone, Theoderico, Wedekindo, Wastmodo et Luprando promitto fide data domino Berchtoldo preposito et sue ecclesie in Teistingenburgk et spiritualibus amicis nomine

---

[8] ein Hermann von Hagen d.J. war 1310 und 1314 Bürgermeister in Duderstadt
[9] Brüder; Johannes war 1344 Bürgermeister in Duderstadt
[10] Berthold Seeburg, 1319 und 1331 Bürgermeister in Duderstadt

ecclesie eiusdem videlicet domino Hermanno iuniori militi de Indagine, Johanni de Rumspringe, Simoni Amilii, Alberto de Bernhusen, Johanni de Minigerode, Heinrico de Buren consulibus in Duderstat septem mansos et dimidium cum suis pertinenciis universis sitos in campis ville Besgendorf appropriare ecclesie in Teistingenborgk a nobili comite domino de Regenstein quicunque fuerit cum consensu reverende domine abbatisse in Quedelenburgk et totius conventus ibidem, quanto citius potero sub meis laboribus et expensis. Si autem ego Wastmodus prenotatus meos filios morte prevenero, mei filii quicunque supervixerint debent meum et ipsorum promissum sine omni contradiction adcomplere, quanto citius poterunt sub ipsorum periculis et expensis; quos inquam mansos in feudo habui a nobili comite domino Ulrico hucusque libere et quiete. In huius rei evidenciam presens scriptum meo sigillo duxi roborandum et ob maioris testimonium caucionis rogavimus instantiter dominum Hermannum strenuum militem dictum de Hagen, ut presentem kartulam suo sigillo consignaret et consignet. Et nos Hermannus ad instanciam utrorumque videlicet Wastmodi et suorum filiorum parte una et Berchtholdi domini prepositi et sui conventus parte ab altera presentem litteram nostril sigilli munimine duximus roborandam. Datum anno domini 1314, in vigilia beati Thomae apostoli.

(Q005, S. 331 Urkunde Nr. 66)

Übersetzung:

Alle Leser des gegenwärtigen Briefes sollen erfahren nämlich, dass ich Wachsmuth, genannt von Böseckendorf, gemeinsam mit meinen Söhnen, nämlich Hugo, Theodor, Wedekind, Wachsmuth und Lyprand, verspreche, nach gegebenem Wort (Treugelöbnis) dem Herrn Vorgesetzten Berthold[11], seiner Kirche in Teistungenburg und seinen geistlichen Freunden im Namen derselben Kirche, natürlich dem Herrn Herman dem Jüngeren, Soldat von Hagen, Johannes von Rhumspringe, Simon Amilii, Albert von Bernshausen, Johannes von Minnigerode[12] und Heinrich von Beuren, Ratsherren in Duderstadt, 7 ½ Hufen mit all ihrem Zubehör, die in der Feldmark des Dorfes Böseckendorf gelegen sind, der Kirche in Teistungenburg zu übertragen vom edlen Grafen, dem Herrn von Regenstein - welcher auch immer er sein mag - mit Zustimmung der ehrwürdigen Herrin Äbtissin von Quedlinburg und des gesamten Konvents ebendort - so schnell ich kann - mit meinen Anstrengungen und Ausgaben.

Wenn aber ich, der vorgenannte Wachsmuth, meinen Söhnen im Tod vorausgehe, müssen meine Söhne, wer von ihnen auch immer überlebt hat, mein und ihr Versprechen ohne jeden Widerspruch erfüllen - so schnell sie können - unter den eigenen Gefahren und Aufwendungen; diese Hufen - sage ich - habe ich als Lehen gehabt vom edlen Grafen Ulrich und dessen Familie, frei und in Ruhe.

Zur Bestätigung dieser Sache habe ich dieses Schreiben mit meinem Siegel bekräftigt, und zum Beweis größerer Umsicht haben wir sofort den Herrn Hermann, einen tüchtigen Soldaten, genannt von Hagen, gebeten, das gegenwärtige Schriftstück mit seinem Siegel zu zeichnen und zu unterschreiben. Und wir haben zur Stärkung beider, nämlich des Wachsmuth und seiner Söhne auf der einen Seite und des Vorgesetzten Herrn Berthold und seines Konvents auf der anderen Seite, den gegenwärtigen Brief mit dem Schutz unseres Siegels bekräftigen lassen.

Gegeben im Jahre des Herrn 1314, in der Vigil [am Tage vorher] des hl. Apostels Thomas (Q050)

Urkunde vom 24. Dezember 1316:

Werner und Giseler von Hagen, Gebrüder, verkaufen dem Kloster Teistungenburg den Zehnten von 2 Hofstätten zu Böseckendorf für einen Vierdung Silber [¼ Mark Silber].

---

[11] Berthold, 1307-1324 Propst in Teistungenburg
[12] Johannes von Minnigerode, 1294 Bürgermeister in Duderstadt

"An der Ecke" v.l.n.r.: ......?, ...?, ...?, Walter **Müller**, Johannes **Schatz**, Hubert **Eckardt**   (vor 1955)

"An der Ecke" v.l.n.r.: Ferdinand (III.) **Schmalstieg**, Otto **Konradi**, Alfred **Seibt**, Hermann **Mieth**, Josef **Dornieden** (sen.), Hubert **Eckardt**, Josef **Schneemann**   (nach 1955)

Blick in die Dorfstraße, links Schmiede Schmalstieg (Dorfstr. 50), heute Fidorra   (nach 1967)

Originaltext:

Noverint universi presentis littere inspectores, quod nos Wernherus miles et Gyselerus fratres dicti de Indagine recognoscimus in hiis scriptis, quod cum consensu (sic) omnium heredum nostrorum vendidimus domino B[ertoldo] preposito et sue ecclesie in Theystingeborch decimam de duabus areis in villa Besekendorp sitis pro uno fertone argenti sub hac forma: sive seminentur sive reedificentur domibus, nobis (sic) aut nostris veris heredibus singulis annis tunc dabitur unus pullus. In huius rei evidentiam presentem litteram sigillo Hugonis de Eclingerode duximus roborandam. Datum anno domini 1316, in vigilia nativitatis domini nostri Jhesu Christi.   (Q005, S. 334 Urkunde Nr. 73)

Übersetzung:

Alle Leser des gegenwärtigen Briefes sollen erfahren, dass wir, die Brüder Werner, Soldat, und Giesler, genannt von Hagen, in dieser Schrift bekannt machen, dass wir mit Zustimmung aller unserer Erben dem Herrn Vorgesetzten Berthold und seiner Kirche in Teistungenburg den Zehnten von 2 Flächen, die im Dorf Böseckendorf liegen, für ¼ Mark Silber unter folgender Bedingung verkauft haben:

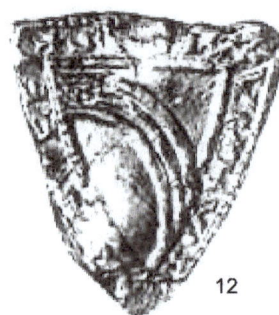

sei es, dass auf ihnen ausgesät wird oder sei es, dass sie wieder mit Häusern bebaut werden, wird uns oder unseren rechten Erben jedes Jahr ein Huhn gegeben werden.

Zur Klarheit in dieser Sache haben wir den gegenwärtigen Brief mit dem Siegel Hugos von Ecklingerode bekräftigen lassen.

Gegeben im Jahre des Herrn 1316, in der Vigil [am Tage vorher] der Geburt unseres Herrn Jesus Christus.   (Q050)

12   Hugo von Ecklingerode (Siegel Nr. 12)   (Q095)

Urkunde vom 28. Juli 1317:

Otto Graf **von Lutterberg**[13] übereignet dem Kloster Teistungenburg den Zehnten von ½ Hufe im Cappestal bei Böseckendorf.

Originaltext:

Nos dei gratia Otto Comes de Lutterberg recognoscimus in hiis scriptis lucide protestantes, quod propter Deum, nostram ac Jutte nostre uxoris dilecte salutem, nec non ob remedium animarum omnium parentum nostrorum appropriamus decimam de dimidio manso sito apud Besekendorp in Cappesdal, quam Hey: de Nezelrede a nobis in pheodo habuit, ecclesie in Theystingeburg et Conventui santimonialium ibidem. In huius rei evidentiam presentem literam nostro sigillo duximus roborandam. Datum anno Dni MCCCXVII in die Pantaleonis martyris.   (Q005, S. 334 Urkunde Nr. 74; Q046)

---

[13] Otto II. Graf von Lutterberg (*vor 1266?, †nach 1327)   (Siegel Nr. 2)

Übersetzung:

Wir Otto von Gottes Gnaden Graf von Lutterberg erkennen an, indem wir es in diesem Schreiben klar bezeugen, dass wir wegen Gott und wegen unseres Heils und des unserer geliebten Gattin Jutta, und genauso wegen der Hilfe für die Seelen aller unserer Eltern, den Zehnten der halben Hufe bei Böseckendorf im Cappestal, den Hey von Nesselröden von uns in Feudalbesitz hatte, der Kirche von Teistungenburg und dem Konvent der Nonnen ebendort übertragen. Zur Klarheit in dieser Sache haben wir das gegenwärtige Schreiben mit unserem Siegel bekräftigen lassen. Gegeben im Jahre des Herrn 1317 am Tage des Märtyrers Pantaleon. (Q050)

2

Siegel Ottos Graf von Lutterberg (Q094)

Schon vor dem Jahre 1331 (ersichtlich beispielsweise aus Urkunden vom 18. Mai 1300 und vom 27. Mai 1310) hatte Teistungenburg das Patronat über die Kirche in Böseckendorf erworben, d.h. es ernannte den Pfarrer und vergab die mit der Würde des Pfarrherrn verbundenen Pfründe. Diese Herrschaft dauerte jedoch nicht sehr lange, denn 1331 zog das mächtigere Kloster Quedlinburg das Patronat über Böseckendorf an sich (siehe 2 Urkunden vom 10. Februar 1331) und behauptete es bis zum Jahre 1420 (siehe Urkunde vom 20. Mai 1420).

Urkunde vom 10. Februar 1331:

Das Stift Quedlinburg übereignet dem Kloster Teistungenburg eine Reihe von Gütern und Rechten, wofür dieses dem Stift 20 Mark zahlt, auf das Patronat der Kirche zu Böseckendorf Verzicht leistet und sich zu einer Abgabe an Wachs verpflichtet.

Originaltext:

In nomine domini amen. Nos Jutta dei gratia abbatissa, Sophia preposita, Ermegardis decana totumque capitulum secularis ecclesie in Quedelingeborch presentibus recognoscimus et publice protestamur, quod considerata devotione ancillarum Christi ordinis Cysterciensium monasterii in Teystingeborch, que sub habitu regulari in sanctimonia ire obviam properant Christo sponso, volentes dictum monasterium et personas ipsius prosequi gratia speciali, matura deliberatione prehabita de communi consensu nostro et capituli nostri et omnium, quorum interest vel interesse poterit quoquomodo, donamus presentibus et concedimus proprietatem et dominium bonorum infra scriptorum et universaliter totum ius, quod in dictis bonis nomine dominii vel cuiuscunque alterius pretextu nos actenus habuimus et ecclesia nostra dinoscitur habuisse. Que quidem bona specialiter duximus exprimenda: villam in Teystingeborch cum omnibus fructibus, iuribus et pertinenciis suis, ius patronatus ecclesie sancti Pauli ibidem, molendinum ibidem, item advocaciam ibidem, item ius patronatus ecclesie in Teystingen cum suis pertinenciis et undecim mansos ibidem, item in campis ville Berlingerod tres mansos, item in campis ville Besekendorp viginti mansos, item redditus unius marce in Eydingerode, item in Munigerode duos mansos, item in Campe septem mansos, in Wenden octo mansos, iuspatronatus ecclesie ibidem et advocatiam ibidem et viginti duos solidos, qui dicuntur vogetpennige, item tertiam partem ville Totelen et silve, que dicitur Rodentotelen cum suis pertinenciis, molendinum in Rosendal, molendinum in Netelrede et in Nygendorp tres mansos. In quorum bonorum restaurum prefati monasterii persone nobis solverunt viginti marcas argenti puri conversas in utilitatem nostre ecclesie evidentem et ius patronatus ecclesie in Besekendorp nostre collation resignarunt. Ad indicium vero advocatiarum enumeratarum quatuor talenta cere dabunt, quorum duo singulis annis in die beati Servatii confessoris nobis in Quedelingeborch presentabunt, sed alia duo talenta ad luminare sui monasterii in honorem patronorum ibidem presentibus ipsis erogamus. Ut autem hec nostra donatio roboris obtineat firmitatem, sigilla nostra presentibus in evidens testimonium sunt appensa. Actum et datum anno domini millesimo tricentesimo tricesimo primo, in die beate Scolastice virginis, presentibus honorabilibus et discretis viris dominis Bertoldo de Cranecfelt canonico ecclesie Halberstadensis, Johanne thesaurario ecclesie beati Petri prope Goslar, Gyselero in Duderstadt, Bertoldo sancti Egidii in Quedelingeborch plebanis, Thiderico de Marsvelde canonico ecclesie beatorum apostolorum Symonis et Jude in Goslar clericis, Bertoldo de Seborch, Henrico Hemeringi, Alberto de Berneshusen et Henrico de Buren opidanis in Duderstadt ad predicta vocatis specialiter et rogatis.

(Q005, S. 345 Urkunde Nr. 87. In deutscher Übersetzung: Erath, Codex Diplomaticus, S. 420)

Übersetzung:

Im Namen des Herrn Amen. Wir, Jutta[14], von Gottes Gnaden Äbtissin, die Vorgesetzte Sophia[15], die Dechantin Ermegardis und der gesamte Konvent der weltlichen Kirche in Quedlinburg geben den Anwesenden bekannt und bekennen öffentlich, dass wir nach erlangter Ehrerbietung der Mägde Christi vom Zisterzienserinnen-Orden des Klosters in Teistungenburg, die unter regelmäßiger Haltung in Ehrwürdigkeit Christus, ihrem Bräutigam, eilend entgegengehen,

- dabei wollen wir das genannte Kloster und seine Personen begleiten mit besonderem Dank, nachdem wir rechtzeitig im Voraus Überlegungen angestellt haben über die gemeinsame Übereinstimmung unter uns, unserem Kapitel und all denen, die daran interessiert sind oder wie auch immer daran Interesse haben können -

schenken durch gegenwärtiges Schriftstück und überlassen das Eigentum und die Herrschaft über die unten schriftlich angeführten Güter und insgesamt das ganze Recht, das wir bei den genannten Gütern im Namen der Herrschaft oder durch das Ansehen eines jeden anderen bisher gehabt haben und wie es wahrgenommen wird, unsere Kirche gehabt hat.

Und zwar haben wir gemeint, im Besonderen diese Güter aufführen zu müssen:

ein Landhaus (Landgut, Vorwerk) in Teistungenburg mit allen Einkünften, Rechten und Zubehör, das Patronatsrecht für die Kirche St. Paul ebendort, eine Mühle dort, und ebenso die dortige Vogtei (Gerichtsbezirk), ebenso das Patronatsrecht der Kirche in Teistungen mit seinem Zubehör und 11 Hufen ebendort, ebenso in der Feldmark des Dorfes Berlingerode 3 Hufen, ebenso in der Feldmark des Dorfes Böseckendorf 20 Hufen, ebenso die Zinsen (Erträge) einer Mark in Eydingerode[16], ebenso in Mingerode 2 Hufen, ebenso in Campe[17] 7 Hufen, in Wehnde 8 Hufen, ebendort das Patronatsrecht der Kirche und die dortige Vogtei und 22 Schillinge, die Vogtpfennige genannt werden, ebenso den 3. Teil des Dorfes Totelen[18] und des Waldes, der Rodentotelen genannt wird mit seinem Zubehör, die Mühle in Rosenthal[19], die Mühle in Nesselröden, und in Neuendorf drei Hufen.

Zum Erhalt dieser Güter haben uns vorgenannte Personen des Klosters 20 Mark reinen Silbers, die verwendet werden für den eindeutigen Nutzen unserer Kirche, gezahlt, und wir haben das Patronatsrecht der Kirche in Böseckendorf von unserer Steuer losgelöst.

Zur Anzeige der aufgezählten Vogteien werden wir 4 Talente an Wachs geben, von denen sie uns jährlich zwei am Tage des heiligen Bekenners Servatius in Quedlinburg überreichen werden, die anderen 2 Talente aber werden wir für die Erleuchtung ihres Klosters zur Ehre der Patrone in ihrer Anwesenheit überreichen.

Damit aber diese unsere Schenkung die Sicherheit der Gültigkeit erhält, sind unsere Siegel dem gegenwärtigen Schreiben als klares Zeugnis angehängt.

---

[14] Jutta von Kranichfeld (*1285, †05.11.1347), 18. Äbtissin in Quedlinburg von 1308-1347

[15] Sophia, 1331 Pröpstin in Quedlinburg

[16] Eidingerode: Wüstung zwischen Duderstadt und Ecklingerode

[17] Campe: Wüstung zwischen Wehnde und Ecklingerode

[18] Totelen: Wüstung zwischen Breitenberg und Herbigshagen

[19] Rosenthal: Wüstung zwischen Westerode und Werxhausen

Geschehen und gegeben im Jahre des Herrn 1331, am Tage der heiligen Jungfrau Scholastica, in Anwesenheit der ehrenhaften und besonnenen Männer, der Herren Berthold von Cranefeld, Domherr der Kirche in Halberstadt, Johannes, Schatzmeister der Kirche der Heiligen Peter und Paul in der Nähe von Goslar, Gieseler in Duderstadt, Berthold, Pfarrer von St. Aegidius in Quedlinburg, Thiederich von Marsvelde[20], Domherr der Kirche der heiligen Apostel Simon und Judas in Goslar, und der Geistlichen Bertold von Seeburg, Heinrich Hemering[21], den Pfarrern Albert von Bernshausen und Heinrich von Beuren in Duderstadt, die alle zu dem Vorgenannten extra gerufen und gebeten worden sind. (Q050; siehe auch die niederdeutsche Fassung in Q051, S. 420 Urkunde No. CLXXI)

Siegel von Stift und Stadt Quedlinburg (Q051)

Urkunde vom 10. Februar 1331:

Das Kloster Teistungenburg verzichtet dem Stift Quedlinburg gegenüber auf das Patronatsrecht zu Böseckendorf und verpflichtet sich, dem Stift jährlich auf St. Servatius 2 Pfund Wachs zu liefern.

Originaltext:

Nos Thidericus prepositus, Elyzabeth miseracione divina abbatissa totusque conventus sanctimony-alium monasterii in Teystingeborch ordinis Cysterciensis ad perpetuam noticiam Christi fidelium per-venire cupimus presentibus publice protestantes, quod de communi consensu totius nostri conventus benivolo et expresso ius patronatus et collationem ecclesie parrochialis in Besekendorf inclite ac vene-rabili domine nostre domine . . abbatisse et capitulo ecclesie Quedelingenburgensis, cuius tamen pro-prietas pertinebat ad eosdem, presentibus resignamus et donamus cum omni iure, attinentiis, dominio directo et utili in restaurum aliorum bonorum nobis ab ipsa domina nostra abbatissa incorporatorum, prout idem nos et nostrum monasterium hactenus quiete dinoscimur habuisse, promittentes etiam et obligantes nos perpetuo ad tradendum dicte domine nostre . . abbatisse, que pro tempore fuerit, duo talenta cere ad indicium advocacie villarum in Teystingeborch et in Wenden nobis ab eadem concesse, que talenta . . prepositus nostri monasterii, qui pro tempore fuerit, singulis annis in festo beati Servacii confessoris Quedelingeborch presentabit, ipsius, ut tenetur, presenciam ibidem exhibendo. Si autem illud ex racionabili et iusta causa adimplere non poterit, extunc per suum nuncium dictam ceram cum littera excusacionis sue absencie sub sigillo nostri conventus destinabit. Ut autem omni et singular pre-missa sint perpetuo valitura, ne etiam super ipsis alicuius dubitacionis scrupulus in posterum oriatur, has litteras exinde confectas et nostrorum videlicet prepositi et conventus sigillorum munimine robora-tas ad maiorem eorundem evidenciam fecimus insigniri. Actum et datum anno domini 1331, in die beate Scholastice virginis. (Q005, S. 344 Urkunde Nr. 86; Q051, S. 419 Urkunde No. CLXX)

---

[20] Marsfeld: Wüstung zwischen Gieboldehausen und Rollshausen
[21] Heinrich Hemering, 1337 und 1347 Bürgermeister in Duderstadt

Kirche St. Nikolaus, Südansicht

(Foto um 1900)

Kirche St. Nikolaus, Ansicht von Osten   (Foto vor 2012)

Rhode-Stammhof (Dorfstr. 32), Gartenseite   (Foto 1992)

Übersetzung:

Wir, der Vorgesetzte Thiederich[22], die Äbtissin vom göttlichen Mitleid Elisabeth[23] und der gesamte Konvent der Schwestern des Klosters in Teistungenburg vom Zisterzienserinnen-Orden wünschen zur dauernden Kenntnis der in Christus Gläubigen zu gelangen, indem wir im gegenwärtigen Schriftstück öffentlich bekennen, dass wir in wohlwollender und ausdrücklicher gemeinsamer Übereinstimmung unseres ganzen Konvents das Patronatsrecht und die Einkünfte der Pfarrkirche zu Böseckendorf unserer berühmten und ehrwürdigen Herrin Äbtissin und dem Kapitel der Kirche zu Quedlinburg, deren Eigentum dennoch sich auf dieselben erstreckt, im gegenwärtigen [Schriftstück] unterzeichnen und dass wir es schenken mit dem gesamten Recht, dem Zubehör, der direkten und nützlichen Herrschaft zur Wiederherstellung anderer Güter, die uns von unserer Herrin Äbtissin einverleibt worden sind, so wie wir und unser Kloster dasselbe bisher in Ruhe gehabt haben - wie es wahrgenommen wird. Dabei versprechen wir auch und verpflichten uns für immer zur Übergabe von zwei Talenten Wachs an unsere genannte Herrin Äbtissin, welche auch immer jeweils dort sein wird, zur Anzeige der Vogtei der Dörfer in Teistungenburg und Wehnde, die uns von derselben zugestanden worden sind. Und der jeweilige Vorgesetzte unseres Klosters wird [es] alljährlich am Feste des heiligen Bekenners Servatius in Quedlinburg überreichen, indem seine persönliche Anwesenheit - wie es üblich ist – gefordert wird. Wenn aber jenes aus einem vernünftigen und gerechtfertigten Grunde nicht erfüllt werden kann, wird er besagtes Wachs durch einen Boten mit einem Entschuldigungsschreiben für seine Abwesenheit unter dem Siegel unseres Konvents überbringen lassen.

Damit aber das hier Vorausgeschickte im Ganzen und im Einzelnen dauernd gültig bleibt, und damit nicht auch ein Hauch irgendeines Zweifels für die Zukunft entsteht, haben wir diesen von daher angefertigten Brief zur größeren Klarheit eben dieser Umstände mit dem Schutz unserer Siegel, nämlich des Vorgesetzten und des Konvents, bekräftigen und unterzeichnen lassen.
Geschehen und gegeben im Jahre des Herrn 1331, am Tage der hl. Jungfrau Scholastica. (Q050)
Siegel der Kirche St. Petrus zu Teistungenburg

(Q051, Tab. XXVI, n.3)

Urkunde vom 21. Januar 1375:
Ludiger und Heinrich **Zangen**[24] verkaufen denen **von Beskendorf** 2 Hufen in diesem Dorfe.

Originaltext:

Wir Her Ludiger und Heinrich Gebrodere geheyssen dye Zangen bekennen in dissem uffen Brybe daß wir mit willen und volbord al unsir rechten erben dye nun sin und noch werden mögen rechtlichen und redelichen vorkoyst habin unsen ohemen hanse und ludigere Gebrüdern von Besekendorf tzwo hufe Landes dy gelegen sint in dem Velde tzu Besekendorf und eynen Hof dy dar tzu höret mit al dem rechte daß dar tzu höret edir hören mag in Holtze in Velde in Dorfe in Wasser und Weyde mit aller Slachten nutz also wir daß noch bisher bestzen hadin vor tzen lodige Mark tuderstedischer wise und were dy uns nutzlich betzalt syn. Disses Gudes und Koyphes wollen wir vorgenante Her ludiger und Heinrich und unse rechten erben der vorgenanten unser Ohemen Hanses und Ludigers und erer rechten erbin rechte were wesen erstlichen tzu besitzene wore und wanne on des noyd ist uns sye daß von uns eyschet. Al disse vorgeschreben Artikil uns Stucke dye gelobe wir vorgenant Her Ludiger und Heinrich

---

[22] Dietrich, mind. 1327-1331 Propst in Teistungenburg
[23] Elisabeth, 1331-1347 Äbtissin in Teistungenburg
[24] Fußnote laut Walter Prochaska: adlige Vasallen der Grafen von Schwarzburg, auch Zeuge genannt

vor unß und vor unse rechten erben in guden truwen stede und gantz tzu haldene ane aegelist. Und haben on des tzo Orkunde dissen Bryeb besegelt mit Ingesegele mins Heinriches vorgenant des ich Her Ludiger mit eine gebruche an dissem Brybe wen ich keyn eygen Ingesegel habe gegeben nach Godes gebord drytzenhundert Jar in dem funf und sebenthzigesten Jare an der heiligen Juncfruwen Sante Agneten Thage.

(Q046, Urkunde Nr. 83)

Übersetzung:

Wir, Herr Ludger und Heinrich, Brüder, genannt die Zangen, bekennen in diesem offenen Briefe, dass wir mit Willen und Zustimmung aller unserer rechtmässigen Erben, der heutigen und künftigen, rechtlich und redlich unseren Oheimen, den Brüdern Hans und Ludger von Besekendorf, zwei Hufen Land, die im Felde zu Böseckendorf gelegen sind und einen Hof, der dazugehört mit allem Recht, das dazugehört oder dazugehören mag in Holz, Feld, Dorf, Wasser und Weide mit dem Nutzen aller Art, so wie wir das bisher besessen hatten, für zehn lötige Mark Duderstädter Gewichts und Währung und die uns zum Nutzen bezahlt sind. Dieses Gut und den Kauf wollen wir, vorgenannte Herren Ludger und Heinrich und unsere rechten Erben unseren vorgenannten Oheimen Hans und Ludger und ihren rechtmässigen Erben rechtlich schützen, [alles] tun, dass es zuerst einmal im Besitz bleibt und [zwar] wenn es notwendig ist und sie das von uns fordern.

Alle diese vorbeschriebenen Artikel und Stücke geloben wir, vorgenannte Herren Ludger und Heinrich, für uns und unsere rechten Erben in gutem Glauben stets und ganz zu halten ohne Arglist. Um dies zu beurkunden, haben wir diesen Brief besiegelt mit dem Siegel meines [Bruders] Heinrich, das ich, Ludger, gebrauche, weil ich kein eigenes Siegel habe. Gegeben im Jahre 1375 nach Gottes Geburt am Tag der hl. Agnes.

Urkunde vom 10. November 1382:
Johann **von Böseckendorf** resigniert der Äbtissin zu Quedlinburg, Irmgard, zu Gunsten des Klosters Teistungenburg 3 Hufen zu Böseckendorf.

Originaltext:

Erwedege in gode vrowe Ermegard ebdesche des werlikes stychtes Quedelyngborch, unsyn willeghe denst sy gyk vorghesant met vlicze. Gnedighe vrowe, alsodan gud dry hoven landes, de ek van juwen gnaden to lene hebbe to Besekendorp, de sende ek ju up yn düssem breve met wetenscap unde betuchnisse juwer manne Erenvrert Hemerynges unde Wernher Koverthür unde bidde gik, ghenedighe vrowe, dat gy darmede begnaden dat godeshus unde de juncfrowen to Teystygborch und eren vormunden, den ek de gude vorkoft hebbe; dat will ek umme juwe gnade gherne vordenen. Ghegheven under unsen ynghesegelen. Unde wy Erenvert und Wernher vorghenant bekennen, dat wy dorch bede wyllen Jans van Besekendorpe to tuchnysse dusser vorghescreven stucke unse inghesegele med synem inghesegele hebben ghehangen vestliken an dussen bref, de ghegheven is na godes bord dyrteynhundert jar in dem twey unde achteghesten jare, an synte Martens avende des heylighen biscopes.

(Q005, S. 369 Urkunde Nr. 130)

Übersetzung:

In Gott ehrwürdige Frau Irmgard[25], Äbtissin des weltlichen Stifts Quedlinburg, unsere fleissige Dienstbarkeit vorausgeschickt. Gnädige Frau, drei Hufen Land, die ich von Ihro Gnaden in Böseckendorf zu Lehen habe, gebe ich in diesem Brief mit Wissen und Zeugnis Eurer Mannen Ernfried Hemering und Werner Koberthür[26] und bitte Euch, gnädige Frau, damit das Gotteshaus und die Jungfrauen in Teistun-

---

[25] Irmgard von Kirchberg (*vor 1356, †20./22.08.1405), 23. Äbtissin in Quedlinburg 1379-1405
[26] Ernfried Hemering und Werner Koberthür hatten am 13. Dezember 1380 vom Mainzer Erzbischof Adolf den Zehnt in Duderstadt für 324 Mark Duderstädter Währung erworben

genburg und deren Vormunde zu begnaden, dem ich die Güter verkauft habe, das will ich um Eure Gna-
de gern fordern. Gegeben unter unserem Siegel. Und wir, Ernfried und Werner, vorgenannt, bekennen,
dass wir durch [unser] beider Willen Jan von Besekendorf zum Zeugnis dieser vorbeschriebenen Stücke
unser Siegel zusammen mit seinem Siegel fest an diesen Brief gehängt haben, der gegeben ist im Jahre
***1382** nach Gottes Geburt, am Abend des hl. Bischofs Martin.*

Urkunde vom 10. November 1382:

Johann **von Böseckendorf**, Knappe, verkauft dem Kloster 3 Hufen Landes zu Böseckendorf für 15 Duderstädter Mark.

<u>Originaltext:</u>

Ek Jan van Besekendorpe knape bekenne in dussem openen breve vor mek unde myne rechten erven,
de nu synt unde noch werden moghen, dat ek met vordachtem mode rechtliken unde redeliken vorkoft hebbe dem godeshus unde juncfrowen to Teystygborch unde eren nakomen dry hoven landes
gheleghen to Besekendorpe met al den rechten, wu dy genant synt, in velde, in holte, in dorpe, in
watere, in weyde, alse Wedekynt von Berlingrode van my to leyne hat heft, vor veyfteyn mark lodighes
sulvers Duderstedescher wichte unde were, de my al unde wol betalet synt, unde don dusser driger
hove landes unde aller stucke, de man erdenken mochte, darmede ek edder myne erven dussen kop
wedderspreken mochten, eyne rechte vorticht med dessem beryve unde wille des ere rechte were
wesen - - . Düsser dinge synt tüghen de erbarn hern her Lüder Tange, her Diderich Froborch unde her
Wernher von Krepeke, de wissen manne Symon Amylii, Bertold sin sone. Ermferd Hemeryges unde
Wernher Kovertür. Tho eyme orkunde unde tuchnysse dusser dynge hebbe ek Jan van Besekendorpe
vorgenant myn inghesegel ghehanghen an dussen breyf unde hebbe ghebeden de wissen manne
Symon Amylii, Ermferd Hemerynges unde Wernher Koverturen yre inghesegele myt mynen
inghesegele henghen an dussen breyf. Unde wy Simon Amylii, Ermferd Hemerynges unde Wernher
Kovertur bekennen, dat wy dorch bede willen des ghestrengen mannes Jans van Besekendorpe to
ghetuchnysse dusser vorscreven stucke unse inghesegele myt synem inghesegele hebben ghehangen
vestliken an dussem breyf, de gheven is na godes bord dirteynhunderd jar in dem tweyg unde
achteghesten jare, an synte Martyns avende des hilghen biscopes.
Or. StA Magdeburg; das Siegel des Simon Amilii fehlt, die 3 übrigen sind ziemlich gut erhalten.

(Q005, S. 370 Urkunde Nr. 131)

<u>Übersetzung:</u>

Ich, Johan von Besekendorf, Knappe, bekenne in diesem offenen Briefe für mich und meine rechtmäs-
sigen Erben, heutige und künftige, dass ich mit Vorbedacht rechtlich und redlich verkauft habe dem Got-
teshaus und den Jungfrauen zu Teistungenburg und ihren Nachkommen drei Hufen Landes gelegen zu
Böseckendorf, mit all den Rechten, wie die genannt sind, im Felde, im Holze, im Dorfe, in Wasser und
Weide, wie Wedekind von Berlingerode[27] von mir zu Lehen hatte, für fünfzehn Mark lötigen Silbers Du-
derstädtischen Gewichts und Währung, die mir alle und wohl bezahlt sind, und von diesen drei Hufen
Land und allen Stücken, die man erdenken möchte, damit weder ich noch meine Erben diesem Kauf wi-
dersprechen möchten, ein rechter Verzicht mit diesem Briefe und Wille, das ihr Recht gewesen wäre. Zeu-
gen dieses Vorgangs sind die ehrbaren Herren Ludger Zange, Herr Diderich Froborch und Herr Werner
von Krebeck, der weise Mann Simon Amilii, Bertholds Sohn, Ernfried Hemering und Werner Koberthür. Zu
Urkunde und Zeugnis dieser Dinge habe ich, Jan von Besekendorf, vorgenannt, mein Siegel an diesem
Brief angebracht und habe den weisen Mann Simon Amili, Ernfried Hemering und Werner Koberthür
gebeten, ihre Siegel neben meinem an diesen Brief zu hängen. Und wir, Simon Amilii, Ernfried Hemering
und Werner Koberthür, bekennen, dass wir durch den Willen des gestrengen Mannes Jan von Beseken-

---

[27] verwandt mit den von Westernhagen

dorf zum Zeugnis dieser vorbeschriebenen Artikel unsere Siegel neben seinem fest an diesen Brief gehängt haben, der gegeben ist im Jahre 1382 am Abend des hl. Bischofs Martin.

Urkunde vom 1. November 1384:

Hermann **von Westernhagen** versetzt dem Kloster Teistungenburg sein Vorwerk zu Böseckendorf für 50 Duderstädter Mark, unwiderruflich.

Originaltext:

Ek Herman von dem Westernhaghen bekenne - -, dat ek myt guden willen unde myd vorbedachten mude myd witschaft unde myd rade myner vedderen hern Cordis, dy domhere ist o Halverstad unde to Heilgenstad, Hanses sines bruders unde Bertoldes myner veddern hebbe vorsad dem godeshus to Teistingeborch - - myn vorwerk to Besekendorpe, dat etwan was Hanses unde Ludigers von Besekendorpe myt aller slachten nud unde myd allem rechte, als dar von alder heft togehord unde noch tohort yn kerken, uppe kerchoven, yn dorpe, yn velde, yn holte, yn wischen, yn water unde yn weyde, vry, quyd, ledich unde los ane allerleyge ansprake, in sulker mate, dat ek unde ok myne erven dat sulve benomede vorwerg nummer enschullen wedirlosen und wilt dat beschutten unde beschermen als ander use gud, wen eyn probest dat von uns eyschet. Unde were, dat dar ennych ansprake were adir worde, dy will ek Herman vorgenant unde myne rechten erven affdon, wore adir wu dicke des nod were; unde dat sulve vorbenante vorwerg dat vorsette ek yn dussem bryve dem vorbenanten godeshus to Teystingeborch vor veftich lodige mark Duderstedischer wichte, witte unde were, dy my alle unde wol nutliken betald sind. Unde ek Herman vorgenant hebbe gebeden Hanse unde Bertold myne veddern, dat sy ore ingesegel hebben gehangen myt mynem ingesegel an dussen bryff. Unde ek Hans unde Bertold bekenne openbar yn dussem bryve, dat wy dorch bede willen uses veddern Hermans to eynem getuchnisse unde mer sekirheyt use ingesegele myt syme ingesegele heben gehangen an dussen bryff. Unde ek Herman vorgenant love yn guden truwen vor mek unde vor alle myne rechten erven dusse vorgeschrevene stucke steyde unde gantz to holdene ane allerleyge argelist unde geverde. Gegheven na godis gebord drytteynhundirt jar yn dem vyr und achtentigesten jare, in aller godisheylgen daghe.

(Q005, S. 372 Urkunde Nr. 138)

Übersetzung:

Ich, Hermann von Westernhagen, bekenne, dass ich mit gutem Willen und mit Vorbedacht, mit Wissen und mit Rat meiner Vettern Herrn Cordis, Domherr zu Halberstadt und Heiligenstadt, Hans, seines Bruders, und Berthold, den Vorsatz habe, dem Gotteshaus zu Teistungenburg mein Vorwerk zu Böseckendorf, das vorher Hans und Ludger von Besekendorf hatten, mit allen Arten von Nutzen und mit allen Rechten, so von altersher dazugehört haben und noch dazugehören in Kirche, Kirchhof, Dorf, Feld, Holz, Wiese, Wasser und Weide, frei, quitt, ledig und los von irgendwelchen Ansprüchen, in solcher Weise, dass ich und auch meine Erben das oben benannte Vorwerk nicht mehr wieder erwerben können, und will das beschützen und beschirmen, wie unser anderes Gut, wenn ein Propst das von uns fordert. Und wäre es, dass dort irgendein Anspruch bestünde oder Vereinbarungen, so will ich, zuvorgenannter Hermann, und meine rechtlichen Erben sie abwehren, es sei denn, es bestünde große Not; und dasselbe zuvor genannte Vorwerk, das versetze ich in diesem Briefe dem vorgenannten Gotteshaus Teistungenburg für 50 lötige Mark Duderstädter Gewichtes, Abmessung (witte = Weite?) und Währung, die mir alle und wohl zu Nutzen bezahlt worden sind. Und ich, vorgenannter Hermann, habe meine Vettern Hans und Bertold gebeten, dass sie ihre Siegel mit meinem Siegel an diesen Brief gehängt haben. Und ich Hans und Bertold, bekenne öffentlich in diesem Brief, dass wir mit beider Willen (unsicher) unseres Vetters Hermann zu einem Zeugnis und mehr Sicherheit unsere Siegel mit seinem Siegel an diesen Brief gehängt haben. Und ich, der zuvor genannte Hermann, bezeuge hiermit in gutem Glauben vor mir und vor allen meinen rechtmäßigen Erben, dass die vorgenannten Sachverhalte (stucke) beständig sind und sie ohne jegliche Arglist und Hinterlist gänzlich einzuhalten.

(Q214)

HO-Gastwirtschaft und Poststelle (Dorfstr. 37), oben Versammlungsraum (Gemeindebüro), links der Eingang zur Poststelle im Keller (erbaut 1982)   (Foto 1983)

Die ehemalige HO-Gaststätte (Dorfstr. 37) am **17. Dezember 1989**   (Q151)
v.l.n.r.: Hans-Werner **Uschkoreit**, sein Schwager Werner **Ertmer**, Marlies **Ertmer geb. Rosin**, ?, Mirko? **Ertmer**.

Statue des hl. Josef von 1905 (Haus Josef Napp, Dorfstr. 43)

Urkunde vom 5. November 1385:
Hans **von dem Hagen** gibt den Zehnten zu Beskendorf an den Grafen Heiso **von Lutterberg**[28] zurück.

Originaltext:
Edele Here Juncker Heyse Grafe to Lutterberghe myn willige dinste sy gik vorgesant met Flitze. Gnedige Juncker alsodan Gud den Tegeden to Besekendorpe, den eck von juwen Gnaden hebbe to Lehne, den sende eck gik up hir an dissem Breyve met witscap und Tuchnisse juwer Manne Albrecht vitzdum und Henrich von dem Hagen und bidde gik gnedige Juncker dat gi darmede begnaden dat Godeshus und dy Juncfrouwen to Testingeborch und yren vormundend at will eck gern vordynen und gebruke der vorgenannten Albrechtis und Henr. Ingesegel met on an dissem Breyve, den sy dorch myner Bede willen besegeld hebben. Und wy Albrecht und Henr. Vorgenant bekennen dat wy hebben dorch bede willen Hans von dem Haghen unsers frundes unse Ingesegele vor on und vor uns to Tuchnisse gehangen an dissen Breyff. Datum anno Dni MCCCLXXXV dominica die proxima post festum omnium Sanctorum.

Hans von dem Haghen. (Q005, S. 373 Urkunde Nr. 139; Q046, S. 97-98 Nr. LXXXVIII.)
Or. im St.-Archiv zu Magdeburg; beide Siegel gut erhalten: 1) S. ALBERTI . VISIDVM. + 2) SY.HENRICI.DE.INDAGINE. + (rund, Helm mit Busch im Schilde)

Übersetzung:
*Edler Herr Junker Heiso Graf zu Lutterberg, meine Dienstwilligkeit sei Ihnen mit Fleiß vorausgeschickt. Gnädiger Junker, da ich ja das Zehntgut in Böseckendorf von Euren Gnaden zu Lehen habe, darum schicke ich Euch von hier aus diesen Brief mit Wissen und Zeugnis Eurer Männer, dem Vizedom Albrecht und Heinrich von Hagen, und bitte den gnädigen Junker, dass ihr damit das Gotteshaus und die Jungfrauen zu Teistungenburg und ihren Vormund begnadet, dazu will ich gern einen Dienst leisten und gebrauche die Siegel der vorgenannten Albrecht und Heinrich mit an diesem Brief, den sie aufgrund meiner Bitte besiegelt haben. Und wir, die vorgenannten Albrecht und Heinrich bekennen, dass wir mit beider Willen dem Hans von dem Hagen, unserem Freunde, für ihn und uns zum Zeugnis unser Siegel an diesen Brief gehängt haben. Gegeben im Jahr des Herrn **1385**, am Sonntag nach dem Feste Allerheiligen.*
Hans von dem Hagen (Q214)

(Q094)

Urkunde vom 11. November 1385:
Derselbe Graf Heiso schenkt gedachten Zehnten dem Kloster Teistungenburg.

Originaltext:
Von Gnaden Godes wy Heyse Grafe to Lutterberghe bekennen in diesem openen Breyfe und don witlik alle den, dy dy seen oder hören lesen, dat we met gudem Willen gevriget hebben und vry geven den regeden to Besekendorpe met alleme rechte, dat där to hört und von aldern dar to gehört heft lutter-

---

[28] Heidenreich III. gnt. Heiso Graf von Lutterberg (*um 1338, †1397 od. 1398), Sohn Ottos II. Graf von Lutterberg. Heiso wurde im Kloster Teistungenburg beigesetzt. (Q055) (Siegel Nr. 5)

liken dorch God dem Godeshus und den Juncfrowen to Testingeborch und willet des dem vor genanten Godeshus und den Juncfrowen rechte were wesen wore und wanne an des nod is. To eynem Orkunde und Tuchnisse disser Dinge hebbe wy unse Ingesegel an dissen Breyf gehangen. Gegheven na Godes Gebord dritteynhundert jar und in dem viff und achtetigesten jare an synte Mertins Daghe des heyligen Biscoppes. (Q005, S. 373f Urkunde Nr. 140; Q046, S. 98, Nr. LXXXIX.)
Or. im St.-Archiv zu Magdeburg; anhängend das ziemlich undeutlich gewordene Siegel des Ausstellers.

<u>Übersetzung:</u>
Wir, Heiso, von Gottes Gnaden Graf zu Lutterberg, bekennen in diesem offenen Briefe für alle, die ihn sehen, hören oder lesen, dass wir mit gutem Willen befreit haben und frei geben den Zehnten zu Böseckendorf mit allem Recht, das dazugehört und von altersher dazu gehört hat aufrichtig durch Gott dem Gotteshaus und den Jungfrauen zu Teistungenburg und wollen dem vorgenannten Gotteshaus und den Jungfrauen dieses Recht schützen und sicherstellen, dass es bestehen bleibt, wann immer es notwendig ist.

Zu Urkunde und Zeugnis dieser Dinge haben wir unser Siegel an diesem Brief angebracht. Gegeben nach Gottes Geburt im 1385. Jahre am Tage des St. Martin, des heiligen Bischofs.

(Q094)

1390: Laut einem Aufsatz in "Unser Eichsfeld" 1934, S. 81, sollen in diesem Jahre die drei aus Bilshausen zugezogenen Gebrüder **Klingebiel** die Gemarkung Böseckendorf durch Kauf von den Herren **von Wintzingerode** erworben haben, denen die Gemarkung durch Erbschaft von den Herren **von Westernhagen** zugefallen war. Diese wiederum hatten sie nach dem Aussterben derer **von Böseckendorf** ererbt. Zwei der Klingebiel-Brüder werden namentlich erwähnt, nämlich Friedrich und Ewald. Im preußischen Staatsarchiv sollen sogar die Lehnsbriefe vorhanden sein. ... Unsere Forschungen konnten das bisher nicht bestätigen. Wir gehen eher davon aus, dass um die Mitte des 16. Jahrhunderts 3 Klingebiel-Brüder zugewandert sind.

Urkunde vom 1. Juli 1394:
Die **von Besekendorp** versetzen dem Kloster Teistungenburg ihre "manschap" an 2 Hufen in Besekendorf für 20 Mk.

<u>Originaltext:</u>
Wie Wasmud, Hugh, Wedekint unde Gunther veddern genant van Besekendorpp bekennen in dussem openen breve vor uns und unse rechtin erven, dat wie deme ersamen heren hern Konemunde, itzund proveste, Alheide ebdischen, Alheide pryorinnen und der ganzen sammenynge gemeynliken Des Godeshuses to Teystingeborch y oren nakomen darsulues, wie die to tyden synt vorsat hebben und vorsetten in dussem breve unse manschap, die wie hebben an twen hovyen landis to Besekindorppe, die Hans uppe der Wedewen, borgir to Dudirstad, in weren hefft, vor twintich mark Dudirstedischir weringe, und wie wisen Hause vorgen. darmide an dat Godeshus to Teystingeborch also lange, wente wie die manschap weddir magin losen, myd crafft dussis breves. To cyme orkunde dussir dinge hebbin wie vorgen. von Beskendorf unse insegele gehangin an dussen breff, die gegeven ist na Godis gebord drytteinhundert jar in dem viere unde negentigesten jare, des neisten middewekin na sente Petir unde sente Paulus der heilgin apostelen daghe. (4 runde Besekendorfer Siegel).
(Q005, S. 380 Urkunde Nr. 157; Q071, S. 73)

Übersetzung:

Wir, Wasmud, Hugo, Wedekind und Günther, Vettern, genannt von Besekendorf, bekennen in diesem offenen Briefe für uns und unsere rechtmässigen Erben, dass wir dem ehrsamen Herrn Künemund[29], gegenwärtiger Propst, der Äbtissin Adelheid[30], der Priorin Adelheid[31] und der ganzen Gemeinschaft des Gotteshauses zu Teistungenburg und deren Nachkommen daselbst in ihren gegenwärtigen Zustand versetzt haben und versetzen und in diesem Briefe unser Lehensverhältnis versetzen), das wir an zwei Hufen Landes zu Böseckendorf haben, die Hans auf der Wedewen, Bürger zu Duderstadt, in seinem Einfluss hat, für zwanzig Mark Duderstädtischer Währung, und wir weisen vorgenannten Hans, sich an das Gotteshaus zu Teistungenburg zu wenden, wenn wir das Lehensverhältnis wieder lösen wollen, mit Kraft dieses Briefes. Um diese Angelegenheit zu beurkunden, haben wir Vorgenannte von Besekendorf unsere Siegel an diesen Brief gehängt, der im dreizehnhundertvierundneunzigsten Jahr nach Gottes Geburt, am folgenden Mittwoch nach dem Tag der heiligen Apostel St. Peter und Paul, erstellt wurde. (Q214)

- ab 1400

Heinrich **von Wintzingerode** (1390-1440) war Hauptmann der Stadt Erfurt und wurde als solcher den Hussiten zu Hilfe geschickt. Seine Frau war Luise **von Hanstein**. Er erwarb **1400** Böseckendorf, Immingerode, Nesselröden, Tiftlingerode und Heeringen bei Nordhausen. (Q116)

Urkunde vom 2. März 1404:

Originaltext:

Wedekind von Besekendorp, Knappe, und seine Söhne Wachsmuth und Günther bekennen, daß das Kloster die Güter, die früher die Brüder Ludger von Besekendorp und Hans von Dreverode, ihre Vettern, und Wedekind von Stopenhagen, denen "Gott Gnade", gehabt und andere Güter in Besekendorf mit ihrer Zustimmung und unter ihrem Schutz besitzt und ihnen 2 Mk. Duderst[ädter Währung] dafür gegeben hat.

(Siegel Wedekinds fehlt, Siegel Wachsmuths wie gewohnt). (Q071, S. 79)

Urkunde vom 3. März 1404:

Originaltext:

Dieselben schenken dem Kloster 2 Hufen in Besekendorf, genannt "das Walgut", und ein Holz, genannt der Questenberg, mit Zubehör zu einem Seelengedächtnis.

(Siegel Wedekind und Wachsmuth). (Q071, S. 79)

Urkunde vom 3. März 1404:

Originaltext:

Das Kloster Teistungenburg (Propst Werner[32], Äbtissin Margret[33], Priorin Matils[34]) bezeugt, daß der Priester Dietrich Döring und seine Mutter Jutta ihm 12 Mark Duderstädt. an dem "Walgud" und Questenberg in Besekendorf überlassen haben und das Recht, das sie daran von denen von Besekendorp hatten: und verspricht ihnen (Dietrich und Jutta), so lange sie leben, 4 Malter Roggen auf Michaelis und ein gutes Fuder Heu auf Johannes Bapt. zu geben und nach ihrem Tod sie im Kloster zu begraben und Totenmesse zu halten, wie für gestorbene Nonnen.

(Siegel des Propstes und Konvents). (Q071, S. 79)

---

[29] Künemund, 1382-1401 Propst in Teistungenburg
[30] Adelheid, 1394-1398 Äbtissin in Teistungenburg
[31] Adelheid, 1394 Priorin in Teistungenburg
[32] Werner, 1404-1416 Propst in Teistungenburg
[33] Margareta, 1403-1404 Äbtissin in Teistungenburg
[34] Mechthild von Wintzingerode, mindestens 1404-1406 Priorin in Teistungenburg

Urkunde vom 7. März 1404:

Das Kloster Teistungenburg versprach dem Pfarrer Dietrich Döring und seiner Mutter, welche dem Kloster 12 Mark Geldes Duderstädter Währung gegeben und alles Recht verpfändet hatten, welches sie "an dem Wahlgute[35] und an dem Questenberge, von der von Beskendorf wegen, hatten, alljährlich, so lange sie leben, zu Michaelis 4 Malter Roggen und zu Johannis ein gut Fuder Heu zu liefern". (Teistungenburger Kopial-Buch Blatt 70)   (Q012)

Urkunde vom 14. März 1417:

Emeke der Ältere und Curd **von Westerode**, Gebrüder, und Emekes Sohn, Emeke der Jüngere, Heinrich **von Wulften** und Hans **von Nygerode**, Bürger zu Duderstadt, haben vom Kloster auf Lebenszeit die Teiche unter dem Questenberge, die sogen. "rodedike", mit "vloter", Wasser, Dämmen und Zubehör erhalten. Sind sie alle todt, so fallen die Teiche dem Kloster heim. Werden sie gefischt, so erhält das Kloster für 4 Mk.? Fische umsonst.   (Siegel Emekes von Westerode und Handzeichen)   (Q071, S. 83)
<u>siehe hierzu auch:</u> **20. September 1561**

Urkunde vom 20. Mai 1420:

Das Quedlinburger Stift verleiht dem Kloster Teistungenburg das Präsentationsrecht für die Pfarrei St. Michaelis im Dorfe Totelen[36] und für die Pfarrei im Dorfe Beseckendorf.
(Teistungenburger Kopialbuch Blatt 39 und nochmals in den Resten eines zweiten Kopialbuchs Blatt IX s. Erath, Codex Diplomaticus Quedlinb. S. 698)   (Q012, S. 222)
Kloster Teistungenburg erhält vom Stift Quedlinburg das Patronat der Kirche in Böseckendorf und gibt dafür das Patronat in Totelen zurück.

<u>Originaltext:</u>

Monasterium (abb. Berehtra, prior. Elizab.) concordat cum capitulo Quedlinb. (Alh. abb., Mechthildis preposita, Dorothea decan.), ut monasterium jus praesentandi ecclesiae parochialis in Besekendorp cum omnibus juribus, redditibus, obventionibus, usufructibus et pertinentiis teneat St. capitulo Quedlinb. idem jus ecclesiae S. Mutwaldi in Totelen reddat et concedat.   (Siegel des Convents).   (Q071)

<u>Übersetzung:</u>

Das Kloster (Äbtissin Bertha[37], Priorin Elisabeth[38]) stimmt mit dem Kapitel in Quedlinburg (Äbtissin Adelheid, Pröpstin Mechthild, Dekanin Dorothea) darin überein, dass das Kloster [Teistungenburg] das Vorschlagsrecht für die Pfarrkirche von Böseckendorf mit allen Rechten, Einkünften, Zinsen, Feldfrüchten (nützlichen Früchten) und (allem) Zubehör vom hl. Kapitel von Quedlinburg erhält. Dasselbe Recht für die Kirche St. Mutwald in Totelen soll dem Stift Quedlinburg zurückgewährt und zugestanden werden.
                                                                                       (Q050)

Urkunde vom 13. Mai 1431:

Adelheid[39], Äbtissin des Stifts Quedlinburg, "leiht, freit und eignet" dem Kloster Teistungenburg auf die Bitte seines Propstes, Herrn Wentzel Schirenberg, ihres Kapellans, das Dorf Beskendorf, wie solches

---

[35] v. Wintzingerode-Knorr in "Wüstungen des Eichsfeldes": Lage unbekannt, vielleicht an der Stelle, welche unter Nr. 216 bei "zu der Gruben" als wüste Ortsstätte beschrieben ist. Es scheint ein einzelner Hof in der Umgebung des Questenberges gewesen zu sein.

[36] Wüstung bei Hundeshagen (zwischen Breitenberg und Herwigshagen)

[37] Bertha, 1415-1436 Äbtissin in Teistungenburg

[38] Elisabeth, 1420 Priorin in Teistungenburg

[39] Adelheid IV. von Isenburg (*vor 1376, †15.03.1441 Quedlinburg), 1405-1435 die 24. Äbtissin des Frauenstifts Quedlinburg

seither die Grafen von Regenstein, die von Westernhagen, die von Beskendorf, die Stopenhagen oder wie sie Namen haben, von dem Stift zu Lehen gehabt haben.

(Abschrift, Kopial-Buch Blatt 59, gedr. Erath, S. 719 No. 120)
(Q012, S. 911)

Originaltext:

Wir Alheit von Issenburg, von Gots Gnaden Eptissin des freien weltlichen Stiefts zu Quedlenburg, bekennen offenbar vor uns und unser nachkomende Eptissin, dieses vorgeschriebenen Stiefts, in diesem offnen versiegelten Brieve vor allen Leuthen, die ihn sehen oder horen lessenn, das wir mit wolbedachtem gutem Mute und mit Rathe unser lieben getreuen umb Gots willen und des lieben heiligen Apostels Sanckt Peters, und fordt umb sunderlicher Bitte und Freuntschafft willen Herrn Wentzels Schirenbergs, nhue zur Zeit Probst unsers Stifts zu Testingenburg, unsers getreuen und gehorsamen Cappellans, haben geeigent und gefreiet, eygen und freien in und mit Crafft dieses Brieffs das Dorf zu Besskendorf mit alle seinen Zugehorung, nichts ausgescheiden, wie das Nahmen hett in Holtz, in Felde, in Wasser, in Weide, Kirchlehne, Zend, innen und auss dem Dorffe, Hoffe und Huffene, alse das in Vorzeitten von unserm Stiefte und Vorfarn, Eptissin zu Quedlenburg, zu Lehne gehat habenn, die edlen Graffen von Reinstein, die von Westernhagen, die von Besekendorf, die von Stapenhagen, oder wie sie Nahmen gehapt habenn, oder noch habenn, dem vorgeschrieben unssern Stiefte zu Testingenburg unnd dar ewiglichen bei zu bleibene, als so die das gereide zu sich gekeufft und gekriegen habenn von alten Zeiten her und in besitzende Wehrene haben, na Einhalt und Beweisung irer besiegelten Brive, die sich auch gereide von den vorgeschrieben unsers Stiefts getreuen und Man und unser Vorfarn Eptissin und Stiefts alse eins rechten Oberhern alse das vorgeschrieben Dorf uns und unserm Stiefte zu Lehen gehat, darüber haben. Unnd wir wollen des vorgeschrieben Dorfs Besskendorf mit alle seinen Rechten, Vogteien, Renthen und Zugehorungen, wie die Nahmen haben, dem vorbeschriebenen unserm Closter unnd Stiefte zu Testingenburg rechte Herr und Wehre sein, wue, wenne, und wie ohn des Not thut unnd sie das von uns heischen. Fortmehr weile das dies vorgeschrieben unsers Closter und Stiefte Testingenburg an solcher vorschriebene Freiheit, Eigenschafft, Rechte und alle Nuthe furder von niemandt in zukomende Zeitten gehindert oder gedrenget würde, mit forder Anspruch, wie die kohmen mögte, so haben wir Alheit, Eptissin vorgeschrieben, vor uns und unser nachkomende Eptissin zu mehrer Beweisung und Warheit aller vorgeschrieben Stuck und Artickel in diesem Brieve bescrieffend wollen an diessen Brief gegeben, besiegelt vestiglichen mit unserm kleinen Insiegell, hieran thun hangenn.

Hieran und uber sein gewesen die Ersamen Hern Cappellane und Getreuen Her Thomas Gersstedde, Pfarherr zu Quedelenburg, zu St. Blasii, Herr Curdt, unser Cappellan. Der gestrenge Curdt vonn Mingerode unser Amptmann. Gegeben nach Gots Geburt unsers Hern, vierzehen hundert Jahr, darnach in dem ein und dreissigsten Jhare, an Sanct Servatius Tage, des heiligen Bischofs, unsers Hauptherrn.

(Q051, S. 719 No. CXX)

Übersetzung:

Wir, Adelheid von Isenburg, von Gottes Gnaden Äbtissin des freien weltlichen Stifts zu Quedlinburg, bekennen öffentlich für uns und unsere nachkommende Äbtissin dieses vorbeschriebenen Stifts, in diesem offenen besiegelten Briefe, vor allen Leuten, die ihn sehen, hören oder lesen, dass wir mit wohlbedachtem guten Mute und mit Rat unserer lieben Getreuen um Gottes Willen und des lieben heiligen Apostels St. Peter, und weiter auf besondere Bitte und Freundschaft Herrn Wenzel Schierenbergs, der zur Zeit Propst unseres Stifts zu Teistungenburg ist, unseres getreuen und gehorsamen Kapellans, haben geeignet und gefreit und eignen und freien in und mit Kraft dieses Briefs das Dorf Böseckendorf mit all seinem Zubehör, nichts ausgelassen, wie das Namen hat in Holz, im Felde, in Wasser, in Weide, Kirchlehen, Zehnt, im Dorfe und außerhalb, Höfe und Hufen, wie das in Vorzeiten von unserem Stift und Vorfahren, Äbtissin zu Quedlinburg, zu Lehen hatten die edlen Grafen von Reinstein, die von Westernhagen, die von Besekendorf, die von Stopenhagen, oder wie sie Namen gehabt haben oder noch haben, unserm vorbeschriebe-

nen Stift zu Teistungenburg und da soll es auf ewig bleiben, genauso wie sie das durch Rodung urbar ge-machte Land in alten Zeiten gekauft und gekrigt haben und den Besitz in Gewahrsam haben, nach Inhalt und Beweis ihrer besiegelten Briefe.

Die auch über Gereute, das von zuvor genannten Getreuen und Menschen unseres Stifts und unsere frü-heren Äbtissin und des Stifts als rechtmäßigem Oberherrn also das zuvor genannte Dorf Böseckendorf uns und unserem Stifte zu Lehen hatten, verfügt. (der Satz ist grammatikalisch schwierig)

Und wir wollen für das zuvor genannte Dorf Böseckendorf mit all seinen Rechten, Vogteien, Renten und Zubehören, wie sie dokumentiert sind, unserem zuvor genannten Kloster und Stift rechtmäßiger Herr und Beschützer sein, egal wie und wann sie es fordern und wie es notwendig ist.

Weiterhin, damit dieses unser vorgenanntes Kloster und Stift Teistungenburg an der Ausübung der zuvor genannten Freiheiten, Eigenschaften, Rechte und jeglichen Nutzens in Zukunft von niemandem gehindert oder eingeschränkt wird, mit weiterem Anspruch, wie er auch kommen mag, so haben wir, Adelheid, Äbtissin, bestimmt, für uns und unsere nachfolgende Äbtissin als kräftigen Beweis der Wahrheit alle vor-genannten Aussagen und Bestimmungen in diesem Brief beschreiben wollen, in diesen Brief aufgenom-men, mit unserem kleinen Siegel, das an dem Brief hängt, fest besiegelt.

Beteiligt waren die ehrsamen Herren Kapellane und Getreuen Herr Thomas Gerstedde, Pfarrherr zu Quedlinburg, zu St. Blasius, Herr Curdt, unser Kapellan. Der gestrenge Curdt von Mingerode, unser Amtmann. Gegeben nach der Geburt Gottes, unseres Herrn, 1431, am Tage des hl. Bischofs St. Servatius, unseres Hauptherrn.

(Q214)

Siegel der Quedlinburger Äbtissin Adelheid   (Q051)

Das war die große Stunde für das Kloster Teistungenburg, das damit die ganze Gemeinde Böseckendorf als Klosterdorf erwarb und dort fortan die niedere Gerichtsbarkeit ausübte. Es bedeutete: alle Zinsen für Pacht- und Lehensgüter flossen nun in die Kasse des Klosters, und – auf dem Eichsfeld selten – auch jede zehnte Garbe Getreide musste von den Böseckendorfern in die Scheuern des Klosters gefahren werden. Böseckendorf war nun im geistlichen, wirtschaftlichen und rechtlichen Sinne von Teistungenburg abhängig.

Urkunde vom 13. Dezember 1431:

Hans von Böseckendorf, Wedekinds Sohn, genehmigt und bestätigt die von seinem Vater und Vorel-tern dem Kloster Teistungenburg mit Gütern zu Böseckendorf gemachten Schenkungen.

(Q131, S. 70)

Glasfenster im Chorraum der Kirche St. Nikolaus:

Linkes Fenster: der hl. Joseph, Foto: 2009 (Q220)   Rechtes Fenster: die hl. Maria Immaculata
                                                                          Foto: 2015 (Q220)

Die beiden Chorfenster wurden vom Lokalkaplan Aloys Fick am **31. Dezember 1911** bestellt und um Ostern (April **1912**) eingebaut. Der Preis betrug 250,- M pro Fenster incl. Einbau. Sie stammen aus der Kunstanstalt Oidtmann in Linnich. Diese 1857 gegründete Firma ist die älteste heute noch existente Glasmalerei-Werkstatt in Deutschland. http://www.glasmalerei-oidtmann.de.

Am **25. Januar 1442** erhalten die **von Westernhagen** u.a. folgende Stücke vom Stift Quedlinburg als Lehen:

7. den Bensekenbusch [Besekenbusch, Wald bei Besekendorf]

19. das Dorf Blanckenrode [Bleckenrode] mit aller seinere Zugehörung und mit dem Zehnten daselbst

(Q154, S. 77f)

Urkunde vom 2. April 1445:

Das Kloster [Teistungenburg] (Propst Berthold, Äbtissin Gese, Priorin Ilse) gibt Hans **Smalstieg** .... 12 Morgen Land gegen 1 Ferding [Vierdung] in Erbenzins.

(Siegel des Konvents)   (Q071, S. 91)

Lehnsbrief vom 12. Mai 1489:

Originaltext:

Olrick Grewe und Herr to Reinstein[40] d. E. giebt zu einem rechten Erbenmannlehne an Jurgen von Wintzingerode a. d. E. zu treuer Hand seiner Vettern Hans, Heinrich und Dietrich zu Lehen to ersten dat Houtenholt, dat grote Vorwerk by dem Kerckhoue gelegen to Besekendorp mit vehr Houen Landes und mit dreien Houen Landes darsulues, to Nyendorp, achte Houe Landes unde einen Hof darsulues, sess Houen Landes mit sess Hofen gelegen to Dudenborne mit aller zubehör wie das Alles Ernst von Wintzingerode und sein Vater seliger von unser Herrschaft zu Lehen gehabt.

Ein gleichlautender zweiter Lehnsbrief des Grafen Ulrich zu Reinstein und Blankenburg – ohne den Zusatz d. E. – liegt mit Datum 11. Mai 1491 vor.   (Q012, S. 267)

Übersetzung:

Ulrich Graf und Herr zu Reinstein der Ältere gibt zu einem rechten Erbmannlehen an Jürgen von Wintzingerode (auch der ältere) zu treuer Hand seiner Vettern Hans, Heinrich und Dietrich zu Lehen zum ersten das Houtenholt, das große Vorwerk ["Eckens" Hof] am Kirchhofe zu Böseckendorf

gelegen mit 4 Hufen Landes und mit drei Hufen Landes daselbst, zu Neuendorf acht Hufen Landes und einen Hof daselbst, sechs Hufen Land mit sechs Höfen in Dudenborn[41] mit allem Zubehör, wie das alles Ernst von Wintzingerode und sein Vater selig von unser Herrschaft zu Lehen gehabt hatte.

Ulrich XVI. Graf von Reinstein (Siegel Nr. 8)   (Q096)

29. Mai 1508: Vakanz in Böseckendorf

Originaltext:

Officialis Heilig[enstadiensis] plebano in Duderstat scribit, ad ecclesiam parochialem in Besekendorp, per Johannis Gisleri resignationem vacantem, ab Alheide Henzen abbatissa, Margar[etha] Bading prior[issa], convent[u] sensimonialium praesentatum esse Joh. Listemann mandatque ut hunc introducat.

(Q071)

Übersetzung:

Der Verwalter von Heiligenstadt schreibt dem Pfarrer in Duderstadt - was die Pfarrkirche von Böseckendorf betrifft - die durch die Abdankung des Johannes Gisler frei ist, dass Johannes Listemann[42] von der

---

[40] Ulrich XVI. Graf von Regenstein

[41] Dudenborn: Wüstung zwischen Nesselröden und Etzenborn

[42] Johannes Listemann, Pfarrer in Böseckendorf

Äbtissin Adelheid Henze[43] und der Priorin Margarethe Bading[44] dem Konvent vorgestellt worden ist und er gibt den Auftrag, dass er ihn einführt. (Q050)

19. September 1524: Bauernaufstand in der freien Reichsstadt Mühlhausen, Thomas Müntzer und sein Verbündeter Heinrich Pfeiffer verließen die Stadt. Am **1. Mai 1525** zogen aufständische Mühlhäuser Bauern unter Führung von Heinrich Pfeiffer und Thomas Müntzer bei Deuna über die Grenze zum Eichsfeld, um sich in Niederorschel mit den Eichsfelder Bauernhaufen zu vereinigen. Diese Aufständischen zogen gemeinsam gegen die Klöster und Burgen des Eichsfeldes. Am 2. Mai führte der Marsch am Kloster Reifenstein, am Klostergut Beinrode und Leinefelde vorbei über Beuren nach Heiligenstadt. Alle Klöster wurden auf diesem Marsch gebrandschatzt. Auf Befehl Heinrich Pfeiffers wurde die Burg Scharfenstein in Brand gesteckt. Am Abend des 2. Mai war das auf mehrere tausend Mann angewachsene Heer vor der Stadtmauer Heiligenstadts angelangt. Pfeiffer durfte die Stadt zuerst betreten, und tags darauf auch Müntzer, dem sogar eine Predigt gewährleistet wurde. Es folgten tumultartige Szenen, die einen Pfaffensturm auslösten.

4. Mai 1525 "Dornstag Floriani", der Schreckenstag des Klosters Teistungenburg im Bauernkriege
Am **4. Mai** zogen die Aufständischen von Heiligenstadt über den Roten Berg weiter nach Duderstadt. Auf diesem Marsch wurden die Burg Westernhagen und das Kloster Teistungenburg ausgeraubt und in Brand gesetzt. Die Klosterfrauen von Teistungenburg hatten ihr Vieh am 4. Mai kurz vor Ankunft der Mühlhäuser verkauft, allerdings nur zum halben Wert. Anschliessend waren sie nach Duderstadt geflohen, wobei sie die "besten Kleinode, Briefe, Siegel und Kirchengezierde" mitnahmen (Aussage des Propstes Stephan Hoegreff und des Paul Knoppe). Von dem geraubten Gut soll etliches an die Untertanen des Ernst von Westernhagen verschenkt worden sein, wie dieser bekundete. Der Propst Stephan Hoegreff fand später bei etlichen Feldnachbarn Tische, Bänke, Stühle, Kästen und anderen "geringen" Hausrat des Klosters und forderte das alles zurück. Zwei Glocken dagegen nahm der Haufe mit sich ins Lager vor Duderstadt (Aussage des Augenzeugen Paul Knoppe). Als es nichts mehr zu plündern gab, machten sich die verordneten Brandstifter an ihr abscheuliches Werk. Es waren dies zwei Bürger aus Mühlhausen, welche 1543 daselbst noch leben sollten (Aussage des Christian Henniges, welcher während dieser Ereignisse in Duderstadt war), ein Bäcker und ein Seiler (Aussage Paul Knoppes). Ein anderer Augenzeuge, Hans Spon, bezeichnete den Claus Froß aus Mühlhausen als solchen. Mit brennenden Wischen in der Hand ritten sie ins Kloster und zündeten es an 4 Stellen an, zuerst am Schafstalle. Der Klosterdiener Paul Knoppe, welcher zugegen war und es ihnen wahrscheinlich wehren wollte, wurde von dem Seiler mit dem brennenden Wische geschlagen (dessen Aussage und die von Stephan Hoegreff). Gleich darauf kam Pfeiffer hinzu. Er war unwillig darüber, dass man das Kloster bereits an diesem Tage eingeäschert hatte, denn er wollte darin übernachten. Er fuhr deshalb die Brandstifter mit den Worten an: „Dass euch Gott die Pestilenz gebe. Ir brennet, und wißt nit was ir brennet. Hie wolt ich mein leger [Lager] gehabt haben" (Aussage Ernsts von Westernhagen). Auf Bitten zweier armer Pfründner, welche im Torhause wohnten, wurde dieses verschont, Pfeiffer und Müntzer schenkten es ihnen, ebenso dem Müller die unterhalb des Klosters gelegene Mühle. Während des Brandes ruhte der Haufe unterhalb des Klosters und schaute zu, ungefähr 1 Stunde lang, bis sämtliche Gebäude krachend eingestürzt waren, alsdann zog er weiter bis vor Duderstadt. Die Nonnen haben diesen Schreckenstag in der Spezifikation der Schäden genau angegeben: "Dornstag Floriani", der Tag des Heiligen, welcher zur Abwendung einer Feuersbrunst vielfach angerufen wird. (Q152, Q216)
Das Bauernheer verbrachte die Nacht bei Gerblingerode, ohne einen Angriff auf Duderstadt. Am folgenden Tag zerstörten sie die Burg Bodenstein und anschließend das Zisterzienserkloster Worbis. Zwischen Kirchworbis und Breitenworbis löste sich der Bauernhaufen auf, nachdem Pfeiffer und Müntzer

---

[43] Adelheid Henze, 1502-1508 Äbtissin in Teistungenburg
[44] Margarethe Bading, ca. 1502-1508 Priorin in Teistungenburg

den Bauern die Auflösung freigestellt hatten, teils wollten die Bauern auch die geraubten Gegenstände nach Hause schaffen. Nach dem **7. Mai 1525** zogen Pfeiffer und Müntzer über Stollberg nach Frankenhausen. Die Schlacht bei Frankenhausen am **15. Mai 1525** war eine der bedeutendsten Schlachten des deutschen Bauernkriegs und im Wesentlichen dessen letzte. In ihr wurden die Aufständischen unter Thomas Müntzer durch ein Fürstenheer vollständig besiegt. Die Niederlage des Bauernheeres bei Frankenhausen bedeutete zugleich das Ende des Bauernkriegs überhaupt. Müntzer selbst wurde hierbei gefangengenommen und am 27. Mai im Feldlager bei Mühlhausen enthauptet, nachdem er auf die Festung Heldrungen gebracht und gefoltert worden war. Am gleichen Tag wurde dort auch Heinrich Pfeiffer hingerichtet.

Am **25. Mai 1539** fand in Leipzig, in Anwesenheit Martin Luthers, die Einführungsfeier der Reformation in Sachsen statt. (Q018)

1540 wurde das "Kaiserlich freie weltliche Reichsstift Quedlinburg", wie es bis zu seiner Auflösung 1802 offiziell genannt wurde, evangelisch, und blieb es bis zuletzt. Die katholischen Geistlichen wurden entfernt und evangelische eingesetzt.

Kloster Teistungenburg war durch die Bauernhorden 1525 bis auf das Torhaus niedergebrannt worden. **1540** standen die zerstörten Gebäude des Klosters noch als Ruinen da. Kurfürst Albert von Mainz hatte für seine eichsfeldischen Klöster 6000 Gulden Schadenersatz gefordert, aber nichts erhalten. (Q178, S. 322)

Der Neuaufbau der Klostergebäude war aufgrund der Geldnot des Klosters nur in sehr schlechter Ausführung durchgeführt worden, mangelhaft und ohne genügende Fundamente, so dass sie 1575 schon wieder baufällig waren. Das Dormitorium, Refektorium und die Umfassungsmauer waren bis dahin überhaupt noch nicht wieder aufgebaut. Zur Beschaffung von Geld mussten die Äbtissin Osanna und die Priorin Anna Henze den Grundbesitz des Klosters angreifen. So verkauften sie am **1. Januar 1537** ein Vorwerk zu Seulingen für 140 M. an Hans Giseler, und am 27. Dezember desselben Jahres 2 Hufen Land zu dem Kampe und einen kleinen Zehnten über 16 Morgen vor Gerblingerode für 220 Mk. an Joh. Hesse zu Duderstadt. Wenn 3 Jahre darauf (**31. März 1540**) die Klosterländereien durch den Burggrafen vom Rusteberge, Hans Metze, versteinigt[45] wurden, desgleichen in der folgenden Woche die von Böseckendorf, so ist dies sicherlich auf Befehl des Kurfürsten Albrecht geschehen, der sich alle Mühe gab, den Grundbesitz der Klöster in jenen verworrenen Zeiten sicherzustellen. (Q049)

Vermessung der Böseckendorfer Höfe

Zu wissen dass auf heute Mittwoch anfänglich in den heiligen Ostern anno dom. tausend fünfhundert danach im vierzigsten Jahre der teynnerzall [Zehnerzahl] [31.03.1540] durch den **Burggrafen zu Rusteberg** nämlich Hans **Metze** die Länderei und Wiesen um und vor dem Kloster Teistungenburg gelegen, vermessen worden und unterschiedlich wie folgt verzeichnet und eigentlich aufgeschrieben.
... [die Beschreibung der Teistungenburger Klostergüter ausserhalb Böseckendorfs ist bei Wintzingerode-Knorr, Wüstungen des Eichsfeldes, S. 231 zu finden].
Item Dienstag nach QuasiMo[do]geniti [d.i. erster Sonntag nach Ostern] eodem anno [1540], hat genannter Burggraf die Länderei zu Besekendorff vermessen und die Woche berichtet:
1) Erstlich **Cristoffel Weideman**
 Item 3 ½ Acker im Winterfelde nach Nesselröden
 Idem 6 Acker daselbst an einer Breite
 Idem 2 ¾ Acker im Oberfelde
 Idem 5 ¾ Acker hinter seinem Hofe gelegen

---

[45] = vermessen und markiert

Idem 11 ¼ Acker im Niederfelde gelegen

Idem ½ Acker

Summa: 30 Acker minus 1 Viertel

2) Zum anderen **Bernhart Affye**

Item 3 ½ Acker im Winterfelde nach Nesselröden

Idem 16 ¼ Acker an zwei Orten

Idem 4 Acker am Kapsthal zwischen Hanß **Sndenn** [Suedenn?] und Moethwalt **Kipe**

Idem 2 Acker und 3 Acker Rodeland, auch am Kapsthal

Idem 2 ½ Acker oberhalb vom Dorf bei **Kipen** im Oberfelde

Idem 22 ¼ Acker im selbigen Felde

Idem 9 ¾ Acker im Niederfelde

Summa: 60 Acker 1 Viertel

3) Zum dritten **Hanß Snden [Sueden?] oder der Mollenhof [Mühlenhof]**

Item 17 ¾ Acker an zwei Orten gelegen im Winterfelde nach Nesselröden

Idem 12 ¼ Acker am Kapsthal zwischen **Affyen** Land auf beiden Seiten

Idem 16 ½ Acker im Sommerfelde eder [oder?] Oberfelde und im Niederfelde

Summa: 45 und 1 ½ Acker

Idem der selbige hat auch 10 ½ Acker Rodeland nach dem Middelberge gelegen.

4) Zum vierten **Philippus Smitt**

Item 6 ½ Acker gelegen nach der Dredewarte

Idem 6 Acker oberhalb vom Kapsthal

Idem 3 ¼ Acker oberhalb der Dredewarte

Idem 10 Acker im Oberfelde

Idem 4 ¼ Acker oberhalb der Dredewarde dabei geräumt hat

Summa: 30 Acker

Item **Steffen Sinstich [Sonntag]** hat einen Acker am **Cordt Pollenn** gruntt [Curdt Polle] Rodeland ist jetzt nach allem 1 Forling [= ½ Acker] gerodet

5) Zum fünften **Mothwalt Kipen**

Item 15 Acker an 5 Orten im Felde nach Nesselröden

Idem 6 ½ Acker an zwei Orten nach der Dredewarten

Idem 7 Acker am Kapsthal an einem Stück

Idem 3 ½ Acker mit dem Waldstück oberhalb vom Dorf nach der Trift

Idem 1 $^{7}/_{8}$ Acker oberhalb vom Dorf bei Herman **Fuchs**

Idem 5 Acker hinter **Fuchs** Hofe

Idem 8 ½ Acker im Oberfelde

Idem 10 Acker im Niederfelde

Idem 2 Acker auf dem Mittelberge an dem Ende gegen das kleine Tal

Idem 1 ½ Acker an der Trift

Summa: 60 Acker 3 ½ Viertel

6) Zum sechsten **Henrich vom Dreverdeshoff**[46]

Item 75 Acker in drei Feldern, zwei vor dem Questenberge und ein Feld am Rothschnabel

7) Zum siebten **Michel Erckenbrecht**

Item 6 Acker im Fochslasche [?]

Idem 5 Acker auf dem Rothschnabel

Idem 4 ¼ Acker hinter dem Dorf im Niederfeld

Summa: 15 Acker 1 Viertel

8) Zum achten **Berlt Fricken Frawe [Berlt Frickens Frau]**

Item 5 Acker am Rothschnabel bei Ramaten oder Dreverdeshofe

Idem 3 ¼ Acker bei dem grossen Birnbaum

Idem 1 ¾ Acker am kleinen Tal

---

[46] Ein Hans von Dreverode wird am 2. März 1404 als Bruder des Ludger von Besekendorf genannt

Idem 5 Acker am Kapsthal bei Herman **Fuchs**

Summa: 15 Acker

9) Zum letzten **Herman Fuchs [Voss]**

Hat 9 Hufe Landes unter sich und Triehoffe [Thiehof] (höchstwahrscheinlich "Bunners", Dorfstr. 36)

Item 31 Acker im Felde nach der Dredewarte

Idem 2 Morgen an einem Stück

Idem 7 ½ Acker an einem Stück

Idem 8 ½ Acker an einem Stück

Idem 37 ¼ Acker auch an einem Stück

Idem 1 ¼ Acker als in einem Felde

Item das Oberfeld

Item 21 Acker vor dem breiten lato [Feld?]

Idem 9 ¼ Acker bei der Lehmkuhle

Idem 6 ¾ Acker an einem Stück

Idem 11 Acker an einem Stück

Idem 6 ½ Acker an einem Stück

Idem 6 Acker an einem Stück

Idem 2 Acker an einem Stück

Idem 13 Acker an einem Stück

Idem 5 Acker an einem Stück

Idem 2 Acker an einem Stück

Idem 1 Acker an der Trift hat Philips vormals gehabt

Item das Niederfeld

Item 3 ¾ Acker

Idem 7 Acker an einem Stück

Idem 9 ¼ Acker an einem Stück

Idem 53 ¼ Acker

Idem 12 Acker am Kapsthal auch Wald

Idem 6 Acker am Pollengrund

Idem 3 Acker oberhalb vom Dorf nach der Trift

Idem 4 Acker ist ihm vom **Kipen** übergeben

Idem 2 Acker am Waldstück auf der Trift

Summa: zweihunderteinundsiebzig Acker

Vom Unter Hofe

Item der nächste oberhalb vom Dorf ist **Hans Rouper** zum Bebauen übergeben und nachstehendes Rodeland dazugetan.

Item 5 Acker zwischen Herman **Fuchs** und Philippus **Smide** gelegen am Kapsthal

Idem 6 Acker bei Michel **Eckenbrecht** [Erkenbrecht?] am Pollengrund

Idem 6 Acker am Rothschnabel bei Wachlebe neder

Summa: 17 Acker

Item der Anderhof

Mathias Mimke

Item 5 Acker zwischen Herman **Fuchs** und Philippus **Smide** am Kapsthal

Idem 6 ¼ Acker am Rodeteich auf dem Rothschnabel

Idem 4 Acker im Oberfelde an der Trift.

Summa: 15 Acker

Item der dritte Hof

Curdt Brendekenn

Item 5 Acker zwischen **Fuchs** und Philippus **Smide** am Kapsthal

Item 7 Acker Rodeland hat er von Johan **von Nynde** oberhalb der Trift

Idem 3 Acker ist in? dem kleinen Tal an Herman **Fuchs** her

Summa: 15 Acker   (Q131, Fol. 179 ff)

Wo lagen all diese Höfe? Zwischen Böseckendorf und Neuendorf scheint es eine Menge einzelner Gehöfte gegeben zu haben, von denen jedes einen eigenen Namen führte. Dort lagen u.a. der Molkenhof und der Dreveroder Hof. Den Tiehof möchte ich allerdings bereits in der heutigen Ortslage verorten ("Bunners" Hof, Dorfstr. 36).   (Q218, S. 503, 216. Gruben)

Vereinbarung von Abgaben der Böseckendorfer Höfe an das Kloster

Am heutigen Samstag nach Jubilate *[18. April, dritter Sonntag nach Ostern]* anno **1540** ist durch uns Herrn Johann **Buschhauer**, Commissarius zu Heilig[enstadt], und Cuntz **Gutjahr**, Vogt zu Rusteberg [von 1539-1561], wegen des Klosters Teistungenburg mit den Unterthanen und Einwohnern zu Besekendorf ihrer gebührlichen jährlichen Zinsen und Dienstgelds halber endlich gehandelt, sollen dem Kloster wie folgt geben und nun hinfort sich deswegen das Kloster darin wie billig halten ehrenhaft und ernstlich.

1) **Cristoffel Weideman** hat 1 Hufe Land, gibt jährlich davon 10 Pf. Erbzins, 1 Rauchhuhn, 30 Schillinge für den Pflugdienst, 2 Ma. Korn, 2 Ma. Hafer und 10 Schillinge für den Handdienst.

2) **Hermann Vos [Fuchs]** hat ein Erbe dazu 3 Hufe Land, das er **Hans Meteln** abgekauft, gibt jährlich da-von 10 Pf. Erbzins, 1 Rauchhuhn, 2 Gulden 10 Schillinge für den Pflugdienst, 10 Schillinge für den Handdienst, 6 Ma. Korn, 6 Ma. Hafer.
   [Am Rand später vermerkt:] 10 shilling thurn + kopfst. 1 gulde, thunt alhiert 1 margold [mark gold?]
   idem noch ein Erbe dazu 3 Hufe Land, das er **Bastian York** abgekauft, gibt jährlich davon 10 Pf. Erbzins, 1 Rauchhuhn, 2 Gulden 10 Schillinge für den Pflugdienst, 10 Schillinge für den Handdienst, 6 Ma. Korn, 6 Ma. Hafer.
   idem noch ein Erbe dazu 3 Hufe Land, das er **Valentin Meußell** abgekauft, gibt jährlich davon 10 Pf. Erbzins, 1 Rauchhuhn, 2 Gulden 10 Schillinge für den Pflugdienst, 10 Schillinge für den Handdienst, 6 Ma. Korn, 6 Ma. Hafer.

3) **Berldt Affye** hat ein Erbe dazu gehören 2 Hufe Land, gibt jährlich davon 10 Pf. Erbzins, 1 Rauchhuhn, 1 Gulden 20 Schillinge für den Pflugdienst, 10 Schillinge für den Handdienst, 4 Ma. Korn, 4 Ma. Hafer.

4) **Hanns Suedenn** oder der **Molenhof [Mühlenhof]** hat ein Erbe dazu gehören 1 ½ Hufe Land, gibt jährlich davon 10 Pf. Erbzins, 1 Rauchhuhn, 1 Gulden 5 Schillinge für den Pflugdienst, 10 Schillinge für den Handdienst, 3 Ma. Korn, 3 Ma. Hafer.

5) **Philip Schmidt** hat ein Erbe dazu gehört 1 Hufe Land, gibt jährlich davon 10 Pf. Erbzins, 1 Rauchhuhn, 30 Schillinge für den Pflugdienst, 10 Schillinge für den Handdienst, 2 Ma. Korn, 2 Ma. Hafer.

6) **Mudtwaldt Kipen** hat ein Erbe dazu gehört 2 Hufe Land, gibt jährlich davon 10 Pf. Erbzins, 1 Rauchhuhn, 1 Gulden 20 Schillinge für den Pflugdienst, 10 Schillinge für den Handdienst, 4 Ma. Korn, 4 Ma. Hafer.

7) **Henrich von Drewerdeshoff** hat ein Erbe dazu gehört 2 ½ Hufe Land, gibt jährlich davon 10 Pf. Erbzins, 1 Rauchhuhn, 1 Gulden 35 Schillinge für den Pflugdienst, 10 Schillinge für den Handdienst, 5 Ma. Korn, 5 Ma. Hafer. Soll er zu der halben Hufe Freiheit zu Zins und Dienstgeld bis das man schreiben wird [15]42 auf Michaeli haben.
   [späterer Einschub:] Die Freiheit ist beifolgend zu erfahren nämlich 3 Jahre nach der Ausrodung.

8) **Michel Erkenbrecht** hat ein Erbe dazu gehört 1 Hufe Land, gibt jährlich davon 10 Pf. Erbzins, 1 Rauchhuhn, 15 Schillinge für den Pflugdienst, 10 Schillinge für den Handdienst, 1 Ma. Korn, 1 Ma. Hafer.

9) **Berlt Frickens Frau** hat ein Erbe dazu gehört 1 Hufe Land, gibt jährlich davon 10 Pf. Erbzins, 1 Rauchhuhn, 15 Schillinge für den Pflugdienst, 10 Schillinge für den Handdienst, 1 Ma. Korn, 1 Ma. Hafer.

Item **Hans Rouper** hat einen neuen Hof von dem Burggrafen in der Messung der Länderei zu bauen angenomen, ist ihm dazu 17 Morgen Wald zu räumen und roden gegeben, gibt jährlich davon 10 Pf. Erbzins, 1 Rauchhuhn und 10 Schillinge für den Handdienst auf nächstkommenden Michaelistag so bald usgebenn aber zu den Zinsen und Dienstgeld vom Lande soll er drei Jahre Befreiung dazu haben und nach Ablauf derselben soll er gleich den andern Einwohnern Zins und Dienstgeld davon geben.

Item **Matthies Meincke** hat desgleichen einen <u>neuen Hof</u> mit ½ Hufe Wald zu räumen und roden angenommen. Soll gleichergestalt wie gehört verzinst und verdient werden.

Item **Courdt Brenderken** hat auch einen <u>neuen Hof</u> mit ½ Hufe Wald zu räumen und roden angenommen, soll desgleichen wie gehört verzinst und verdient werden und gleichergestalt Befreiung haben.

Item <u>darüber noch vier neue Höfe</u> daselbst aufzutun hat befunden Johannes der Schreiber völlig gleichergestalt um den Zins und Dienstgeld mit der Befreiung wie die anderen vorher. (Q131, Fol.155 ff.)

Am **20. April 1540** verhandelten der Kommissarius Johannes **Buschhauer** und der Vogt vom Rusteberge, Cuntz **Gutjahr**, mit dem Kloster und dessen Untertanen zu Böseckendorf über den Zins und das Dienstgeld. In Böseckendorf gab es 9 Besitzer von Erbzinsgütern, die zusammen 21 Hufen Land bewirtschafteten:

1. **Heinrich von Drewerderhoff** [Dreverode], Besitzer des Dreveroder Hofes mit 75 Morgen Land
2. **Hermann Fuchs [Voss]**, Besitzer des Tie-Hofes mit 270 $^5/_4$ Morgen Land
   [höchstwahrscheinlich "Bunners" Hof, Dorfstr. 36]
3. **Hans Bode**, Besitzer des Mollen- oder Molkenhofes mit 45 Morgen Land und 11 Morgen Rodeland [Philipp Knieb nennt ihn **Hans Snedenn**]
4. **Christoph Weidemann**
5. **Berldt Affye**   [später: Alfeldt?]
6. **Philipp Schmidt**
7. **Mudtwald Kipen**   [der Familiennname Kiepen taucht später in Immingerode auf]
8. **Michael Erkenbrecht**
9. **Berlt Fricken**

Es wurde festgesetzt, dass sie insgesamt 110 Pfg. Erbzins, 11 Rauchhühner, 15 fl. anstatt der Pflugdienste, 2 fl. 30 Schillinge anstatt der Handdienste sowie 40 Malter Korn und 40 Malter Hafer jährlich an das Kloster liefern sollten.

An 3 andere waren neue Herdstätten (Bauplätze) und ½ Hufe Wald zu Rodeland abgegeben worden. Für die ersten 3 Jahre sollten diese frei von jeder Abgabe sein, alsdann aber sollte ein jeder 10 Pfg. Erbzins, 1 Rauchhuhn und 10 Schillinge anstatt der Handdienste entrichten.

Die Verabfolgung von 4 anderen Herdstätten unter denselben Bedingungen wurde in Aussicht genommen.

Urkunde vom 29. Juli 1540: Das Kloster Teistungenburg soll auf erzbischöflichen Befehl visitiert werden

Aschaffenburg. Der Mainzer Erzbischof **Albrecht von Brandenburg**[47] gibt Befehl, das Kloster [Teistungenburg] wegen allerlei Unordnungen, Zwiespalt zwischen Äbtissin und Nonnen, zu visitieren und wieder in Ordnung zu bringen, und nötigenfalls bei Zweifeln den erzbischöflichen Räthen, die in Kürze auf das Eichsfeld kommen sollen, Mitteilung zu machen.   (Q071)

Was geschah in Böseckendorf zwischen 1540 und 1542? In der Türkensteuerliste 1542 ist kein einziger Familienname aus der Liste von 1540 mehr enthalten. **Vermutlich** enthält die Liste von 1540 noch die evangelischen Bewohner und die von 1542 und 1548 bereits die katholischen. Zur Erinnerung: <u>das Stift Quedlinburg wurde 1540 evangelisch</u>! Was das für Teistungenburg als Tochterkloster von Quedlinburg bedeutete, lässt sich nur erahnen.

1548 startete die Gegenreformation in Mainz, 1575 im Eichsfeld.

---

[47] Albrecht von Brandenburg (*28.06.1490 Cölln/Spree, †24.09.1545 Martinsburg zu Mainz), 1514-1545 Kurfürst und Erzbischof von Mainz

Aus dem Türkensteuerregister Duderstadt von 1542:

Besekendorf

1. **Johann Freundt** hat Haus und Hof 20 floren, 2 Kühe 6 floren, 2 Pferde 10 floren, dedit 10 achtlinge

2. **Relicta Swarzhans** hat Haus und Hof und Land für 50 floren, 3 Kühe 9 flore, dedit 6 sneberger

3. **Hans Koch** ibidem [=ebendort] hat Haus und Hof 20 floren, 2 Kühe 6 floren, dedit 10 achtlinge

4. **Joachim Scheffer** hat Neugüter vürs fant 30 floren, 6 Kühe 18 floren, 7 jährige Schweine 7 floren, 20 Morgen Winterfrucht 20 floren und 20 Morgen Sommerfrucht 10 floren, dedit 10 sneberger

5. **Henrich Koch** Schefferknecht hat ......, dedit 10 sneberger

6. **Clawes Schülzen** und seine Stiefkinder haben 3 Hufe und 3 Häuser 300 floren, 12 Pferde 60 floren, 10 Kühe 30 floren, 8 Rinder 16 floren, 2 Schweine 2 floren, 10 viertel Land vor Tiftlingerode, ist Lehngut, dedit 43 sneberger   ["Bunners" Hof, Dorfstr. 36?]

7. **Hans Stüd** junior dedit 13 Sneberger, 10 Pf., hat Haus Hof und Land für hundert Gulden, 2 Pferde 10 floren, 5 Kühe 15 floren, 1 jähriges Schwein 1? floren, dedit ut scrip[si].

8. **Henrich Ramaten** hat Haus Hof und 2 Hufe Land 60 floren, 4 Pferde 20 flore, 2 Kühe 6 floren, 4 Schweine 4 floren, 1 jähriges Rind 1 floren, dedit 10 Sneberger

9. **Rammert** zu Besekendorf hat 2 Pferde 10 floren, 2 Kühe 6 flore, 2 Schweine 2 floren, dedit 2 sneberger

Summa lateris 1 Fl 3 ½ Schneb 4 Pf.

Summa summarium des Dorfs Besekendorff thut 4 Fl 11 ½ Schneb.

(Q112; Transkription durch Herrn Uwe Klingebiel, Wien; ergänzt vom Verfasser)

1548 wurden im Türkensteuerregister 11 Steuerzahler aus Böseckendorf aufgeführt, die insgesamt 19 Gulden (fl.) 10 Groschen (gr.) 8 Pfennig (d.) zu zahlen hatten: (Q005, S. 136)

1.	**Hans Koch**		13 gr.	4 d.	
2.	**Clawes Schultze**	\			
3.	**Jochim Fuchs [Voss]**	/ – 7 fl.	3 gr.	4 d.	"Bunners" Hof, Dorfstr. 36
4.	**Reinhart Newhaußer**		4 gr.		
5.	**Heinrich Rammate**	1 fl.	9 gr.		
6.	**Hanns Freundht**		14 gr.	4 d.	
7.	**Rotger Meiger [Meier]**		4 gr.		
8.	**Ernst Bosßmann**		12 gr.		
9.	**Hans Stuede**	4 fl.	12 gr.	8 d.	
10.	**Hanns Reuper**		12 gr.		
11.	**Jochim Scheffer**	3 fl.	6 gr.		

Von den elf im Türkensteuerregister 1548 genannten Familiennamen sind nur fünf später noch in Böseckendorf belegt, nämlich **Koch**, **Fuchs** (Voss), **Rammate** (Remmert), **Reuper** und **Scheffer** (Schäfer).

Der später so dominierende Familienname **Klingebiel** ist erst ab 1561 in Böseckendorf nachzuweisen. Die Wanderungsbewegung dieser Familie und ihre Zuwanderung nach Böseckendorf werden von Herrn Lutz Klingebiel aus Erfurt erforscht.

1553 war in Böseckendorf das Rodeland auf 8 Hufen und 2 Morgen gestiegen, während das "arthafte"[48] Land 22 ½ Hufen betrug. Von diesem Rodelande beanspruchte Heinrich **von Hagen** den Zehnten, obschon er ihm nicht gebührte. Im folgenden Jahre war der Streit noch nicht entschieden.

---

[48] siehe Kapitel "Erläuterungen und Abkürzungen"

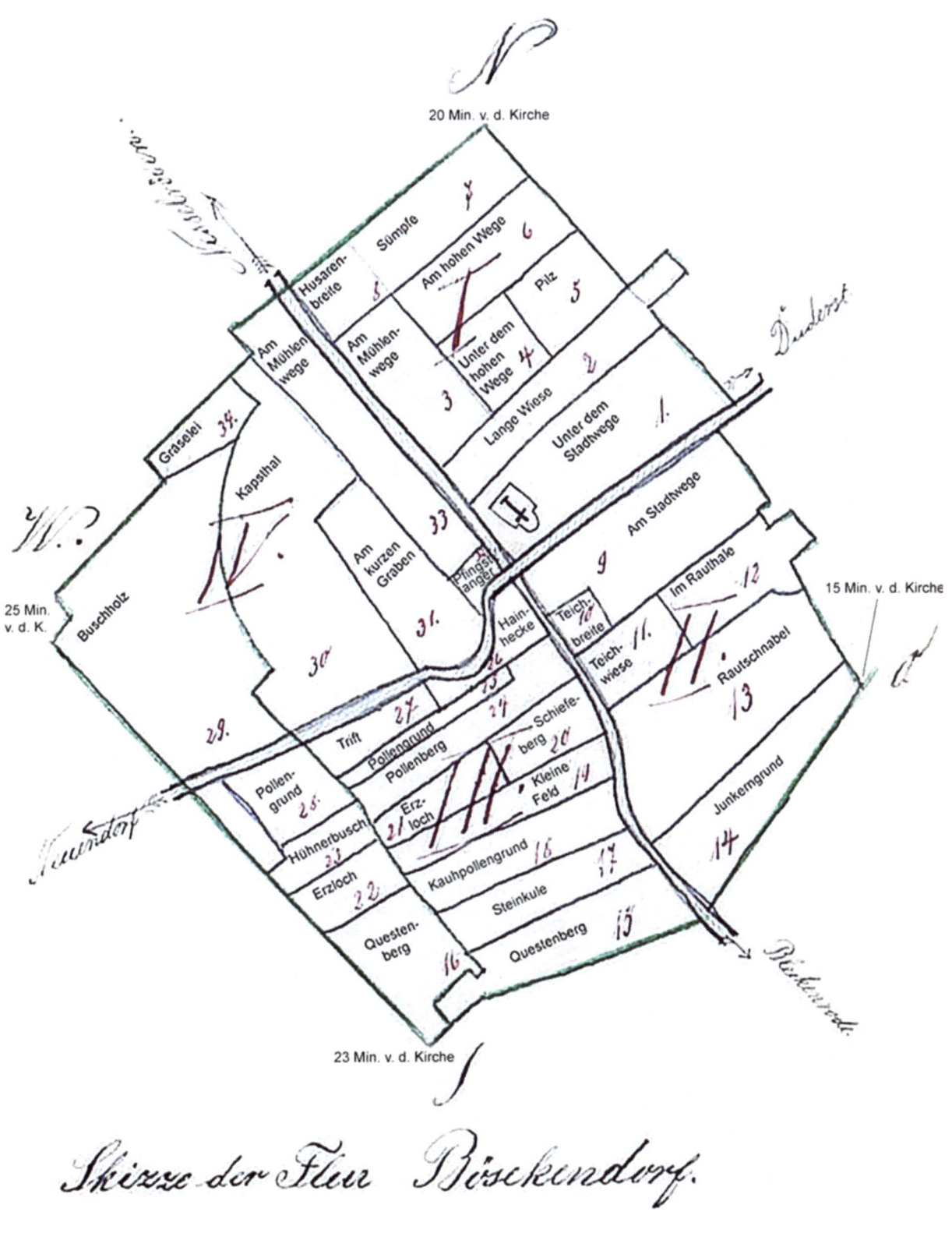

Skizze der Flur Böseckendorf.

Böseckendorfer Flurplan von 1910 (Q070)

Einige der Flurnamen aus dieser Darstellung bestehen bereits seit mehreren Jahrhunderten und wurden schon in den Copialbüchern des Klosters Teistungenburg erwähnt.

1553

Volgende rode Lendereie von neuerem gemacht worden vor Beskendorf, sint der zeit, das Henrich **von Hagens** der zehende daselbst zu leibe verschreibenn nemlich:

1.	**Hans Hundeshagen**	14 Morgen	neuwe gemachtes Landes
2.	**Joachim Heinfrent** der Schultes	7 Morgen	[Heinevetter?]
3.	**Henrich Schwartze**	15 Morgen	
4.	**Hanns Schnippell**	15 Morgen	
5.	**Otto Bercke**	15 Morgen	[Berckefeld?]
6.	**Hanns Rueffer**	15 Morgen	[Roeper?]
7.	**Henrich Autenmeiyer**	51 Morgen	[heute: Ausmeier]
8.	**Witwe Hanns Hessens**	5 Morgen	
9.	**Henrich Nehrmann**	15 Morgen	
10.	**Joachim Fuchs [Voss]**	4 Morgen	
11.	**Thonies Leineweber**	15 Morgen	
12.	**Henrich Schnake**	15 Morgen	
13.	**Johann Freundt**	15 Morgen	
14.	**Clawes Schultheis**	10 Morgen	[Schulze?]
15.	**Bartholomeus Fuchs [Voss]**	2 Morgen	
16.	**Valetein Pielzhagen**	4 Morgen	
17.	Die **Pollsche [Anna, Witwe von Curdt]**	10 Morgen	
Summa		227 Morgen	
Facit		7 ½ Hufe 2 Morgen	

(Q131; Transkription fol. 186r, 187 durch Herrn Uwe Klingebiel, Wien)

Urkunde vom 24. Mai 1557:

Anna[49], Äbtissin des weltlichen Stifts Quedlinburg, belehnt Franz von Minnigerode und seine männlichen Leibeslehnserben sowie nach deren Tod seinen Vetter Jost von Minnigerode und dessen männliche Leibeslehnserben mit:

a)   einem Vorwerk in- und außerhalb von Westerode

b)   3 Hufen Land, auch Grasland des verstorbenen Heinrich Greise [Griese?], Bürger zu Duderstadt, an denen seine Witwe und der Priester des Johann Greise [Griese?] ein lebenslängliches Nutzungsrecht besitzen

c)   1 Hufe Land des verstorbenen Moritz Niegemeier, ehemaliger Bürger zu Duderstadt, vor Westerode

d)   folgenden Gütern der ausgestorbenen Familie von Besekendorf: 3 Hufen Land, 2 freie Sattelhöfe[50] in- und außerhalb Besekendorfs mit Äckern, Holzungen, allen Zubehörungen und Nutzungsrechten.   (Q025)
(Siehe hierzu auch die Urkunden vom **24. Januar 1575**, **13. Mai 1678** und **24. Januar 1729**)

Der oben erwähnte Sattelhof **außerhalb** Böseckendorfs könnte an der vermuteten alten Ortslage von Böseckendorf gelegen haben (oder evtl. auch im späteren Gut Bleckenrode).

Der Sattelhof **in** Böseckendorf ist vermutlich der spätere Tie-Hof gewesen (heute "Bunners" Hof, Dorfstr. 36). Er war zu jener Zeit der mit Abstand größte Hof in Böseckendorf.

Die Menge der wüsten Dörfer, die wir überall auf dem Eichsfelde finden, ist ein Beweis, dass sie ursprünglich sehr klein und wohl meistens nur Höfe waren. Sonst müssten vor tausend Jahren auf dem Eichsfelde wenigstens hundert Dörfer mehr gestanden haben als jetzt - was doch gewiss nicht anzunehmen ist.   (Q178, S. 27)

---

[49] Anna II. von Stolberg-Wernigerode (*28.01.1504 Stolberg/Harz, †04.03.1574 Quedlinburg), 1515-1574 28. Äbtissin des Frauenstifts Quedlinburg
[50] siehe Kapitel "Erläuterungen und Abkürzungen"

v.l.n.r.: Josef **Thume** (1931-2014), Hubert **Eckardt** (1922-1973), Heini **Duwald** (1929-1997)

(Foto nach 1970, wann?)

Die Jungen der Schule Böseckendorf laden Astholz von einem Leiterwagen ab. Vor "Bunners" Hof (Dorfstr. 36) liegt bereits ein Reisighaufen. Die dünnen Zweige wurden früher in 30-40 cm lange Stücke zerhackt und als Brennholz zu "Wellen" gebündelt.

"Timmermanns" (alte Haus-Nr. 9b). Anna **Zwingmann** (1899-1976)   (Foto um 1967)

Urkunde vom 20. September 1561
(gleichzeitig: Ersterwähnung des Familiennamens **Klingebiel** in Böseckendorf):
Die Teistungenburger Äbtissin Margaretha **Neueroth**[51] vermeiert einen Teich im Rodetal für 12 Jahre
an Matthias **Klingebiel (Klingebeyll)**.   (Q131, S. 141)
siehe hierzu auch: **14. März 1417**

Originaltext:

Wyr Margretha Nuwerode abbatissa und gantze samptelung des styffts S. Peters zw Teystungenburk
bekennen offentlych an dysse unserm offenen versigelden breyffe, daß wyr zw unßers styffts nutz und
umb besserung willen unßern waßer dyech im Rodedall vor unßerm dorff Besekendorff gelegen,
zwoelff iar, dy negesten nachenander folgende, nach dato dysses bryffs, vermeygert und zwgebruchen
ingethan haben, dem bescheydenn und arbeytßamen Matthiaß Klyngebyle, unßerem unthersassen und
holzferster zw Besekendorff wonenth, dar iegen er sych verheyssen, versprochen, gewilliget und zw
gesagt, unß und unßern nachkommen von gemelthem waßer dyeche alle iar und eynes idern iarß
beßundern, dy weyll dysse meygerstadt stedt und wearth, uff S. Mychaelis taghe, unverzoglych, zw
ierlycher gulde und zynße in unser closter und sychern gewarßam beken libern[52] und bezalen wolle,
zwene gulden und eynen orth, ider gulden mit zwantzigh margengrossen zw bezalen, und soll von
obgedachthem meyger nit angezogen noch vorgewenth werden, vorherung, fluden oder andre sche-
denn, daß Gott auß gnaden vorhwthenn wolle. Da auch Matthiaß vorgenenth in eynichem termine mit
außgebung der zynße, semych[53] oder feylßam werde, wan oder in welchem iar solches gescheyge,
alßdan wollen wyr, unßers ob berurthen dyches mechtig syn, den eynem andern zw vermeyernde oder
aber sunsten nach unßerm oder unßer[n] styffts bessern nutz zugebruchen, und soll vilgedachter
meyger mit synem nychhalten, dysser meygerstadt sych alleß entsatz verwyrket und krafftloß gemacht
haben, und nach verlauffe vorangezogenen zwoelff iar, soll mehrgedachter waßer teych unß und
unßerm styfft und nachkomen gentzlych erlediget und ohene alle insage noch verhynderunge erlediget syn und mit aller besserung heymfallen, arglist und geferde hyr in gentzlych außgeslossen.
Zw urkunde der sychern und warheyt, daß dysse meygerstadt in allen ohren puncten und artikeln un-
widderufflych soll gehalten werden, haben wyr abbatissa und gantze samptlunge unser probesti sygell
hyr unthen uff spatium, vor unß und unßere mit beschriben, wyssentlych ihnn druckenn datum nach
der selychmachenden menschwerdung Iesu Christi dusent ffunffhundert sechzig und eyn iar den 20
Septembris.
Margreta Niegerodt Dmna. und convent, vermeyern den Rodetteich, vor Beskendorff zwelft Jahr, Matthias Klingenbeil dem Holzfurster fur einen zins nemblich zwei gulden und einen ortt. ... ao. 1561

Übersetzung:

*Wir, Margarethe **Neueroth**, Äbtissin, und der Konvent des Stifts St. Peter zu Teistungenburg, bekennen
mit diesem besiegelten Brief öffentlich, dass wir zu Nutzen und Besserstellung unseres Stifts den im Rode-
tal bei Böseckendorf gelegenen Teich für die nächsten zwölf Jahre an den bescheidenen und arbeitsamen
Matthias Klingebiel verpachten, der als unser Untertan und Waldförster in Böseckendorf wohnt. Im
Gegenzug verpflichtet er sich, jedes Jahr am Michaelistag zwei Gulden und einen Orth [vermutlich ein
Fisch] an das Kloster zu bezahlen. Diese Verpflichtung besteht auch dann, wenn der Teich Schaden durch
Verwüstung oder Überflutung nehmen sollte. Ist Matthias Klingebiel mit einer Zahlung in Verzug, behält
sich das Kloster das Recht vor, den Pachtvertrag fristlos zu beenden und den Teich anderweitig zu verpachten oder zu nutzen. Nach Ablauf der Pachtfrist soll der Teich an das Kloster mit allen vorgenom-
menen Verbesserungen ohne Widerrede und Arglist zurückgegeben werden.*

---

[51] Margaretha Neueroth, 1560-1583 Äbtissin in Teistungenburg
[52] unsichere Lesung
[53] unsichere Lesung (säumig ?)

Zur Beurkundung dieses Pachtvertrags haben wir, Äbtissin und Konvent, unser Propstei-Siegel am 20. September des 1561ten Jahres nach der seligmachenden Menschwerdung Jesus Christi auf den Vertrag gedrückt.

(Q162)

1561: Kloster Teistungenburg verkauft erblich und eigen zu einem Bau und Sedelhofe, **Henrich Olenmeier** zu Böseckendorf einen Teil des Schafhofes, der an das Grundstück des Käufers grenzt, für 23 Joachims Taler Groschen mit einem Erbzins von 2 Schneberger, 6 Schneberger für den Handdienst und 1 Huhn, 2 Hähne und 1 Schock Eier.

(Q131, S. 142)

1565: .....betrifft auch den Schafhof zu Böseckendorf so **Mathias Klingenbeil** anno 1565 für 25 Taler vom Kloster erkauft. Hier handelt es sich sehr wahrscheinlich um das Grundstück, auf dem Mathias Klingebiel 1573 den "Eckens" Hof (Dorfstr. 29) errichtete.

(Q131, S. 142)

28. September 1569:

Der dem Kloster Teistungenburg gehörige "Forstort Moseberg" wird durch den Hofmeister Liborius **Thonhose** und den Waldförster und Schultheissen zu Beskendorf, Martin[54] **Klingebiel**, vermessen und 142 Acker gross befunden. Der Name "Moseberg" [Meseberg] ist noch jetzt für die im Fernaer Gemeindebezirk an die Gemeindebezirke Hundeshagen und Teistungen angrenzende Flurgegend gebräuchlich. (Teistungenburger Kopial-Buch Blatt 182.)

(Q012, S. 223; Q131, S. 182)

Urkunde vom 24. Januar 1575:

Äbtissin Elisabeth[55] zu Quedlinburg, geb. Gräfin zu Rei[n]stein und Blankenburg, belehnt Franz von Minnigerode und seine Erben und im Falle deren Aussterbens die Söhne seines verstorbenen Vetters Jost, nämlich Hans den Älteren, Hans den Mittleren, Johann, Hans Heidenrich, Hans Kaspar und Hans Georg mit folgenden Gütern: mit einem Vorwerk in und vor Westerode, mit 3 Hufen Landes und Grase und aller Zubehör, wie das vordem Heinrich Griese, Bürger zu Duderstadt vom Quedlinburger Stift zu Lehen gehabt hatte, ferner mit einer Hufe vor Westerode, die durch den Tod des Moritz Niemeier, Bürgers zu Duderstadt, dem Stift heimgefallen ist; und außerdem mit 3 Hufen Landes und 2 Sattelhöfen in und vor Boesickendorf, welche die von Boesickendorf neben anderen Gütern vom Stift zu Lehen hatten und die nach Absterben derer von B. die Inhaber dem Stift verschwiegen und veruntreut haben.

(Q023)

Originaltext:

Von Gottes gnaden wir Elysabeth des keyserlichen freien weltlichen stifftes Quedelburgk Ebtissin geborene grevin zu Reinstein und Blankenburgk, bekennen in crafft dieses unsers offnen briefes, vor uns und unsere nachkhomende Ebtissin und jedermennichlichen desselbigen ansichtigen, das wir beliehen haben und inn und mit crafft dieß briefes beleihen, den erenvesten und erbaren unsern lieben graven Frantzen von Minnigerode und seine mennliche leibslehenserben, und wo dieselben alle todeshalben abgiengen, alsdann Josten seines vettern seligen söne, nemlich Hansen den eltern, Hansen den mitleren, Joan Hans Heidenreichen, Hans Casparn und Hans Georgen und derselben nemliche leibslehenserben, mit diesen nachgeschriebenen güttern, nemblich mit einem vorwerk gelegen inn und aussen Westerrode, mit dreien hufen landes und grase, auch alle nutzung und zubehorung, davon nichts außschieden, das etwan Heinrich Griese bürger zu Duderstat von uns und unseren stifft zur lehen gehapt, zur leihen ime auch und seinen mitbeschriebenen eine hufe landes daselbst vor Westerrode gelegen, die etwan durch todtlichen abgang Moritz Niemaers seligen burgers zu Duderstadt unseren stifft

---

[54] Andere Quellen nennen ihn Matthias
[55] Elisabeth II. von Regenstein-Blankenburg (*1542, †20.07.1584 Quedlinburg), 1574-1584 die 29. Äbtissin des Frauenstifts Quedlinburg

heimgefallen, mit allen irem nutz und zugehorung zugebrauchen. Darzu leihen wir ime und seinen mitbeschriebenen drej hufen landes und zwen sattelhöfe in und ausserhalb Beseckendorff, welche die von Beseckendorff genant etwan von unserem stifft neben anderen guttern zur lehen gehapt und nach absterben derselben die inhabere unserem stifft verschwiegen und verundreudt, und mag er derselben dreier huven landes und zweier freier settelhöfe, an eckern, holtz und allen andern zugehorigen freiheitten und gerechtigkeiten seines bestens gebrauchen und gemessen, inmassen die von Beseckendorff solche guttere gebraucht und gemessen. Doch also das sie den lehede so offt die zu fall kommen geburliche beleg thun, die auch verdienen. Dargegen wollen wir gedachtes Frantzen von Minnigerodes und seiner mit und obbeschriebenen bekhentliche herrschafft lehensfrau und geweher sein, so offt und viel inen daß von notens und wir von inen geburlicher weiß ervordert werden, des zu unserer urkundt haben wir unser gewenlich insigel wissentlich an diesen unseren brief hengen lassen, gescheen zu Quedelburgk Montags den vier und zwantzigsten monatstag Januarij nach Christi unsers lieben herren geburt 1575. (Q155)

Übersetzung:

Wir Elisabeth, geborene Gräfin von Reinstein und Blankenburg, von Gottes Gnaden Äbtissin des kaiserlichen freien und weltlichen Stifts Quedlinburg, bekennen Kraft dieses unseres offenen Briefes, für uns und für die uns nachfolgende Äbtissin und für jeden aus demselben ersichtlich, dass wir unseren lieben, ehrenfesten und ehrbaren Grafen Franz von Minnigerode und seine männlichen Leiblehenserben, und falls dieselben versterben würden, sodann die Söhne seines verstorbenen Vetters Jost, nämlich Hans der ältere, Hans der mittlere, Joan Hans Heidenreich, Hans Kaspar und Hans Georg und deren dem Namen nach bekannten Leiblehenserben, mit den nachfolgend beschriebenen Gütern, belehnt haben und kraft dieses Briefes belehnen, nämlich

- mit einem in- und außerhalb von Westerode gelegenen Vorwerk, mit drei Hufen Land und Wiese, ohne Ausschluss einer Nutzung und eines Zubehörs, das einst Heinrich Griese, Bürger von Duderstadt, von uns und unserem Stift als Lehen hatte und

- ihn und den Mitbeschriebenen auch mit einer Hufe Land zu belehnen, die vor Westerode gelegen ist und die einst durch den Todesfall des Moritz Niemeier, seliger Bürger in Duderstadt, unserem Stift, einschließlich des Rechts zur Nutzung und des Zubehörs, zufiel.

- Dazu belehnen wir ihn und seine Mitbeschriebenen mit drei Hufen Land und zwei Sattelhöfen in- und außerhalb von Böseckendorf, welche die "von Böseckendorf" genannten früher von unserem Stift neben weiteren Gütern zum Lehen hatten und die nach dem Aussterben derselben von den Besitzern uns verschwiegen und veruntreut wurden. Er kann diese drei Hufen Land und die zwei Sattelhöfe mit Äckern, Wald und allen anderen dazu gehörenden Freiheiten und Rechten zu seinem besten Vorteil nutzen und bemessen, sie wie die von Böseckendorf diese Güter genutzt und bemessen haben.

Jedoch so, dass sie für das Lehen, wenn es zu Fall kommt (d. h. der jeweilige Lehensnehmer verstirbt), einen rechtsgültigen Nachweis über die geben, denen es zusteht.

Wir dagegen wollen für das Vereinbarte dem Franz von Minnigerode und den oben Beschriebenen eine bekennende Herrschaft, Lehensfrau und Gewähr (Schutz) sein, sooft und wieviel sie davon benötigen und sie von uns in gebührender Weise verlangen. Zur Beurkundung dessen haben wir unser gewöhnliches Siegel mit unserem Wissen an diesen unseren Brief hängen lassen. Geschehen zu Quedlinburg, Montag, den 24. Januar nach unseres lieben Herren Christi Geburt 1575 (Q214)
(Siehe hierzu auch die Urkunden vom **24. Mai 1557**, **13. Mai 1678** und **24. Januar 1729**)

Anno **1578** kam es zwischen Etzenborn und Böseckendorf zum Streit um den nördlich von Etzenborn gelegenen Mühlenberg. Böseckendorf ließ dort an der Peterseiche zehn Fuder Holz schlagen und abfahren. Der Amtmann von Neuengleichen rächte sich durch Wegnahme von Vieh. Als Böseckendorf mit gleicher Münze zurückzahlte, ließ Etzenborn die auf dem Anger vor Teistungenburg weidenden Kühe durch seine jungen Männer zurückholen.

Als das Eichsfeld 1578 und 1579 von Etzenborn durch einen Boten die Türkensteuer fordern ließ und dieser nach mehrmaliger Abweisung seinen Brief in das Pfarrhaus "in ein Wand" steckte, wurde er ihm durch den Schulzen wieder zugeworfen. Auch die Ladung der Bewohner vor das Landgericht vor dem Westertore zu Duderstadt wurde nicht angenommen. (Q195)

1590:

Rath zu Duderstadt an Äbtissin Ziegler c: Untertanen in Böseckendorf. Erwähnt werden folgende Einwohner Böseckendorfs: Paul **Weihenant**; N. **Hennicke**, Meier; Friedrich **Boesacken**.

(Q204, Fol. 254 (DS. 143_r.))

4. Dezember 1594:

Rat zu Duderstadt an Äbtissin Ziegler c: Untertanen in Böseckendorf. Erwähnt wird folgender Einwohner Böseckendorfs: Adam **Schultze**. (Q204, Fol. 254 (DS. 143_r.))

16. Juli 1599: Nach dem Aussterben des Grafen Johann Georg **von Regenstein** fielen die Grafschaften Blankenburg-Reinstein mit folgenden Lehen an die Herzöge von Braunschweig (Auszug):

7.   7 Hufen Landes und zwei Höfe zu Besekendorf im Dorfe und Felde belegen, mit Wiesen und
     Graserei im Holze, im Wasser und Weide. (Q154, S. 98f)

- ab 1600

Von 1618-1648 wütete der Dreißigjährige Krieg. Das gesamte Eichsfeld litt sehr unter Truppendurchzügen und Einquartierungen der verschiedensten Heere, so wie am **29. Mai 1622** bei der Einquartierung von Truppen des Herzogs Christian von Braunschweig in Böseckendorf und anderen Dörfern. Am **21. Juli 1622** gab Christian das gesamte Eichsfeld zur Plünderung frei. Am **19. Juli 1623** wurde eine größere Zahl von Höfen in Nesselröden, Werxhausen, Desingerode, Seulingen, Seeburg und Wollbrandshausen in Schutt und Asche gelegt.

12. November 1624:

Im Zusammenhang mit dem Versuch, Kirchenland neu zu verpachten, werden folgende Einwohner Böseckendorfs namentlich erwähnt:

Christoph **Müller**, Michael **Mundemann**, **Hundeshagen** (kein Vorname angegeben), **Scheffergeorgische** [a.a.St. wird ein Scheffer, Georg, genannt], Tonies **Bomike** [Anton Bömeke, *vor 1590 wo?, †vor 1665 Böseckendorf, (Stolze-Hof, Dorfstr. 30)], Hans **Klingebiel**, Hans **Darnieden**.

(Q204, Fol. 31 (DS 11_r.))

2. Januar 1625:

Folgende Personen aus Böseckendorf halfen im Februar 1622 bei einem Umzug von Dingelstädt nach Bleckenrode: Albrecht **Wagner** [geschworener Landvermesser], Henrich **Klingebiel** (junior).

(Q204, Fol. 35 (DS 13_r.))

27. Januar 1625:

Klage Hans Leubeling aus Gernrode wegen Betrugs an Vormundschaftsgeld für dessen Frau an Wilhelm **Klingebiel**. In diesem Zusammenhang werden folgende Böseckendorfer Einwohner erwähnt: Henrich **Schucht** [geschworener Landvermesser, *vor 1600 Böseckendorf], Hans **Scharff**.

(Q204, Fol. 36/37 (DS. 14_l))

5. April 1625:

Streit wegen Pferde-Kaufpreis. Erwähnt werden folgende Böseckendorfer Einwohner:
Henrich **Klingebiel** (senior), Valten **Klingebiel**. (Q204, Fol. 44 (DS 17_l))

23. Juli 1625:

Streit mit der Witwe eines Zillermann, Hans; Mundemann hatte 1621 sein Elternhaus erworben. Erwähnter Einwohner Böseckendorfs: Michael **Mundemann**. (Q204, Fol. 55 (DS. 22_r.))

5. Juni 1628:

Zeugnis wegen des Knicks. Erwähnt werden folgende Böseckendorfer Einwohner: Schulze [Albrecht] **Deppe**, Hans **Darnieden**. (Q204, Fol. 89 (DS 39_r.))

19. Juli 1628:

Beleidigungsklage des Liborius Klingebiel. Erwähnt werden folgende Böseckendorfer Einwohner: Paul **Deppe**, Jakob **Beckman**, Joachim **Zwinckman**, Albrecht **Deppe**, Christoph **Melter**, Liborius **Klingebiel**, Frau oder Tochter des Liborius **Klingebiel**, Andreas **Heine**. (Q204, Fol. 109 f. (DS 49_l))

23. August 1628:

Wiedererstattung des Wertes der von Soldaten geraubten Pferde. Erwähnt werden folgende Böseckendorfer Einwohner: Joachim **Zwingtmann**, Henrich **Schucht**, Christoph **Müller**, Jakob **Beckman**. (Q204, Fol. 129 (DS 58_l))

Oktober 1628:

Identifizierung Jakob Beckmann im Nov. 1624 gestohlener Pferde. Erwähnt werden folgende Böseckendorfer Einwohner: Christoph **Müller**, Henrich **Klingebiel**, Jakob **Beckman**. (Q204, Fol. 149 (DS 69_l))

10. Oktober 1628:

Streit um Gerichtszuständigkeit Teistungenburg vs. Duderstadt. Erwähnt werden folgende Böseckendorfer Einwohner: Albrecht **Deppe**, Schulze; Henrich **Schucht**, Vormund; Tonies **Bomike**, Vormund; Hans **Darnieden**; Jakob **Beckmann**; Joachim **Schutze (Schulze?)**; Joachim **Zwingmann**, Klostermeier. (Q204, Fol. 150 (DS 70_l.))

13. Oktober 1628:

Das Kloster verfolgt rechtlich eine Streiterei in Böseckendorf an Pfingsten 1627. Erwähnt werden folgende Böseckendorfer Einwohner: Albrecht **Deppe**, Schulze; Henrich **Schucht**, Vormund; Tonies **Bomike**, Vormund; Jakob **Beckman**; Hans **Darnieden**; Curt **Scheffer**. (Q204, Fol. 153 (DS. 73_r.))

18. Oktober 1628:

Streit bei Beckmanns Kindstaufe. Erwähnt werden folgende Böseckendorfer Einwohner: Albrecht **Deppe**, Schulze; Joachim **Schutz(?)**; Jakob **Beckman**; Hans **Darnieden**. (Q204, Fol. 155 (DS. 74_l.))

9. November 1628:

Verurteilungen wegen der Streiterei in Böseckendorf an Pfingsten 1627. Erwähnt werden folgende Böseckendorfer Einwohner: Jakob **Beckman**, Hans **Darnieden**, Curt **Scheffer**. (Q204, Fol. 161 (DS. 79-l.))

Lehrerwohnung   _____Klassenzimmer_____
Ansicht um 1900 (alte Postkarte)

Schule mit Spritzenhaus (Foto vom 14. November 1956; Hochzeit Heinrich **Klingebiel** mit Maria **Schmalstieg**). Das Spritzenhaus wurde vor 1978 abgerissen.

10. November 1628:

Streit Borchard/Senger c. Hohmann. Erwähnt werden folgende Böseckendorfer Einwohner: Andreas **Borchard**; Michael **Hohmann**; Ilse **Homann geb. Borchard**, Witwe des Michael; Claus **Borchard**. (Q204, Fol. 164 f. (DS. 80_r))

Urkunde vom 17. Februar 1629:

Originaltext:

ao. **1629 denn 17. February** beklagt Hanß Adam der Bickschenmacher von Germanßhaußen underm ambtt Giebeldehaußen **Pauwell Deppen** in Beseckendorff umb zwenn rthalr. die er zu Teistunghen alß ehr wurdt da gewesen, underschiedtlich bey ihme verzehrtt.

Item zwenn thelr. zwenn schnb. hatt er beneben seinem bruder [**Albrecht**, der Schultheiß] unth andern mehr bey ihme gedruncken, alß er Hansen von Westernhaghen ein hauß in Berlingheroda aberkaufft weinkauff[56]. Actum ut sup.

Ist Pauwell Deppen uff erlegtt von dato in vierzehn- taghen zu zahlen bey straff 3 fl. oder seine geghen veranttworttungh gegehen diese forderung einbringen.

  (Q204, [DS 100 - recht] [190] Germershaußen Schuldtforderung)

Übersetzung:

Am 17.2.1629 beklagt Hans Adam, der Büchsenmacher aus Germershausen, Amt Gieboldehausen, den Paul Deppe aus Böseckendorf wegen 2 Reichstalern, die dieser in Teistungen bei ihm, als er dort Wirt war, bei verschiedenen Gelegenheiten verzehrt hätte.

Weiter hätte er zusammen mit seinem Bruder [Albrecht Deppe, Schultheiß von Böseckendorf] und anderen Leuten bei ihm für 2 Taler 2 Schneeberger getrunken, als er von Hans von Westernhagen in Berlingerode das Nutzungsrecht für ein Haus gekauft habe. Verhandelt wie oben.

Paul Deppe wurde auferlegt, innerhalb von 14 Tagen unter Strafandrohung von 3 Gulden [die geforderten Geldbeträge] zu bezahlen oder seine Gegendarstellung vorzubringen. (Q214)

31. Mai 1629:

Bierschulden. Erwähnt werden folgende Böseckendorfer Einwohner:

Curt **Scheffer**; Liborius **Klingebiel**; Albrecht **Deppe**, Schulze. (Q204, Fol. 203 (DS. 110_l.))

1629 hatte Böseckendorf 25 Herdstellen mit insgesamt 25 Hufen 17 Acker Land, 8 Acker Wiese. Die Gemeinde hatte dafür an das Kloster Teistungenburg 86 fl. 4 Schneeberger 7 ½ Pfg. Erbzins und Dienstgeld, 52 Malter 2 Scheffel ¼ Metze Korn, 51 Malter ½ Scheffel ¼ Metze Hafer abzuliefern.

Die "Vogteyliche Underbothmeßigkeit" [niedere Gerichtsbarkeit] gehörte dem Kloster, die hohe Gerichtsbarkeit aber dem Haus Rusteberg. (Q049)

1630:

Böseckendorf liegt im Streit mit Duderstadt um den Knick am Questenberg oberhalb Bleckenrode. Erwähnt werden folgende Böseckendorfer Einwohner:

Hermann **Fuchs**; Joachim **Schutze(?)**; Henrich **Schucht**, Georg **Scheffer**, Kuhhirte; Matthias **Klingebiel**, Knickförster; Henrich **Klingebiel**; Michael **Klingebiel** (senior), Bruder von Henrich). (Q204, Fol. 230 f. (DS. 125_r.))

24. Juli 1630:

Verkauf des Gutes der "alten Klingebilschen" an Paul **Deppe** (Schwager der Klingebiels). (Q204, Fol. 235 (DS. 131_l.))

---

[56] Erläuterung siehe Kapitel "Erläuterungen und Abkürzungen"

Karneval in Böseckendorf! Der "Indianer" ist Peter Langer. Rechts "Schmetts" (Dorfstr. 41)
(Foto um 1972)

Oberdorf um 1900 (von links: "Maria Napp" (Dorfstr. 26), "Villa Senger" (Dorfstr. 24); "Emma Konradi"
(Dorfstr. 22)) (Q016)

13. Dezember 1630:

Nikolaus **Hesse** erwirbt Albrecht **Wagners** Erbe in Böseckendorf.   (Q204, Fol. 246 (DS. 139_l.))

13. Dezember 1630:

Klage des Nikolaus Kauffung für seine Schwester Gertrud zugunsten der Kinder von Jakob Klingebiel. Erwähnt werden folgende Böseckendorfer Einwohner: Jakob **Klingebiel**, Henrich **Klingebiel**.

(Q204, Fol. 247 (DS. 139_r.))

1631:

Erbe Albrecht Wagner. Erwähnt werden folgende Böseckendorfer Einwohner:

Hans **Borchard**, Albrecht **Borchard** (junior), Sebastian **Borchard**.   (Q204, Fol. 248 (DS. 140_r.))

11. Februar 1631:

Streit Scheffer / Klingebiel. Erwähnt werden folgende Böseckendorfer Einwohner:

Curt **Scheffer**; Liborius **Klingebiel**; Albrecht **Deppe**, Schulze.   (Q204, Fol. 249 f. (DS. 141_l.))

5. November 1633:

Klage des Rats zu Duderstadt. Erwähnt wird aus Böseckendorf: Albrecht **Deppe**.

(Q204, Fol. 254 (DS. 143_r.))

Urkunde vom 3. September 1634: Der Pfarrer zu Immingerode wird abgesetzt

Originaltext:

Unsere freundliche Dienste zuvorn, Erbare und Weise Günstige Freunde.

Bey jüngster Verhör im Consistorio alhier, hat der Pfarrer zu Immingherode, J. H. gestanden, und be-kennet, daß er eine ziembliche Zeitt mit seinen Concubinen zugehalten, und ausser der Ehe zwei Kinder gezeuget. Wann aber solchem hochstreflichen Laster nachzusehen uns nicht gebühren will, als ist bemelter Pfarrer seines Ambts entsetzet und Ihm darneben hundert Rthlr. Straf dictiret worden. Befehlen derowegen ahnstatt des Durchleuchtigen Hochgebohrnen Fürsten und Herrn Herrn Wilhelms Hertzogen zu Sachsen, Jülich Cleve und Berg, unsers gnädigen Fürsten und Herrn, daß ihr darob haltet, damit er seines Ampts also müßig gehe und die Straffe von ihme unverzüglichen einbringet, und da er dieselbe nit in der Guete also balden erlegen würde, sollet ihr alle seine Haab und Güter in continenti subhaftiren, solche Straf daraus zu bringen und der Cammer ahnhero lieffern. Hierahn vollbringet ihr Hochgedachter Fürstl. Gnaden ernste Meinung und Wihr seind euch vor unser Persohn zu dienen willig.

Signatum Heyligenstadt den 3. 7bris Ao. 1634.

Fürstl. Sächs. uffs Eichsfeld verordente Regierungs Räthe und Consistorialen daselbst

Joan Christian Weber

„   mppria.

An den Rath zu Duderstadt.

Übersetzung:

Vorweg versichern wir Euch unsere Dienstfreundlichkeit, ehrbare und weise geneigte Freunde.

Beim kürzlich hier im Konsistorium durchgeführten Verhör hat der Pfarrer zu Immingerode, J.H.[57], ge-standen und bekannt, dass er eine ziemliche Zeit mit seiner Konkubine zusammengelebt hat und zwei

---

[57] J.H. = Joannes Hassaeus? (Johannes Hase). Laut Ortsfamilienbuch Immingerode (Autor: Leo Engelhardt) Teil 1, S. 6, war Johannes Hassaeus 1647-1653 Pfarrer von Immingerode, laut Bernd Klingebiel, Ortsheimatpfleger in Immingerode, war Johannes Hase 1626-1653 Pfarrer von Immingerode. War also die "Amtsenthebung" nicht von langer Dauer?

uneheliche Kinder gezeugt hat. Da wir aber solches sträfliches Laster nicht nachsehen wollen, ist genannter Pfarrer seines Amts enthoben worden und ihm 100 Rthlr. Strafe zudiktiert worden. Wir befehlen deshalb an Stelle des durchlauchtigen hochgeborenen Fürsten und Herrn Wilhelm, Herzog zu Sachsen, Jülich, Kleve und Berg[58], unseres gnädigen Fürsten und Herrn, dass Ihr dafür sorgt, dass er seinem Amte fernbleibe und die Strafe von ihm unverzüglich einbringt, und da er diese in Güte nicht so bald bezahlen würde, solltet Ihr all sein Hab und Gut pfänden, um die Strafe daraus aufzubringen und der Kammer nach hier anzuliefern. Hiermit erfüllt Ihr die ernste Meinung der hochgedachten Fürstlichen Gnaden und wir sind Euch für unsere Person zu Diensten bereit.

Signiert Heiligenstadt, den 3. September 1634.

Fürstl. Sächs. aufs Eichsfeld abgeordnete Regierungs Räthe und Consistorialen daselbst

Johan Christian Weber

"   mppria.

An den Rat zu Duderstadt.   (Q046)

1636:

Eid in Beleidigungsklage. Erwähnt werden folgende Böseckendorfer Einwohner:

Jakob **Beckman**, Joachim **Zwinkmann**.   Q204, Fol. 253 (DS. 143_l.))

18. Juli 1636:

Untergerichtsklage. Erwähnt werden folgende Böseckendorfer Einwohner:

Dietrich **Stieme**, Viehhirte; Jakob **Beckman**.   (Q204, Fol. 262 (DS. 147_r.))

6. Mai 1638:

Messerangriff. Erwähnt werden folgende Böseckendorfer Einwohner:

Christoph **Müller**, Otto **Kämmert**.   (Q204, Fol. 22 (DS. 7_r.))

7. November 1639:

Steinwurf. Erwähnt werden folgende Böseckendorfer Einwohner:

Jakob **Beckman**, Albrecht **Deppe**.   (Q204, Fol. 22 (DS. 7_r.))

Am **26. Juli 1640** ist in Duderstadt ein Knabe von Böseckendorf begraben worden, welcher von einem schwedischen Reiter erschossen wurde.   (Q075, aus einem Duderstädter Kirchenbuch)

3. Februar 1642:

Klage Nikolaus Kaufmann im Namen Klingebiel / Heine c: Zwingmann. Erwähnt werden folgende Böseckendorfer Einwohner: Hans **Klingebiel**, Andreas **Heine**, Joachim **Zwingmann**.

(Q204, Fol. 253 (DS. 143_l.))

5. Mai 1642:

Schuldforderung. Erwähnt wird folgender Einwohner Böseckendorfs: Jakob **Beckman**.

(Q204, Fol. 267 (DS 150_l.))

15. Juni 1642:

Streit mit Prädikanten. Erwähnt wird folgender Einwohner Böseckendorfs: Joachim **Zwingman**

(Q204, Fol. 267 (DS 150_l.))

---

[58] Wolfgang Wilhelm von Pfalz-Neuburg (*04.11.1578 Neuburg/Donau, †20.03.1653 Düsseldorf). Sein Titel war: Wolfgang Wilhelm Pfalzgraf bei Rhein, in Bayern, zu Gülich [Jülich], Cleve und Berg Hertzog, Graf zu Veldenz, Sponheim, der Mark, Ravensberg und Moers, Herr zu Ravenstein

Erstkommunion am 24. April 1957. V.l.n.r.: Pfarrer Ernst **Barabasch** (1900-1960); Messdiener: Alfons **Müller** (1940-2002), Hubert **Deppe** (*1941), Rudolf **Eckermann** (*1941); Fahnenträger: Rudolf **Deppe** (*1947), Alois **Dornieden?** (*1943); Kreuzträger: Berni **Klingebiel** (1943-2024); halb verdeckt: Manfred **Konradi** (1944-2020)

"Franz-Napps-Hof" (Dorfstr. 38). Vor dem Hofeingang Eduard (IV.) **Klingebiel** (1880-1957) mit Karl (1924-1987) und Paula (1925-2007), im Fenster Rosa (1891-1961) mit Katharina (1929-1996).

(Foto Sommer/Herbst 1929)

2. August 1642:

Rechtsstreit. Erwähnt werden folgende Böseckendorfer Einwohner: Paul **Schucht**, Tonies **Bomike**.

(Q204, Fol. 253 (DS. 143_I.))

10. November 1642:

Dudenborn Schaden. Erwähnt werden folgende Böseckendorfer Einwohner:

Jakob **Beckman**, Paul **Schucht**, Andreas **Heine**. (Q204, Fol. 253 (DS. 143_I.))

Das Kloster Teistungenburg hatte einen langjährigen Streit mit dem Schultheiß von Duderstadt wegen der Gerichtsbarkeit, da das dortige Untergericht vor dem Westertore das Kloster in seinen Bezirk zog. Die Äbtissin Maria **Ziegler** hatte dagegen am **19. Mai 1593** protestiert (Q161), ebenso ihre Nachfolgerin am **19. Oktober 1628**, jedoch ohne Erfolg, weil der Schultheiß Michael **Sponsail** geltend machte, dass es seit 1583 so gehalten worden sei. Das Kloster appellierte (Protokollbuch S. 152, 179). Das Ergebnis ist aus dem Jurisdiktionalbuch des Amtes Rusteberg von 1676 zu ersehen. Dieses besagt, dass Böseckendorf ins Hochgericht vor dem Westertore gehöre, das Gericht aber dem Kloster zustehe. Letzteres wurde im Kloster abgehalten, ursprünglich aber wahrscheinlich auf dem ehemaligen Tie-Hof im Dorfe selbst, der davon seinen Namen bekommen haben wird. (Q071, S. 69)

Urkunde von 1644:

Articuli probatoriales (für die Beweisaufnahme) wegen des Undergerichts zu Beskentorff kürzliches von mihr zu besten Nachrichtung aufgesetzet Ao. 1644

Originaltext:

1   Wahr daß vor zweyhundert Jahren Beskendorff von keinen Bauern sonder rittermeßigen von Adel besetzet undt bewohnet worden, alß Graffen von Regenstein, Junker von Stopenhagen, Junker von Beskendorff, von Bodenstein, undt von Westerhagen, auch semptliche von der Aptißin zu Quedelingburg zu Lehen getragen, welche rittermeßig von Adel ohnzweiffelt nicht werden von Duderstadischen Richter citiren undt justificiren lassen. Nachdem nuhn erwehnte von Adel ihre gütter nacher einander dem Kloster legiret theils verkaufft, ist iedes mahl Teistungenburg mit Gericht Vögteiligkeit undt allen Rechten von ermeldt Aptißin belehnet worden, wie auch beigefügter Copia sub Litt. A in ao 1431 datirt zu ersehen, undt da nöttich noch mit vielen anderns uhralten Lehenbrieffen zu bescheinen ist.

2   Auch wahr daß in ao. 1388 nachdem obbemeldte Junker dem Kloster die adeliche Ritter Gütter ubergeben, undt denn Bawern von Stifft wider verkaufft, daß Undergericht von Richter zu Duderstadt ist streitbahr gemacht, aberd Closter mit Urtheil undt Recht erhalten, wie Sub Litt: B zu ersehen (in hic articulus ali**qu**id **pro**baturus excellentia dra sciet) Ursach weil damähligen lange vor obstehenden Lehenbrieffen daß Gericht bestritten undt wier anitzo wie auß nachfolgenden zu vernehmen zu erweißen, entschloßen, daß das Gerichte damähligen ohnstreitbahr von dem Kloster besessen, undt aller erst nacher dem Bauwern Kriege in zweiffalt gezogen sey.

3   Item wahr daß Teistungenburg die under Gerichte undt dessen anhengigen Actus jederzeit undt von undencklichen Jahren hero exerciret, herbracht, erseßen undt noch, wie selbes mit deß Stiffts Prothocollen viellen unzehligen Actibus zu beweißen.

4   Auch wahr daß Schultheiß undt Rath zu Duderstadt ieweils die Execution über Beksendorff nebst allen Ober und Unden beim Kloster gesucht, wie Sub litt: C. D: undt anderen vielen documenten mehr zu ersehen, und ein absonderlicher Hauptpost der Straffbuße in Gemeinen Rechnung jährlichen geführet wird.

5   Daß Schultheiß de ao. 1583 biß auf dato deren von Beskendorff zum Wester Gericht zu Duderstadt abgelechte Ruhe, justification deroselben, undt dar auff dictirte Straffe vermeintlichen be-

weißen will, ist dahero geschehen, weil man nach dem Bauernkriege in etzlichen Jahren keine Regirung aufm Stiffte habhafftig sein können die Jungfrawen verkommen an stadt ihrer ein Verwalter Thanhosen nahmens, sampt anderen darufgesetzt, auch Klosters Documenta damählig nacher Heiligenstadt undt Duderstadt verwahrlichen bey gesetzet, undt dieselben allererst in ao. 1626 casualiter wieder zu Tage kommen, die zu Duderstadt verstorben, oder nicht restituiren wollen.

6 Wahr daß Beskendörffer nicht Schultheißen oder Duderstadt Underthan, sonder des Klosters Underthan genennet werden, dahero ia billich folget daß ein Obrigkeit auch seinen underthanen zu gebieten macht hadt.

7 Abermahl wahr, daß Kloster Celle undt Anroda beide Undergericht iegen dem vogte aufm Gleichenstein mit Recht erhalten.

8 Wehr wahr daß Beskendorff mit semptlichen von Westerhagnische Dörffer undt Newendorff zum Hohengericht citirt gestanden undt zugelassen, dahero der Richter zu Duderstadt in mangelung deß Klosters Richters, wie in vorgehendem post erzehlet, Schultheiß Ursach genohmen daß zum viertzehen tägige Gericht citiret hadt.

9 Auch wahr daß die Ruhe ausserhalb des torffs unndt nicht im Dorffe hiebevohr Schultheißen gestanden worden.

10 Dan wahr daß die von Schultheißen zu Duderstadt gewalthätich undernommenen Executiones dem Kloster zum größten praeiuditz undt schaden gereichen, insonderlichen betracht wan die Stück Landes welche biß weillen zehen unndt mehr Morgen halten, in etzliche theil gesetzet, ein ziemlicher abbruch ahn Zähent geschiht die Frucht Zinß undt Besserung dem Kloster entzogen, gestaldt niemals daß Kloster in die Schulden consentiret auch die Bauren vor Stiffts Meyer samptliche gehalten, dahero nicht dieselbe zu verpfenden, oder Schultheiß unßere Vorwerke oder Meyergüdter nach seinem Gefallen zu immittiren berechtiget sein kann. (Q077)

Übersetzung:

1 *Wahr ist, dass Böseckendorf vor 200 Jahren nicht von Bauern, sondern von adligen Rittern besessen und bewohnt wurde, wie Grafen von Regenstein, Junker von Stopenhagen, Junker von Beskendorff, von Bodenstein, und von Westernhagen, auch alle von der Äbtissin zu Quedlinburg zu Lehen getragen, diese adligen Ritter haben sich ohne Zweifel nicht von Duderstädter Richtern einbestellen und verurteilen lassen. Nachdem nun die erwähnten Adligen ihre Güter nacheinander dem Kloster vermacht und teils verkauft hatten, ist jedesmal Teistungenburg mit Gericht, Vogteirecht und allen Rechten von vorgenannter Äbtissin belehnt worden, wie auch aus beigefügter Copia unter Buchst. "A" in anno 1431 datiert, zu ersehen, und wenn nötig, noch mit vielen anderen uralten Lehnsbriefen zu beweisen ist.*

2 *Auch ist wahr, dass in anno 1388, nachdem oben genannte Junker dem Kloster die adligen Rittergüter übergeben hatten und diese dann vom Stift an Bauern weiterverkauft waren, die niedere Gerichtsbarkeit vom Richter zu Duderstadt ausgeübt wurde, aber dem Kloster mit Urteil und Recht erhalten [blieb], wie unter Buchst. B zu ersehen (in hic articulus aliq**ui**d **pro**baturus excellentia dra sciet) weil wir damals lange vor oben genannten Lehnsbriefen die Gerichtsbarkeit ausgeübt haben und jetzt, wie aus Nachfolgendem zu entnehmen, zu beweisen entschlossen sind, dass die Gerichtsbarkeit damals unbestreitbar von dem Kloster besessen wurde, und erstmals nach dem Bauernkriege in Zweifel gezogen worden sei.*

3 *Ebenso ist wahr, dass Teistungenburg die niedere Gerichtsbarkeit und die damit verbundenen Handlungen jederzeit und seit undenkbaren Jahren ausgeführt, althergebracht besessen und noch [besitzt], wie selbiges mit unzählbar vielen Akten der Stifts-Protokolle zu beweisen ist.*

4 *Auch wahr ist, dass Schultheiß und Rat zu Duderstadt jeweils die Execution über Böseckendorf nebst allen Ober und Unden beim Kloster gesucht, wie unter Buchst. C, D: und vielen anderen Dokumenten mehr zu ersehen, und ein getrennter Hauptposten der Strafbuße in der jährlichen*

Gemeinen Rechnung geführt wird.

5   *Dass Schultheiß von 1583 bis dato die abgelegte Ruhe derer von Böseckendorf zum Wester-Gericht zu Duderstadt, als ihre Rechtfertigung und darauf diktierte Strafe vermeintlich beweisen will, ist deshalb geschehen, weil nach dem Bauernkriege über etliche Jahre keine Regierung auf dem Stift vorhanden war, die Jungfrauen bekamen stattdessen einen Verwalter namens Thanhosen samt anderen daraufgesetzt, auch wurden die Dokumente des Klosters damals nach Heiligenstadt und Duderstadt zur Aufbewahrung gebracht, und dieselben sind erst im Jahre 1626 zufällig wieder zu Tage gekommen, die zu Duderstadt vernichtet, oder man wollte sie nicht zurückgeben.*

6   *Wahr ist, dass die Böseckendorfer nicht Untertanen eines Schultheißen oder Duderstadts, sondern des Klosters Untertanen genannt werden, daraus folgt billigerweise, dass eine Obrigkeit auch die Macht hat, seinen Untertanen zu gebieten.*

7   *Abermals wahr, dass Kloster Zella und Anrode beide Untergerichte wegen dem Vogte auf Gleichenstein mit Recht erhalten.*

8   *Weiter wahr, dass Böseckendorf mit sämtlichen von Westerhagenschen Dörfern und Neuendorf zum Hohengericht bestellt gestanden und zugelassen, daher der Richter zu Duderstadt in Ermangelung des Kloster-Richters, wie in vorgehendem Punkt 5 berichtet, das hat der Schultheiß zum Anlass genommen, zum vierzehntägigen Gericht einzubestellen.*

9   *Auch wahr dass die Ruhe ausserhalb des Dorfs und nicht im Dorfe hiervor dem Schultheißen [zu]gestanden worden.*

10 *Dann ist wahr, dass die vom Schultheißen zu Duderstadt gewaltsam unternommenen Executionen dem Kloster zum größten Nachteil und Schaden gereichen, besonders, wenn man in Betracht zieht, dass die Grundstücke, die bisweilen zehn und mehr Morgen halten, in etliche Teile getrennt werden, ein bedeutender Verlust an Zehntbeiträgen geschieht, der Fruchtzins und die Düngung dem Kloster vorenthalten werden, wobei das Kloster niemals den Schulden zustimmt und auch nicht der Verpfändung der Bauern, die alle als Stiftsmeier anzusehen sind. So kann der Schultheiß auch nicht berechtigt sein, unsere Vorwerke und Meiereien nach Gutdünken zu verschleudern.*

Am **14. Oktober 1648** erließ die kurfürstliche Regierung in Mainz ein Dekret, nach dem allen, die öde, herrenlose Güter im Eichsfeld übernehmen wollten, eine 30-jährige Steuerfreiheit und die Befreiung von den Fronden, Wachen und Abgaben mit Ausnahme des Zehnten und alle nur möglichen Unterstützungen beim Bau von Häusern versprochen wurden. Daraufhin kehrten viele der nach West- und Süddeutschland ausgewanderten Eichsfelder in ihre Heimatorte zurück, besonders nach der am **25. August 1649** ergangenen Aufforderung des Mainzer Kurfürsten. Zusammen mit den Daheimgebliebenen und den aus dem Heeresdienst entlassenen Söldnern begannen sie bald, die ärgsten Schäden an Haus und Hof zu beseitigen und die Äcker zu bestellen. (Q198)

2. Juli 1653:
Zinsstreitigkeit. Erwähnt werden folgende Einwohner Böseckendorfs:
Henrich **Remmert**, Liborius **Klingebiel**.   (Q204, Fol. 265 (DS. 149_l.))

29. April 1656:
Hund frisst Gänse. Erwähnt werden folgende Einwohner Böseckendorfs:
Albrecht **Klingebiel** (senior), Caspar **Friedrich**, Anna **Goltman**.   (Q204, Fol. 265 (DS. 149_l.))

26. Mai 1656:
Beleidigung der Magd von Albrecht Klingebiel (senior). Erwähnt werden folgende Einwohner Böseckendorfs:
Albrecht **Klingebiel** (senior), Henrich **Schucht**, Apollonia **Baurmann**.   (Q204, Fol. 267 (DS 150_l.))

1657:
Mitgiftstreit. Erwähnt werden folgende Einwohner Böseckendorfs:
Conrad **Webener**, Henrich **Remmert**, Hans **Kesseler**.   (Q204, Fol. 267 (DS 150_l.))

14. März 1657:
Einbestellung nach Rusteberg. Erwähnt werden folgende Einwohner Böseckendorfs:
Henrich **Remmert**, H. **Hase**, Christoph **Fusch**, Bernhardt **Bauerman**, Hans **Vogt**.
                    (Q204, Fol. 268 (DS 150_r.))

1663 herrschte die Pest in Duderstadt. Auch Nesselröden, Brehme und Immingerode wurden davon heimgesucht. Um die Ausbreitung zu verhindern, mussten Grenzwächter das verseuchte Gebiet absperren. Deren Standquartiere waren in Böseckendorf, Gerblingerode, Tiftlingerode, Esplingerode und Breitenberg.

26. Juni 1665: Henrich Bömeken als verordneter Pfahlherr mit gewöhnlichen Pflichten belegt
<u>Originaltext:</u>
Pfahlherrn u. Steinsätzer Eydt: Ihr sollet geloben unndt schweren, daß ihr das Euch uffgetragene Pfall- oder Steinsätzer-Ambt jederzeit uff erfodderen unndt befehl Ew: Obrigkeydt in Geholtz, Feldern, Wiesen, Gärtten unndt in allen andern zu diesem Ambt gehörigen Dingen, fleissig, treülich unndt uffrichtig verrichten, Niemanden zu lieb oder leidt, keine Feindt- oder Freundschaft ansehen, keine Geschäncke oder Gabe annehmen, sondern alles nach Ewerem besten Verstande verpfalen unndt versteinen wollet, so wahr Euch Gott helfe unndt sein heiliges Evangelium. Actum den 26. Juny ao. 1665.   (Q062)

<u>Übersetzung:</u>
*Eid für Pfahlherren und Steinsetzer: Ihr sollt geloben und schwören, dass ihr das Euch aufgetragene Pfahl- oder Steinsetzeramt zu jeder Zeit auf Anforderung und Befehl eurer Obrigkeit in Wald, Feldern, Wiesen und Gärten und bei allen anderen zu diesem Amt gehörenden Angelegenheiten fleißig, verlässlich und ehrlich ausübt, niemand aufgrund von Ab- oder Zuneigung, Feind- oder Freundschaft bevor- oder benachteiligt, keine Geschenke und Zuwendungen annehmt, sondern alles nach eurem besten Ermessen verpfahlt und versteint, so wahr euch Gott und sein heiliges Evangelium helfe. Verhandelt am **26. Juni 1665**.*
                    (Q214)

Im Jahr **1672** zahlt das Kloster 1 fl. 10 schb. für ein Fuder Steine, das von der Willungschen Kirche nach Böseckendorf zu dem Brunnen auf Andres **Darniedens** Hof gefahren wurde. Hier handelt es sich um den Leineweber-Hof (Dorfstr. 20), dessen Brunnen tatsächlich noch heute die Jahreszahl 1672 trägt.
                    (Q181)

In einem alten Klosterbuch ist nachzulesen, dass der Ort im Jahre **1674** 26 Herdstellen hatte, d.h. 26 Haushalte und Gerechtigkeiten. Dort wohnten 26 männliche Untertanen und Wittfrauen (Haushaltungsvorstände), 14 Ehefrauen, 28 Söhne sowie 38 Töchter, also 106 Personen. Von den 26 Familien hießen nicht weniger als 5 Klingebiel: Andres (sen.) auf dem Deppe-/Rhode-/Heimbrodt-Hof [alte Haus-Nr. 36], Albrecht (sen.) auf dem "Alter-Schultens-Hof" [Dorfstr. 21], Angela geb. Deppe (Witwe Henrich Klingebiels) auf dem Rhode-Stammhof [Dorfstr. 32}, Hans auf dem "Eckens"-Hof [Dorfstr. 29] und Albrecht (jun.) auf dem "Franz-Napps-Hof" [Dorfstr. 38]; letzterer war 1674 Dorfschulze.

Die umseitige Aufstellung der 26 Herdstellen stammt aus einem alten Klosterbuch und trägt den Titel:
Beschreibung des dem Kloster Teistungenburg angehörenden Dorfes Böseckendorf samt allen darin befindlichen Rechten und Gerechtigkeiten am 29.03. u. 17.09. [1674]:

1	Albrecht (jun.) **Klingebiel** (Schulze) *um 1623 Böseckendorf †22.04.1689 Böseckendorf	mit Ehefrau Catharina **geb. ?**, 4 Söhne, 3 Töchter	⁴/₁₀₄	"Franz-Napps-Hof" (Dorfstr. 38)
2	Andres **Schmalstieg** *um 1630 Böseckendorf? †vor 05.1679 Böseckendorf?	mit Ehefrau Anna **geb. ?**, 1 Sohn	⁴/₁₀₄	"Bunners" Hof (Dorfstr. 36)
3	Angela **geb. Deppe**, Witwe von Heinrich **Klingebiel** (er: †06.1674) *um 1652 Böseckendorf? †08.02.1687 Böseckendorf	mit 1 Tochter	⁴/₁₀₄	Rhode-Stammhof (Dorfstr. 32)
4	Henrich **Bömeke** *um 1616 Böseckendorf †28.10.1682 Böseckendorf	mit Ehefrau Juliana **geb. Napp**, 1 Sohn, 3 Töchter	⁴/₁₀₄	Stolze-Hof (Dorfstr. 30)
5	Jacob **Lulpop** *um 1610 Nesselröden/Teistungen? †nach 03.1681 Böseckendorf	mit Ehefrau Gertrud **geb. Klingebiel?**, 1 Tochter	⁴/₁₀₄	Eckermann/Napp (Bleckenröder Str. 2 / Dorfstr. 26)
6	Heinrich **Bürmann** *um 1644 Böseckendorf? †29.09.1704 Böseckendorf	mit Ehefrau Catharina **geb. Klingebiel**, 1 Tochter	⁴/₁₀₄	"Villa Senger" (Dorfstr. 24)
7	Andres **Dornieden** *um 1635 Böseckendorf? †nach 11.1699 Böseckendorf?	mit Ehefrau Catharina **geb. Beckman**, 4 Söhne, 2 Töchter	⁴/₁₀₄	Meierhof-später Leineweber (Dorfstr. 20)
8	Christoff **Voß [Fusch]** *um 1625 Böseckendorf? †26.03.1682 Böseckendorf Haus, Hof, 2 Hufen Land	mit Ehefrau Margareta **geb. ?**, 2 Söhne, 1 Tochter	⁴/₁₀₄	"Schultens" (Klingebiel) (Dorfstr. 16)
9	Anthon **Burchardt** *um 1625 wo? †20.08.1690 Böseckendorf	mit Ehefrau Apollonia **geb. Bürmann**, 3 Söhne	⁴/₁₀₄	"Julius Schmalstieg" (Dorfstr. 5)
10	Lips **Friesen** *um 1636 wo? †20.03.1696 Böseckendorf	mit Ehefrau Margareta **geb. ?**, 1 Sohn, 2 Töchter	⁴/₁₀₄	"Kochs" (Dorfstr. 15)
11	Hans **Friedrich** *vor 1648 wo? †nach 1675 Böseckendorf?	- keine Ehefrau, keine Kinder erwähnt -	⁴/₁₀₄	"Emma Leineweber" (Dorfstr. 17)
12	Albrecht (sen.) **Klingebiel** *um 1621 Böseckendorf †1678 Böseckendorf Haus, Hof, 1 ½ Hufen Land	mit Ehefrau Elisabeth **geb. Mührer**, 1 Sohn, 2 Töchter	⁴/₁₀₄	"Alter-Schultens-Hof" (Dorfstr. 21)
13	Margaretha **geb. Beckman?** oder **Klingebiel?**, Witwe von Hans <u>Georg</u> **Brandt** (er: †vor 1674) *um 1641 wo? †18.08.1704 Böseckendorf	mit 2 Söhnen, 3 Töchtern	⁴/₁₀₄	(alte Haus-Nr. 34)
14	**Schucht**ische Erben	-	⁴/₁₀₄	"Meierei-Hof" (alte Haus-Nr. 35)
15	Andres (sen.) **Klingebiel** *nach 1615 Böseckendorf? †22.03.1692 Rengelrode?	- keine Ehefrau, keine Kinder erwähnt -	⁴/₁₀₄	Deppe-/Rhode-/Heimbrodt-Hof (alte Haus-Nr. 36)

16	Hans Henrich **Dornieden** *vor 1640 Neuendorf †nach 1709 Böseckendorf?	mit Ehefrau Elisabeth **geb.**?, 1 Tochter	$^4/_{104}$	"Kaufmanns" (Dorfstr. 27)
17	Anna **geb. ?**, Witwe von Hans **Vogt** (er: †vor 07.1667) *vor 1627 †nach 03.1681 Böseckendorf?	mit 1 Sohn, 1 Tochter	$^4/_{104}$	Gasthaus Busch (Kirchgasse 1)
18	Ottilia **geb. Kesels**, Witwe von Conrad **Weppner** (er: †vor 1674) *vor 1634 †nach 1681 Böseckendorf?	mit 1 Sohn	$^4/_{104}$	Eines der beiden Grundstücke (Kirchgasse 5 oder 6)
19	Catharina **geb. ?**, Witwe von Andres **Heine** (er: †1665) *vor 1630 Etzenborn? †nach 07.1686 Böseckendorf?	mit 2 Töchtern	$^4/_{104}$	Walberg-Haus -später Schule (alte Haus-Nr. 2)
20	Hans **Klingebiel** *um 1614 †vor 10.1677 Böseckendorf Haus, Hof, 1 ½ Hufen Land und Wiesen	mit 1 Sohn, 5 Töchtern	$^4/_{104}$	"Eckens" Hof (Dorfstr. 29)
21	Christoff **Heine** *um 1635 †nach 1706 Böseckendorf? Haus, Hof, 2 Hufen Land[59]	mit Ehefrau Margareta **geb. Schucht**, 1 Sohn, 1 Tochter	$^4/_{104}$	"Hermanns" Hof? (Dorfstr. 39)?
22	Angela[60] **geb. ?**, Witwe von Henrich **Dornieden** (er: †wann?) *wann? wo?, †wann? wo?	-	$^4/_{104}$	Welcher Hof?
23	Henrich **Remmert** *um 1615 wo? †24.04.1682 Böseckendorf	mit Ehefrau Catharina **geb. Böning**, 2 Söhne, 3 Töchter	$^4/_{104}$	Burchardt-Hof (Dorfstr. 48)
24	Jacob **Beckman** *um 1600 †vor 05.1676 Böseckendorf Haus, Hof, 1 Hufe, 5 Morgen, 33 Meßruthen Land	-	$^4/_{104}$	"Karels" Hof (Dorfstr. 46)
25	Valten **Scharffe**[61] *vor 1630 †nach 1688 Böseckendorf?	mit 2 Söhnen, 3 Töchtern	$^4/_{104}$	"Anselm-Klingebiel-Hof"? (Dorfstr. 35)?
26	Henrich **Hase** *vor 1630 †vor 03.1681	mit Ehefrau Anna **geb. Beckman**, 1 Sohn, 3 Töchter	$^4/_{104}$	Welcher Hof? Dorfstr. 40? oder alte Haus-Nr. 13?
	Summe der Waldgerechtigkeitsanteile:		$^{104}/_{104}$	

(Q003, Fol. 447+448)

[59] Am 2. März 1668 hat Christoph Heine von seinen 2 ½ Hufen dem Kloster ½ Hufe für 128 Rth. 13 fgr. 9 Pf. verkauft, so dass er 1674 vermutlich noch 2 Hufen Land gehabt hat.

[60] siehe Protocollum Teistungenborgense fol. 516: 09.11.1676 Meyercontract 12 Morgen auf dem Rothschnabel

[61] war seine verstorbene Frau eine **geb. Zwingmann**?

Jeder dieser 26 Höfe besaß ⁴/₁₀₄ Anteile an der Waldgerechtigkeit "Holzung der Beßkendorfschen Gräseley" für die Gerechtigkeitshöfe, die aus der Zeit des Klosters Teistungenburg stammt. In einer Beschreibung des Dorfes Beßkendorf aus dem Jahre 1674 wird bestätigt, dass das Holzrecht an der Gräselei der Gemeinde Böseckendorf zur Brennholzgewinnung zusteht, wohingegen das Kloster- oder Nonnenholz vom Kloster als sein Eigentum angesehen wird.

1674 bestätigte das Kloster im Herdstellenverzeichnis: "und gehört das ganze Dorf mit aller Zubehören dem jungfräulichen Stift Teistungenburg erb- und eigenthümlich zu. Und befinden sich vor dem Dorfe 25 ½ Hufe erbzinsbares Land und 4 Hufe Lehnland, welches die **Klingebiels** und die **Pollen** von denen **von Wintzingerode** und **Minnigerode** zu Lehen tragen".   (Q003)

Am **22. Oktober 1674** gab das Kloster Teistungenburg einem Besekendorffischen Studenten 7 Schneeberger 6 Pfennig auf die Reise nach Erfurt mit.   (Q182)

Am **24. Juli 1675** erhielt **Henrich Hase** aus Besekendorf, promovierter Magister in der Bambergschen Academia, 7 Gulden 10 Schneeberger "wegen der dedicirten philosophischen thesibus" vom Kloster Teistungenburg. **Der erste Akademiker, den Böseckendorf hervorgebracht hat!**   (Q183)
In beiden Fällen handelt es sich um **Henrich Hase** aus Böseckendorf, mit hoher Wahrscheinlichkeit ein Sohn des in der Tabelle von 1674 unter lfd. Nr. 26 genannten Henrich Hase.

Der Böseckendorfer Schultheiß Hans Vogt musste im Jahre **1677** folgenden Amtseid leisten:
„Ich, Hans Vogt, gelobe und schwöre zu Gott und seinem heiligen Evangelio, dass ich der wohlehr-würdigen Frau Abbatissin und Herrn Präposito, einer gebietenden Obrigkeit, getreu und hold zu sein, ihr Bestes werben, vorsehenden Schaden warnen und, soviel möglich, abwenden, die klösterlichen Burgfeste und andere vorfallende Sachen zu fleißigsten befördern und bestellen will, auch alles dasje-nige, so ich vermöge meines Schultheißenamtes zu verrichten schuldig und meine Pflichten erfordern, getreulich zu leisten, desgleichen in keinem der Gemeinde Rat zu sein, so wider das Kloster oder son-sten angestellet werden möchte, sondern alles Ungebührliche anzuzeigen, auch Bitt, Gabe, Freund-schaft, Feindschaft, Haß, Neid oder was sonsten das menschliche Herz erdenken mag, in keinerlei We-ge anzusehen. So wahr mir Gott helfe und sein heiliges Evangelium."   (Q005, S. 164 Fußnote 543)

Urkunde vom 13. Mai 1678:
Hans Ernst **von Minnigerode**, Bockelnhagen, über 3 Hufen Land und 2 Sattelhöfe. Datum 1561.

Originaltext:
Quetlenburgisches Intercession-Schreiben pro Juncker Frantz von Minnigeroda unndt dessen Subvasallen uber 3 Hueffen Landt unndt 2 Sattelhöfe
Von Gottes Gnaden Anna des keys: freyen weltlich. Stiffts Quedelburgk Abtissin geborne Grävin zu Stolberg.
Unsere günstigen gruß unndt geneigten Willen zu vor, würdige liebe Andächtige, unns hat der Ehrbare unndt Veste unser lieber getewer Frantz von Minnigeroda zu verstehen gegeben, daß wiewoll wir sei-nen Vattern Hansen von Minnigeroda säill: unndt Ihnen mit dreyen Hueffen Landes in Holtz unndt Felde unndt mit zweyen Sattelhöfen, die unns unndt unserm Stifft edtwa durch die von Besekendorf abhängig gemacht worden, beliehen, so beschehe doch Ihme an solchen Güttern, sonderlich aber an dem Holtz unndt Sattelhöfen von Ewern Unterthanen zu Besekendorff unbilleger Inhaw, darauf er unns alß solcher Güther Lehnßfraw ersucht unndt gebeten, daß wir an Eüch schreiben wollten unndt verfü-gen, damit Ihme an solchen Güthern von Eüch unndt den Eweren kein unbillige Verhinderung begeg-nen möchte; weil wir dan Ihme dießfals seine bitte mit fuge nicht zu weigeren gewusst, alß ist demnach an Eüch unser güthliches gesinnen, Ihr wollet gedagtem von Minnigeroda obangezogene Gütter ein-

räumen unndt vor Eüch unndt die Eweren hierin Ihme die billigkeydt wiederfahren lassen unndt guthwillig mittheillen, daß wollen wir unns zu Eüch versehen unndt seint solches ümb Eüch mit Gnaden unndt allem guthen zu erkennen geneigt. Datum Quetelburgk Dinstag nach Vocem Jucunditatis 1561.

(Q074, fol. 47-49)

Übersetzung:

Anna geb. Gräfin zu Stolberg, von Gottes Gnaden Äbtissin des kaiserlichen freien weltlichen Stifts Quedlinburg.

Unsere günstigen Grüße und geneigten Willen zuvor, liebe würdige Andächtige, uns hat der ehrbare und feste, unser lieber getreuer Franz von Minnigerode zu verstehen gegeben, dass wir wiewohl seinen seligen Vater Hans von Minnigerode und ihn mit drei Hufen Land in Holz und Feld und mit zwei Sattelhöfen, die uns und unserem Stift durch die von Böseckendorf abhanden gekommen waren, belehnt haben, so geschehe doch ihm an solchen Gütern, besonders aber an dem Holz und den Sattelhöfen von Euern Untertanen zu Böseckendorf unerlaubte Holzfällung, darauf er uns als solcher Güter Lehnfrau ersucht und gebeten hat, dass wir an Euch schreiben wollten und verfügen, damit ihm an solchen Gütern von Euch und den Euren keine unbillige Behinderung geschehen möge; weil wir ihm dann diesesfalls seine Bitte mit Berechtigung nicht verweigern könnten, so ist nun an Euch unser gütliches Ansinnen, Ihr mögt gedachtem von Minnigerode obengenannte Güter einräumen und für Euch und die Euren ihm die Billigkeit widerfahren lassen und gutwillig mitteilen, damit wollen wir uns Euch verbunden zeigen und sind bereit, Euch mit Freundlichkeit und allem Guten zu begegnen. Gegeben Quedlinburg, Dienstag nach dem fünften Sonntag nach Ostern 1561. [13.05.1561]

(Q214)

(Siehe hierzu auch die Urkunden vom **24. Mai 1557**, **24. Januar 1575** und **24. Januar 1729**)

1678 zahlte das Kloster Teistungenburg dem Schmied in Böseckendorf, Nicolaus **Kaltenhäuser**, 1 fl. 2 schb. 6 pf., weil er ein junges Fohlen kuriert hatte.

(Quelle: Q184)

1679 hatte Böseckendorf 24 Herdstellen.

Der Propst Colerus des Klosters Teistungenburg bescheinigt, dass am **5. Dezember 1680** Hans Henrich **Lilpop** im Beisein von Bernhardt Ebell, Lips Friesen und Andres Arand aus Teistungen und Besekendorf zum Jäger und Wildschützen über Gehölz und Flur des Klosters bei Besekendorf angenommen worden ist. (Lips Friesen und Andres Arand waren aus Böseckendorf, Bernhardt Ebell wohl aus Teistungen.)

Anmerkung auf der Rückseite der Urkunde: Notiz, dass dem Hans Henrich Lippolt auf Grund obiger Bescheinigung das ihm abgepfändete Feuerrohr wieder zurückgegeben wurde.

(Stadtarchiv Duderstadt, Rep 2 Nr. 417)

Bereits im Jahre **1680** gab es in Böseckendorf eine Gemeindeordnung:

Die Gemeindeordnung des Dorfes Bösekendorf 1680.

Von J. Jaeger.

Zu den ältesten Besitzungen des Klosters Teistungen gehörte das Dorf Bösekendorf. Die dortigen Güter hatten die Grafen von Reinstein und die Herren von Westernhagen, von Bösekendorf und von Stopenhagen vom Stifte Quedlinburg zu Lehen. Schon 1250 verzichtete Graf Ulrich von Reinstein zu Gunsten des Klosters auf 12 Hufen Landes daselbst und im 13. und 14. Jahrhundert gingen sämtliche übrigen Güter und Rechte der genannten Herren in den Besitz des Klosters über. Die Aebtissin Adelheid von Quedlinburg bestätigte im Jahre 1431 abermals dem Kloster den gesamten Besitz. Die Aufsicht über das Dorf und die Wahrnehmung der klösterlichen Befugnisse lag in den Händen eines Schultheißen und zweier Vormünder, die vom Kloster eidlich verpflichtet wurden. Der Eid des Schultheißen lautete im Jahre 1677 folgendermaßen: „Ich Hans Vogt gelobe und schwöre zu Gott und seinem heiligen Evangelio, daß ich der wohlehrwürdigen Frau Abbatissin und Herrn Präposito, einer gebietenden Obrigkeit, getreu und hold sein, ihr Bestes werben, vorsehenden Schaden warnen und, soviel möglich, abwenden, die klösterliche Burgfeste und andere vorfallende Sachen zu fleißigsten befördern und bestellen will, auch alles dasjenige, so ich vermöge meines Schultheißenamtes zu verrichten schuldig und meine Pflichten erfordern, getreulich zu leisten, desgleichen in keinem der Gemeinde Rat zu sein, so wider das Kloster oder sonsten angestellet werden möchte, sondern alles Ungebührliche anzuzeigen, auch Bitt, Gabe, Freundschaft, Feindschaft, Haß, Neid oder was sonsten das menschliche Herz erdenken mag, in keinerlei Wege anzusehen. So wahr mir Gott helfe und sein heiliges Evangelium.“

Denselben Eid in etwas kürzerer Form hatten auch die beiden Vormünder zu leisten.

Der Schultheiß führte auch die Polizeiaufsicht über die Dorfleute; Kriminalsachen und Appellationen dagegen waren dem Kurfürstlichen Oberamt zu Heiligenstadt zu überweisen. Das mußte der Schultheiß durch folgenden Eid anerkennen: „Ihr sollet geloben und schwören, daß ihr Ihrer kurfürstlichen Gnaden, unsers gnädigsten Herrn, Oberbotmäßigkeit über Bösekendorf euren besten Fleiß nach in Obacht nehmen, die höchstgedacht Ihrer kurfürstlichen Gnaden zustehende Rüge in Holz, Felde, Flur, über Hals, Hand, Blutrust, Zetergeschrei, Zauberei und was dem peinlichen Gericht mehr anhängig ist, dem Herkommen gemäß gebührend anzeigen und hinterbringen, die Untertanen und Uebertreter dahin und die Appellationen in Zivilsachen zum kurfürstlich-mainzischen Oberamt verweisen sollet und wollet, alles sonder Argelist und Gefährde.“

Die Vormünder hatten besonders bei der Rechnungsablage über die Gefälle mitzuwirken.

Die Verpflichtungen der Dorfleute waren in einer Gemeindeordnung zusammengefaßt. Da solche Ordnungen nicht eben zahlreich erhalten sind, sei die von Bösekendorf, aufgezeichnet im Jahre 1680, aus einem Protokollbuche des Klosters S. 127—130 mitgeteilt.

Notwendige Verordnungspunkte, welche in praesentia der wohlehrwürdigen dominae Abbatissae und domini Praepositi der ganzen Kommun Bösekendorf gänzlich zu halten und gehorsamst nachzuleben vorgetragen, auch darüber Schultheißen und Vormündern festiglich zu halten demandiert worden:

1. Die Vormünder zu Bösekendorf sollen die Gemeinde durch den Glockenschlag niemals zusammenrufen, es geschehe denn mit Vorwissen unseres Schultheißen.

2. Einseitige und heimliche Zusammenkünfte auf der Straße oder in den Häusern sollen bei willkürlicher Strafe niemals gehalten und geduldet werden.

3. Wenn ein Aufruhr im Dorfe oder außerhalb auf dem Felde sich ereignen und zutragen täte, es geschähe über einen unversehenden Ueberfall, Räuberei, Diebstahl oder dergleichen, so soll ein Nachbar zu dem andern treten, auch auf nötigen Fall die ganze Gemeinde mit Hilfe und Beistand sich anfinden und keineswegs in den Häusern sitzen bleiben, bei willkürlicher Strafe.

4. Die Feuerstätten sollen jährlich zweimal, als nach Lichtmeß und Jakobi, durch den Schultheiß, beide Vormünder und zugebenden Klosterdiener in fleißigen Augenschein genommen werden.

5. Wenn Feuer in einem Hause oder Backofen aufgeht und deswegen der Glockensturm geschieht, soll solches mit 10 Gulden, dafern es aber anders gedämpft wird, mit 5 Gulden gestraft und verbüßt werden.

6. In jedem Hause sollen jede Nacht ein oder zwei Eimer mit Wasser in Bereitschaft stehen, bei willkürlicher Strafe.

— 52 —

7. In jedem Hause soll eine Laterne oder Leuchte sein und bereit gefunden werden.

8. In keinem Hause soll vor dem Ofen eine Aschen, um Brennholz darauf zu dörren, bei Strafe von 3 Gulden gesehen oder geduldet werden.

9 Da eine oder andere bei dem Fruchtdreschen, Strohschneiden und dergleichen mißlichen Oertern Tabak, viel oder wenig trinken (rauchen) wird, soll er zur gebührlichen Strafe gezogen werden.

10. Der Schultheiß und Vormünder sollen in der Grafeliden die jungen Eichenbäume oder Stämme im Wachsen stehen lassen und wegen der Nachkömmlinge verschonen, auch, da ein oder ander daselbst abginge, einen andern wieder erwachsen lassen.

11. Wer mit derjenigen Holzteilung, so in der Grafeliden nach hergebrachtem Losen gefallen, streitend nicht zufrieden sein wird, selbiger soll hiesigem Stift 4 Fürstengroschen, der Gemeinde 3 Fürstengroschen erlegen.

12. Türrholz zu lesen soll jede Woche zwei Tage, als Dienstag und Donnerstag zugelassen werden, binnen selbiger Tage aber bei Konfiskation des Beils, der Art oder Hepen wie auch 1 Fürstengroschen Strafe verboten sein.

13. Gras schneiden und Laub streifen soll niemals gestattet werden, auch das Ziegenvieh gänzlich abzuschaffen oder wegen hochnotwendiger Gesundheit im Stalle zu erhalten.

14. Den Fuhrleuten soll nicht verstattet werden, wie bishero geschehen, Rüsteholz, Binde und Hebeknüttel abzuhauen, bei Strafe von 1½ Gulden.

15. Da einer, der im Walde nichts zu schaffen hat, sonderlich an Feiertagen darinnen betreten wird, soll geben 1 Gulden.

16. Wer in klösterlichen Teichen oder Fischwässern sich einige Fische zu fangen unterstehen wird, soll in 5 Gulden Strafe verfallen sein und die Strafe jedesmal verdoppelt werden.

17. Wer auf geschehenen Glockenschlag nicht alsbald bei der Gemeinde erscheinen wird, derselbe soll durch den Schultheißen und Vormünder sofort auf 3 Fürstengroschen für das Stift und 2 Fürstengroschen für die Gemeinde ausgepfändet werden. Wonach sich ein jeder zu richten und vor selbsteigenem Schaden und Ungelegenheit zu hüten wissen wird. Und sind vorgeschriebene Punkta und Gesetze auf hiesiger klösterlicher Propstei im Beisein der ganzen Kommun zu jedermännigliches Wissenschaft öffentlich publiziert und

verlesen worden. So gesehen auf Teistungenburg, den 15. Februar 1680.

Ottilia Clara,   **F. Colerus,**
Abbatissa.   **Praepositus.**

Am Rande ist ein Zettel angeheftet mit folgender Notiz: Weil anhero noch 6 notwendige Punkte müssen geschrieben werden, können dieselben aus dem Original genommen und an einen Ort gesetzt werden, so auch nach der Elektion sind mit publiziert worden.

Die in vorstehender Bemerkung angedeuteten 6 Punkte sind S. 295—297 desselben Buches nachgetragen (ohne Numerierung, die ich hier hinzufüge):

18. Wenn jemand zur Burgfeste, mit Pferden oder Handdiensten solche zu verrichten durch unsern Schultheißen nach gewöhnlicher Ordnung bestellt wird, derselbe soll bei Strafe eines Gulden jedesmal gehorsamlich parieren; will aber derjenige darüber nicht exequiert werden, so soll er seinen nächsten Nachbarn ansprechen, daß er die begehrte Fuhr oder Handdienste auf verordneten Tag für ihn tun möge, er wollte dagegen die nachgehende Fuhr oder Handdienste für ihn hinwieder verrichten, weil ihm für diesmal die Dienste zu prästieren unmöglich fallen täte.

19. Es soll niemand fremd in unserm Dorfe auf und angenommen werden, er habe dann zuvor auf unserm Stift und Kloster sich angemeldet, seine ehrliche Kundschaft, Geburts- oder Abschiedsbrief vorgezeigt und den hergebrachten Manngulden erlegt.

20. Es soll keiner mit einigen Gütern belehnt werden, er habe dann zuvor das Lehngeld und die auf dem Gute stehenden Retardaten richtig bezahlt und abgetragen. Sollte nun die Zahlung nicht erfolgen und abgetragen werden, soll sodann dasjenige Gut dem Kloster solange, bis die Zahlung und Abtrag geschehen, gefolget werden.

21. Damit niemand der Jahrzinsen und Früchten halber in aufwachsende Schuld gerate, so wird verordnet und geboten, daß ein jedweder jährlich in der dritten Woche nach Michaelis in zwei Tagen, so ihnen 8 Tage zuvor benannt werden sollen, seine schuldige Fruchtzinse trocken und marktgültig auf unser Kloster oder wohin es begehrt wird, bei Vermeidung willkürlicher Strafe liefern und abtragen soll.

22. Damit auch von unserer Schäfer- und Dorfwiese der Zins und die schuldigen Triftgelder dem Stift und Kloster unverzüglich bezahlt werden mögen, so soll der älteste

— 53 —

Dorfvormünder der Gemeinde Besekendorf dahin beflissen und verpflichtet sein, gedachten Wiesenzins um Michaelis, die Triftgelder aber zu Martini jährlich anher zu entrichten und zu bezahlen. Sobald er nun mit solcher Lieferung parat und sich eingefunden, soll seine Gemeindsrechnung vorgenommen und er der Vormundschaft wieder erledigt werden.

23. Desgleichen wird einem jeden und allen ernstlich geboten, ihr Vieh vor Feld- und allem Schaden fleißig zu hüten und zu verwahren. So aber darüber geschritten und ein oder ander Stück Vieh in seines Nachbarn Wiesen, Garten, Früchte oder sonsten schädlich betreten wird, soll solches angemerkt und jedesmal um ½ Gulden neben Erstattung ästimierten Schadens vom Kloster gestraft werden.

(Q031)

Die Nikolaus-Glocke von 1712   (Foto: Verfasser)

Einwohnerliste vom 12. März 1681 (26 verschuldete Herdstellen):

Am **12. März 1681** verteilte das Kloster 208 Reichstaler Schulden auf die Hauseigentümer in Böseckendorf. Diese Schulden waren entstanden, weil das Dorf den Verpflichtungen Gerste zu liefern, nicht nachgekommen war. Bei der Verteilung der Schulden waren anwesend: Der Schultheiss **Hans Vogt**, sowie die Vormünder [später: Schöppen] **Andres Klingebiel** und **Hans Henrich Darnieden**, sowie die ganze Gemeinde Böseckendorf. Die Aufteilung erfolgte nach folgendem Schlüssel: jedes Haus wurde mit 6 Reichstalern belastet, das ergab bei 26 Häusern 156 Reichstaler. Weiter wurden für jede Hufe Land 2 Reichstaler Schulden zugeteilt. Auf die verbleibenden 1 Reichstaler 20 Fürstengroschen verzichtete das Kloster.

Nr.	Name	Vorname	Haus	Landbesitz		Schulden		Bemerkung
				Hufe	Morgen	Rt.	Fg.	
1	**Rhode**	**Hans** *um 1652 Etzenborn †03.07.1715 Böseckendorf	1	3		12		übernimmt Stift. Rhode-Stammhof (Dorfstr. 32)
2	**Heine**	**Christoph** *um 1635, †nach 1706	1	2		10		"Hermanns" Hof? (Dorfstr. 39)?
3	**Scharfe**	**Valentin** *vor 1630 †nach 1688	1	2,25		10	15	Im Original steht 2 ½, berechnet wurden aber 2 ¼ Hufe. "Anselm-Klingebiel-Hof"? (Dorfstr. 35)?
4	**Bödiker**	**Andres** *wann? wo?, †wann? wo?	1	2		10		welcher Hof?
5	**Jordan**	**Hans** *um 1636 Berlingerode? †07.07.1696 Böseckendorf	1	2		10		übernimmt Stift. "Meierei-Hof"? (alte Haus-Nr. 35)?
6	**Klingebiel**	**Albrecht [jun.]** *um 1623 Böseckendorf †22.04.1689 Böseckendorf	1	1,5		9		"Franz-Napps-Hof" (Dorfstr. 38)
7	**Klingebiel**	**Cyriax** *vor 1654 Böseckendorf †26.04.1682 Böseckendorf	1	1,5		9		"Eckens" Hof (Dorfstr. 29)
8	**Darnieden**	**Andres** *um 1635 Böseckendorf? †nach 11.1699 Böseckend.?	1	1	5	8	10	Meierhof (später Leineweber) (Dorfstr. 20)
9	**Bömeke**	**Henrich** *um 1616 Böseckendorf †28.10.1682 Böseckendorf	1	1,5		9		Stolze-Hof (Dorfstr. 30)

Nr.	Name	Vorname	Haus	Landbesitz		Schulden		Bemerkung
				Hufe	Morgen	Rt.	Fg.	
10	**Darnieden**	**Andres** *um 1635 Böseckendorf? †nach 11.1699 Böseckendorf?	-	2	5	10	10	Land ist im Eigentum des Klosters, A. Darnieden bewirtschaftet es nur, inkl. 15 Morgen, die C. Heine an das Kloster abgetreten hatte. Meierhof (später Leineweber)? (Dorfstr. 20)?
11	**Friederich**	**Hans Georg** *vor 1673 Böseckendorf? †11.09.1728 Nesselröden	1	1,25		8	15	1680 Meyervertrag mit Bastian Klingebiel. "Emma Leineweber" (Dorfstr. 17)
12	**Klingebiel**	**Bastian** *30.12.1652 Böseckend. †nach 1712 Böseckend.?	1	1,5		9		"Alter-Schultens-Hof" (Dorfstr. 21)
13	**Klingebiel**	**Andres (sen.)** *nach 1615 Böseckend.? †22.03.1692 Rengelrode?	1	1		8		Deppe-/Rhode-/Heimbrodt-Hof (alte Haus-Nr. 36)
14	**Remmert**	**Henrich** *um 1615 wo? †24.04.1682 Böseckend.	1	0,5		7		Burchardt-Hof (Dorfstr. 48)
15	**Beuermann**	**Henrich** *um 1644 Böseckendorf? †29.09.1704 Böseckend.	1	0,5		7		"Villa Senger" (Dorfstr. 24)
16	**Darnieden**	**Christina geb. ?**, Witwe von Hans (er: † wann?) *um 1610 wo? †06.11.1683 Böseckend.	1		12	6	24	welcher Hof?
17	**Hase**	**Anna geb. Beckman** Witwe von Henrich (er: †wann?) *vor 1633 †nach 03.1681	1		5,5	6	10	welcher Hof?
18	**Vogt**	**Anna geb.?**, Witwe von Hans, (er: †wann?) *vor 1627, †nach 03.1681 Böseckendorf?)	1		6	6	12	Gasthaus Busch (Nr. 38)
19	**Wepener**	**Ottilia geb. Kesels,** Witwe von Conrad (er: †wann?) *vor 1634 †nach 1681 Böseckend.?	1			6		Eines der beiden Grundstücke (Kirchgasse 5 oder 6)

Nr.	Name	Vorname	Haus	Landbesitz		Schulden		Bemerkung
				Hufe	Morgen	Rt.	Fg.	
20	**Brand**	**Margaretha geb. Beckmann?** od. **Klingebiel?**, Witwe von Hans <u>Georg</u> (er: †wann?) *um 1641 †18.08.1704 Böseckendorf	1			6		(alte Haus-Nr. 34)
21	**Darnieden**	**Hans Henrich** *vor 1640 Neuendorf †nach 1709 Böseckendorf?	1			6		"Kaufmanns" (Dorfstr. 27) nur vom Haus
22	**Lülpop**	**Jacob** *um 1610 Nesselröden od. Teistungen?, †nach 03.1681 Böseckendorf	1		10	6	20	Eckermann/Napp (Bleckenröder Str. 2 / Dorfstr. 26)
23	**Walberg-Haus** [Nr. 2]	Vorbesitzer: Jacob Lülpop?	1			6		nicht vergeben, das Kloster trägt die anteiligen Schulden
24	**Vogt**	**Christoph** *wann? wo?, †wann? wo?	1		7	6	14	Gasthaus Busch? (Kirchgasse 1)?
25	**Friese**	**Lips** *um 1636 wo? †20.03.1696 Böseckendorf	1			6		"Kochs" (Dorfstr. 15) nur vom Haus
26	**Bömeke**	**Henrich** *um 1616 Böseckendorf †28.10.1682 Böseckendorf	1			6		für sein vor 1674 an Anton Burchard verkauftes Haus. "Julius Schmalstieg" (Dorfstr. 5)
		Summen	26	23,5	50,5	202	130	
		Total		25,0	20,5	206	10	Verteilte Schulden
						1	20	Klosternachlass
						208		Gesamte Schuld

1 Reichstaler (Rt.) entspricht 30 Fürstengroschen (Fg.).

1 Hufe entspricht 30 Morgen

Das Kloster besaß also in Böseckendorf 25 $^2/_3$ Hufe Land, hatte 26 Häuser verpachtet und das Land war auf 20 Pächter aufgeteilt.

Urkunde vom 4. Juli 1681: Vertrag über einen neuen Brunnen bei Henrich Bömeke [Dorfstr. 30]
<u>Originaltext:</u>

Contractus uber einen vom Closter mit Henrich Bömeken zu Besekendorff in der Wande uffgeführten Newen Brunnen

Wir Abbatissa unndt Convent des Stiffts uff Teistungenburg Uhrkunden unndt bekenne hiermit, daß auff guthachten unndt mit Rath unsers Herrn Praepositi wegen Erbawung eines newen Wasser Brunnen zwischen unserm Ackerhofe zu Besekendorff, welchen Hanß Rode von unns gemeyert unndt gebraucht, u. Henrich Bömeken Hofe mitten in der Wande daselbst, alwo er eingefallen, mit gedagten Henrich Bömeken einmüthig abgereder u. geschlossen haben, wie folget. Erstlich hat Henrich Bömeke ein gegenwardt Julian seiner ehelichen Haußfrawer zu Erbawung des hochbenötigten Brunnen sich erkleret, daß er zu außreümung unndt außziehung der eingefallenen Erde unndt alten Steine, daß seinige alß die Halbscheidt, was darzu erforderdt wirdt, mit ein unndt andern wie eß nahmen haben kann, durch die seinige unndt er selbst, williglich verzichten will, unndt ist darzu weiter verabschiedet, daß er die Halbschidt ahn Mauersteinen zu seinem Antheill den Steinbrecher von der Brehmen zu brechen, zahlen, dieselbe durch Beyhülffe der Nachbaren zu Besekendorff hinbey fahren unndt schaffen soll unndt will, jedoch daß solche mit dem Werckschu gemessen unndt jedes auff 20 Werckschu ohngefehr gerechnet soll werden, in verbleibung dessen, solche anzahl mit so viel schuhen zuersetzen schüldig sein soll, andere restirende steine, so viell deren Klaffter weise zum Brunnen zu maueren erfordert werden, wollen wir für unns unndt uff unsere Kosten verschaffen unndt hierzu durch die unserige überliefern lassen; der Meürer ihr Lohn unndt Zahlung betreffendt, hat Henrich Bömeke sich dahin erkleret, daß er denenselben die Halbscheidt mit gelde richtig zahlen u. abtragen auch die Verkost zwey mahl des tages Ihnen geben will, auch dem Zimmerman für den Rohst zum fundament von Büchenholtz unndt den Brunnen Schlinck unndt Wellen ausserhalben dem Brunnen zu machen, die Helffte darfür zahlne, worzu wir das behueffige Holtz zu allem geben, er Bömeke aber solches mit seinem Geschier hinzufahren soll; die andere Halbscheidt für die Steine außzuarbeiten, solche mit guten lagerhalben, guten Fuegen u. Haubte zu machten unndt dieselbe zuversetzen, wollen wir gleichfals denen Meüreren zahlen, darbeneben das Rüsteholtz, Spreützen, Haßpell, Kuebel, Seyll für unns allein außthun unndt darzugeben unndt die Meürer Mr. Peter Herdel unndt Gabriel Gürg auß Erebeck, sollen bey Versetzung der Mauersteinen ein Klaffter umb das ander machen, baldt von Closters verfertigten Steinen ein Klaffter, dan von Bömikens Steinen ein Klaffterhoch verbrauchen, damit eine gleichheidt dieser wegen gehalten werde, welches die beyde Meürer so praesentes, alßo zuhalten stipulirt haben; damit ein solcher Wasserbrun in diesem Jahre noch möge verfertiget unndt außgebawet werden, so haben zu desto mehrer bekräfftigung so woll wir für unns unndt unser Stifft, alß Henrich Bömeke für sich aller hierwieder einbrechender Freyheiten, außflucht unndt Behelff, wie die nahmen haben, hiemit wissendt: unndt wollbedachtlich verziehen unndt begeben. So geschehen uff Teistungenburg den 4. Julij ao. 1681

Ottilia Clara   Margarita Mechtildis
Abbatissa unndt   Priorin

(Q074)

Übersetzung:

Wir, Äbtissin und Convent des Stifts auf Teistungenburg urkunden und bekennen hiermit, dass auf Gutachten und mit Rat unseres Herrn Vorstehers wegen Erbauung eines neuen Wasserbrunnens zwischen unserm Ackerhofe zu Böseckendorf, welchen Hanß Rode von uns gemeiert und gebraucht, u. Henrich Bömekens Hofe mitten in der Wand dazwischen, wo er eingefallen ist, mit gedachtem Henrich Bömeke einmütig abgeredet u. beschlossen haben, wie folgt. Erstlich hat sich Henrich Bömeke in Gegenwart von Juliana, seiner ehelichen Hausfrau, zur Erbauung des hochbenötigten Brunnen bereiterklärt, dass er zu Ausräumung und Ausziehung der eingefallenen Erde und alten Steine, das Seinige als die Hälfte dessen, was dazu erforderlich wird, mit ein und andern wie es Namen haben kann, durch die seinige und er selbst, freiwillig verzichten will, und ist dazu weiter verabschiedet, dass er die Hälfte an Mauersteinen zu seinem Anteil den Steinbrecher von der Brehme zu brechen, zahlen, dieselbe durch Beihilfe der Nachbarn zu Böseckendorf hinbei fahren und schaffen soll und will, jedoch dass solche mit dem Werkschuh gemessen und jedes auf 20 Werkschuh ungefähr gerechnet werden soll, in Verbleibung dessen, solche Anzahl mit so viel Schuhen zu ersetzen schuldig sein soll, andere restierende Steine, so viel deren klafterweise zum Mauern des Brunnens erfordert werden, wollen wir für uns und auf unsere Kosten verschaffen und hierzu durch die unserige überliefern lassen; Lohn und Zahlung der Maurer betreffend, hat Henrich Bömeke sich dahin erklärt, dass er denselben die Hälfte mit Geld richtig zahlen und abtragen auch die Verkostung zweimal am Tage ihnen geben will, auch dem Zimmermann für den Rost zum Fundament von Buchenholz und den Brunnen Schlinck und Welle ausserhalb dem Brunnen zu machen, die Hälfte dafür zahle, wozu wir das nötige Holz zu allem geben, er Bömeke aber solches mit seinem Geschirr hinzufah-

ren soll; die andere Hälfte für das Ausarbeiten der Steine, solche mit guten Lagerhälften, guten Fugen u. Haubte zu machen und dieselben zu setzen, wollen wir gleichfalls den Maurern zahlen, daneben das Rüstholz, Spreizen, Haspel, Kübel, Seil für uns allein austun und dazugeben und die Maurer Mr. Peter Herdel und Gabriel Gürg aus Erebeck [Einbeck?], sollen beim Setzen der Mauersteine ein Klafter um das andere machen , mal von des Klosters verfertigten Steinen ein Klafter, dann von Bömekes Steinen ein Klafter hoch verbrauchen, damit eine Gleichheit dieser wegen gehalten werde, welches die beiden Maurer so praesentes, also zu halten stipuliert haben; damit ein solcher Wasserbrunnen in diesem Jahre noch möge verfertigt und ausgebaut werden, so haben zu desto mehrer Bekräftigung sowohl wir für uns und unser Stift, als Henrich Bömeke für sich aller hierwieder einbrechender Freiheiten, Ausflucht und Behelf, wie es dokumentiert ist, hiermit wissend: und wohlbedacht verziehen und begeben. So geschehen auf Teistungenburg den 4. Juli 1681

Ottilia Clara
Äbtissin und

Margarita Mechtildis
Priorin

"Karels" Hof (Dorfstr. 46)   (Foto: Januar 1992)

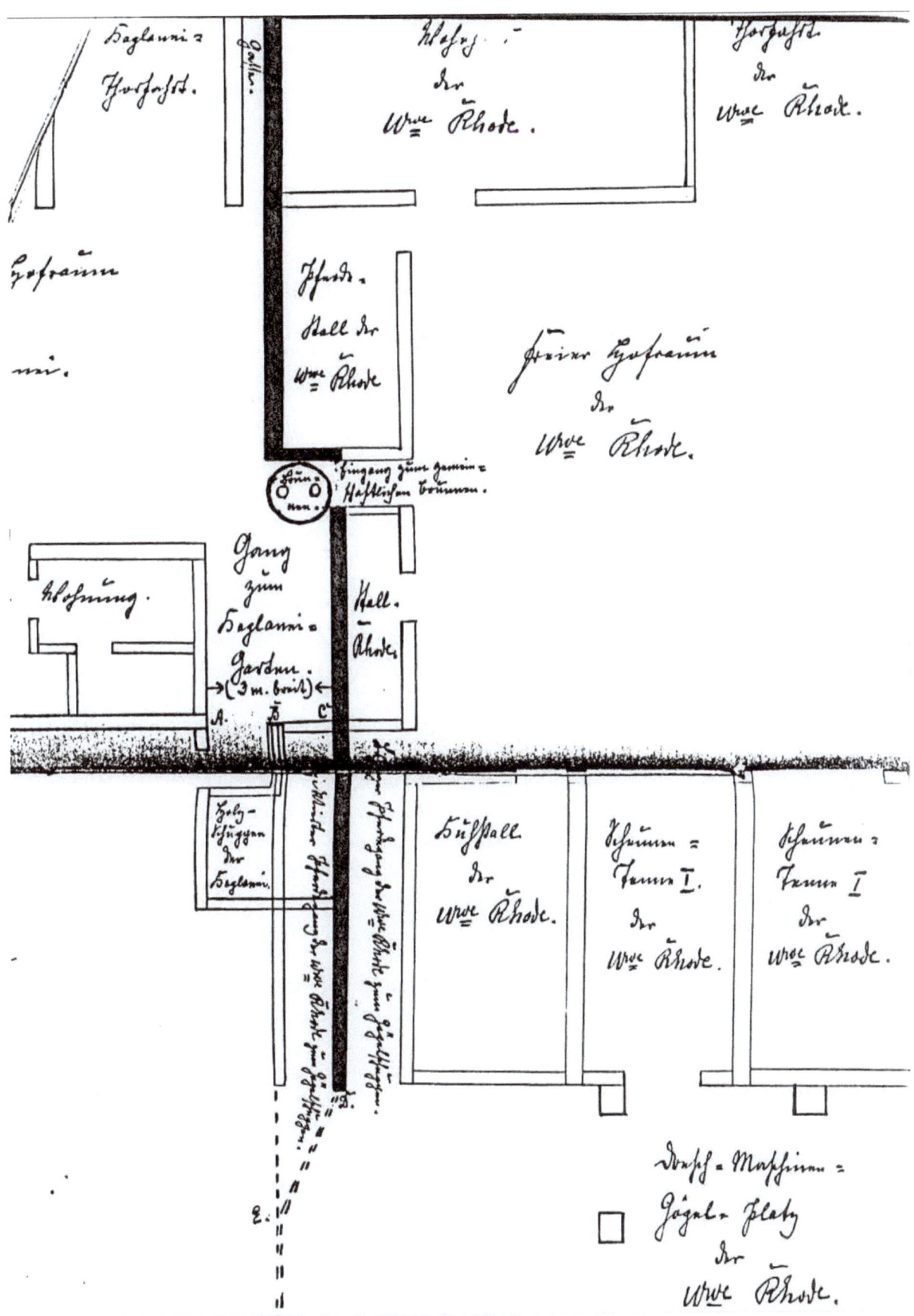

Alter Grundriss der Kaplanei (Dorfstr. 30, links) und des Rhode-Stammhofs (Dorfstr. 32, rechts). In der Mitte ist die Lage des gemeinsamen Brunnens zu sehen.

Am **2. Februar 1682** setzte Cyriacus **Klingebiel** von "Eckens" Hof (Dorfstr. 29) folgendes Testament auf:

Notarielles Testament - Extractus authenticus Protokolli Notariatus Testamenti a Cyriaco Klingebiel conditi

Besekendorf, den 2. February anno 1682
Circa decimum anteprendium ist vor mir dem Notario undt endesbenambten blaubwürdigen Gezeugen erschienen:
der ehrengerechte Cyriax Klingebiel, liegend in einem Bette, wiewoll schwachen Leibes, jedoch guther Sinne und Vernunft, soviele ahn Ihme zue ersehen gewesen, offenbaret undt zuverstehen gegeben, wie dass Ihnen der grundgütige Gott mit einer leibes Schwachheit heime gesucht und zubette gelegt;
Weilen nun der tot gewiss, die Stunde aber desselben niemandt geoffenbaret, als hatte er bey sich beschlossen, sein Testament und letzten Willen aufzurichten. Zubetreff nun das Ewige dem Zeitlichen vorzuziehen, also befiehlt Er:
1. seine arme Seele (daferne er über Kurtz oder lang von diese mühseligen Weldt durch den Zeitlichen Todt abgefordert werden sollte) Christo Jesu, unserem einzigen Erlöser undt Seligmacher, den Leib aber der Erden, unser aller Mutter;
2. legiert undt vermacht er seinen beyden ledigen Schwestern Engeln [oo25.01.1683 Nicolaus Klingebiel] und Elisabethen zwey zweyjährige Fohlen und den Platz Hofes, der Walhof genannt; sollen auch, daferne sie nirgendt hin wissen noch dienen oder sich verheuraten, die Freywohnung in seinem Hause haben und behalten.
3. legiert er seinen sechs Geschwistern in gesambt als Annen [oo14.10.1668 Caspar Rust], Catharinen [oo14.09.1670 Henrich Beuermann], Margarethen [oo15.09.1675 Hans Jordan], Dorotheen [oo vor 02.1682 wen?], Engeln undt Elisabethen dritten-halben Morgen landt undt drey Forling von Etzlichen Köppen am .... [nicht lesbar] zwischen Andres Dornieden undt Jakob Pollen und ein Morgen hinter dem Dorfe zwischen dem Klosterlande und Heinrich Bömeken gelegen. -- Weilen nun
4. institutio haeredis basis et fundamentum testamenti, als hat testator seine Eheliche Hausfrawen Ottilien und sein einziges Söhnlein Christian Klingebiehl zue seinen Rechtmässigen Testaments-Erben aller seiner übrigen Güter instituiert und eingesetzt.-- Sollte sich nun
5. begeben, und zutragen, dass seine nachlassende Wittib Ottilia sich anderweitig verheuraten thete, soll das Haus undt zubehörendes Landt seinem Söhnlein verbleiben undt nach bezahlten oder abgezogenen Schulden, so noch darauf haften, der Wittiben ihr gebührendes Kindesteil von dem Kinde oder dessen Vormündern gegeben werden.-- Daferne aber
6. sich auf unerhoffenden fall begeben undt zutragen sollte, dass das Kind vor der Mutter mit dem Tode abgehen thete und Sie noch eine Wittib wehre undt verbliebem, soll sie die Mutter Ottilia alle Erbgüter Zeit ihres Lebens zue gebrauchen haben; jedoch dass sie von Selbigen nichts verkaufen, verpfänden oder mit Schulden beschweren soll, nach dero absterben aber, sollen Ihre eingebrachten Güther auf Ihre Erben, Klingebilische Güther aber auf dessen vorbenannte Geschwistern wiederumb allerdings vererbt undt hiermit heimgefallen sein undt bleiben.-- Sollte nun
7. dieses sein testamentum Nuncupatiuum Einiger Solemnität halber nicht bestehen wöllen, soll doch selbiges als ein Codicill Fideicommiss donatio Mortis causa oder anderer letzter Wille gültig und von Würden sein.-- So hat sich auch
8. testator vorbehalten, diesen seinen letzten Willen zue mindern, zue mehren, ganz oder zum Theile abzuthun.

Testes: die Ehrsamen
*Thönies **Burchardt** [oo vor 1656 Apollonia Beuermann, Tante von Henrich Beuermann]*

Hans und Georg Frantz **Kaltenhäuser**,

Andres **Arendt**,

Claus **Klingebiel** [Schwager von Cyriacus],

Christian **Schmalstieg** und

Christoph **Heyne** [seine Ehefrau Margaretha **geb. Schucht** war 1673 als Magd bei Henrich Beuermann beschäftigt]

und seyndt daneben mit ahn- undt übergewesen:

des testatorii Schwieger Vatter Andres **Dornieden**,

Henrich **Beuermann** [Schwager von Cyriacus],

Caspar **Rust** [Schwager von Cyriacus],

Bastian **Klingebiel** [Schwager von Cyriacus – Witwer der verstorbenen Gertrud] und

Hans **Jordan** [Schwager von Cyriacus]

alle aus Besekendorf und Nesselreden rogati et requisiti.

In fidem majorem Henricus Hermannus Biehling Notarius Civisque Duderstadiensis requisitus extradit, scripsit, subscripsit, Signoque confuto munivit.   (Q019)

- ab 1700

Die heutige Böseckendorfer Kirche wurde in den Jahren **1713/14** erbaut, aber erst im Oktober 1735 durch den damaligen Erfurter Weihbischof Christoph Ignaz **von Gudenus** geweiht. Sie erhielt den Namen des Bischofs und Bekenners Nikolaus.

1720 erbaute die Teistungenburger Äbtissin Magdalena Döring das obere Meierhaus in Böseckendorf. Von den zwei Förstern des Klosters wohnte einer auf dem Rothenberge, der andere in Böseckendorf.

1726 verpflichtete die kurmainzische Regierung die Gemeinden des Eichsfeldes zur Anschaffung von Feuerlöschgeräten nach der Feuerlöschordnung; alle männlichen Einwohner im Alter von 18 bis 60 Jahren waren zum Feuerwehrdienst verpflichtet.   (Q167, S. 42)

Urkunde vom 24. Januar 1729:

Maria Elisabeth[62], Äbtissin des weltlichen Stifts Quedlinburg, belehnt **Otto Wilcken von Minnigerode** als ältesten, seinen Bruder, sämtliche Vettern und alle männlichen Leibeslehnserben derer von Minnigerode mit einem echten Erbmannlehen und zwar mit:

a) folgenden Gütern der ausgestorbenen Familie von Besekendorf: 3 Hufen Land, 2 freie Sattelhöfe in- und außerhalb Besekendorfs mit Äckern, Holzungen, allen Zubehörungen und Nutzungsrechten

b) dem Lütge-, auch Niedervorwerk genannt, in Minnigerode

c) 4 Morgen Grasland vor Minnigerode.   (Q026)

(siehe hierzu auch die Urkunden vom **24. Mai 1557**, **24. Januar 1575** und **13. Mai 1678**)

Bereits **1735** erhielten die Böseckendorfer Kinder Schulunterricht; der damalige Lehrer hieß Christoph **Lillpopp**.

1760 erwarb die Kirchengemeinde St. Nikolaus zu Böseckendorf den alten Hochaltar aus Nesselröden, der noch heute in Gebrauch ist.

Die Jahre **1770** bis **1772** waren wegen schlechter Ernten Hungerjahre im Eichsfeld.

---

[62] Marie Elisabeth von Holstein-Gottorf (*21.03.1678 Hamburg, †17.07.1755 Quedlinburg), 1718-1755 die 37. Äbtissin des Frauenstifts Quedlinburg

"Eckens" Hof (Dorfstr. 29)   (Foto 1973)

"Valtens" Hof (Dorfstr. 28)   (Foto April 1990)

An der Bushaltestelle vor Eckermanns Hof (Bleckenröder Str. 2). V.l.n.r.: Magdalena **Thume** (1926-2014), Waltraud **Gürntke**? (*1939), Manfred **Konradi** (1944-2020), Hans-Jürgen **Bauermeister** (1943-2022), 5 ..?..., 6 ..?..., 7 ..?... (Foto um 1955)

1772 gab es in Böseckendorf 30 Herdstellen:

1	Gottfried **Schmalstieg** *um 1696 Teistungen? †27.08.1792 Böseckendorf *1777:*	Pächter eines Meierhofes mit 2 Hufen Land, 3 Morgen Wiese: 1 Rtlr. 27 Fgr. 1 ½ Pfg. und 10 Ma. 3 Sche. Korn, 16 Ma. Hafer. *95 Morgen [= 3,17 Hufen] Land: 10 ½ Ma. Korn und 10 Ma. Hafer.*	$^4/_{104}$	"Meierei-Hof" (alte Haus-Nr. 35)
2	<u>Andres</u> Georg **Dornieden** *30.08.1722 Böseckendorf †11.06.1800 Böseckendorf	Pächter eines Meierhofes mit 3 Hufen Land und 5 Morgen Wiese: 1 Rtlr. 33 Fgr. 6 ½ Pfg. und 16 Ma. 3 Sche. Korn, 16 Ma. 3 Sche. Hafer.	$^4/_{104}$	Meierhof (später Leineweber-Hof) (Dorfstr. 20)
3	Anna Maria Elisabeth **geb. Rittmeier**, Witwe von Valentin **Zwingmann** (er: †28.12.1751) *12.1723 Nesselröden †26.10.1781 Böseckendorf	Haus und Hof, 2 Hufen Land: 1 Rtlr. 9 Fgr. 10 ½ Pfg. und 4 Ma. 3 Sche. Korn, 4 Ma. 3 Sche. Hafer.	$^4/_{104}$	"Anselm-Klingebiel-Hof" (Dorfstr. 35)
4	Nicolaus **Rhode** (jun.) *um 1733 Böseckendorf †30.01.1809 Böseckendorf	Haus und Hof, 1 ½ Hufen Land: 29 Fgr. und 6 Ma. Korn, 6 Ma. Hafer.	$^4/_{104}$	Rhode-Stammhof (Dorfstr. 32)
5	Philipp **Stolze** *um 1708 Immingerode? †03.02.1778 Böseckendorf	Haus und Hof, 2 ¼ Hufen Land: 1 Rtlr. 25 Fgr. 4 ½ Pfg.; 4 Ma. 5 Sche. 1 Me. 2 Kop. Korn und die gleiche Menge Hafer.	$^4/_{104}$	Stolze-Hof (Dorfstr. 30)
6	Andres Georg **Borchard** *....... †.......	½ Herdstätte, 21 Morgen Land: 20 Fgr. 4 Pfg.; 1 Ma. 2 Sche. 1 Me. 2 Kop. Korn und die gleiche Menge Hafer.		Burchardt-Hof? (Dorfstr. 48)?
7	Hans <u>Heinrich</u> **Napp** *um 1739 Böseckendorf? †10.06.1785 Böseckendorf	Haus und Hof, 2 ½ Morgen Land: 8 Fgr.; 1 Sche. Korn, 1 Sche. Hafer.	$^4/_{104}$	Eckermann/Napp (Bleckenröder Str. 2 / Dorfstr. 26)
8	Johann <u>Heinrich</u> **Lilpop** *um 1705 Teistungen? †26.02.1776 Böseckendorf	Haus und Hof, 15 Morgen Land: 12 Fgr. 10 ½ Pfg.; 1 Ma. Korn, 1 Ma. Hafer.	$^4/_{104}$	"Villa Senger" (Dorfstr. 24)
9	Caspar **Koch** *10.04.1727 Böseckendorf †12.02.1772 Böseckendorf	Haus und Hof, ¼ Hufe Land: 5 Fgr. 6 ½ Pfg.; 3 Sche. Korn, 3 Sche. Hafer.	$^4/_{104}$	"Schultens" (Klingebiel) (Dorfstr. 16)
10	Anna Katharina **geb. Heine**, Witwe von Caspar **Koch** (er: †18.03.1771) *um 1714 Böseckendorf? †03.07.1777 Böseckendorf	Haus und Hof: 2 Fgr.		"Schultens" (Klingebiel) (Dorfstr. 16)
11	Caspar **Borchard** *um 1704 Böseckendorf? †29.07.1772 Böseckendorf	Haus und Hof: 5 Fgr. 4 Pfennig.	$^4/_{104}$	"Julius Schmalstieg" (Dorfstr. 5)
12	Anton **Koch** *um 1736 Böseckendorf †01.12.1800 Böseckendorf	Haus und Hof, 6 ½ Morgen Land: 5 Fgr.; 2 Sche. 2 Me. 2 Kop. Korn und die gleiche Menge Hafer.	$^4/_{104}$	"Kochs" (Dorfstr. 15)

13	Johannes **Napp** *28.12.1745 Böseckendorf †17.03.1808 Böseckendorf	Haus und Hof: 4 Fgr.	⁴/₁₀₄	"Emma Leineweber" (Dorfstr. 17)
14	Johann <u>Georg</u> [jun.] **Klingebiel** *um 1735 Böseckendorf †21.09.1794 Böseckendorf	Haus und Hof, 1 ½ Hufen Land: 1 Rtlr. 10 ½ Pfg.; 3 Ma. Korn, 3 Ma. Hafer.	⁴/₁₀₄	"Alter-Schultens-Hof" (Dorfstr. 21)
15	Christian **Schmalstieg** *28.02.1727 Nesselröden †16.03.1772 Böseckendorf	Haus und Hof: 6 Fgr.	⁴/₁₀₄	(alte Haus-Nr. 34)
16	Franz **Rhode** *um 1730 Böseckendorf †01.12.1807 Böseckendorf	Haus und Hof, 1 Hufe Land: 21 Fgr. 10 ½ Pfg.; 2 Ma. Korn, 2 Ma. Hafer.	⁴/₁₀₄	Deppe-/Rhode-/ Heimbrodt-Hof (alte Haus-Nr. 36)
17	Agnes **geb. Schiebe**, Witwe von Andreas **Weppner** (er: †20.12.1768) *18.03.1734 Neuendorf †30.05.1803 Böseckendorf	Haus und Hof: 5 Fgr. 4 Pfennig.	⁴/₁₀₄	"Kaufmanns" (Dorfstr. 27)
18	Lucas **Busch** *23.04.1713 Reinholterode †16.01.1789 Böseckendorf	Haus und Hof: 2 Fgr.	⁴/₁₀₄	Gasthaus Busch (Kirchgasse 1)
19	Christian **Reuper** *vor 1710 wo? †19.10.1780 Böseckendorf	Haus und Hof: 5 Fgr. 4 Pfennig.		Eines der beiden Grundstücke (Kirchgasse 5 oder 6)
20	Maria <u>Katharina</u> **geb. Bunse**, Witwe von Nicolaus **Fusch** (er: †12.02.1748) *15.05.1696 Duderstadt †28.03.1786 Böseckendorf	Haus und Hof, ¼ Hufe Land: 9 Fgr. 4 Pfg.; 3 Sche. Korn, 3 Sche. Hafer.		Walberg-Haus -später Schule (alte Haus-Nr. 2)
21	Andres **Klingebiel** *27.10.1705 Böseckendorf †27.07.1781 Böseckendorf	Haus und Hof, 1 ¼ Hufe Land: 1 Rtlr. 7 Fgr. 2 ½ Pfg.; 3 Ma. 1 Sche. 1 Me. Korn und die gleiche Menge Hafer.	⁴/₁₀₄	"Eckens" Hof (Dorfstr. 29)
22	Schultheiß Jacob **Napp** *25.03.1725 Tiftlingerode †01.03.1787 Böseckendorf	Haus und Hof, 15 Morgen Land: 10 Fgr. 9 ½ Pfg.; 5 Sche. Korn, 5 Sche. Hafer.		"Hermanns" Hof (Dorfstr. 39)
23	Georg **Dornieden** *........ †.........	vom Haus: 5 Fgr. 10 ½ Pfg.		Eines der beiden Grundstücke (Kirchgasse 5 oder 6)
24	Christian **Burchardt** *29.01.1728 Böseckendorf †24.03.1810 Böseckendorf	Haus und Hof, ½ Hufe Land: 12 Fgr. 4 Pfg.; 1 Ma. Hafer.	⁴/₁₀₄	Burchardt-Hof (Dorfstr. 48)
25	Andres **Gödeke** *vor 1721 Bernterode †01.10.1772 Böseckendorf	Haus und Hof, 6 Morgen Land: 7 Fgr. 2 Pfg.; 2 Sche. 1 Me. Korn, 2 Sche. 1 Me. Hafer.		"Schrieners" (Dorfstr. 40)
26	Johann <u>Georg</u> **Dornieden** *09.12.1743 Böseckendorf †20.04.1815 Böseckendorf	Haus und Hof, 22 ½ Morgen Land: 26 Fgr. 10 Pfg.; 1 Ma. 2 Sche. ½ Kop. Korn und die gleiche Menge Hafer.	⁴/₁₀₄	Meierhof (später Leineweber-Hof) (Dorfstr. 20)

27	Franz **Drieselmann** *10.08.1717 Neuendorf †14.06.1784 Böseckendorf	Haus und Hof, 1 ½ Hufe Land: 25 Fgr.; 2 Ma. 3 Sche. Korn, 2 Ma. 3 Sche. Hafer.	$^4/_{104}$	"Karels" Hof (Dorfstr. 46)
28	Ferdinand [I.] **Klingebiel** *20.06.1728 Böseckendorf †17.06.1793 Böseckendorf	Haus und Hof, 1 ¾ Hufe Land: 1 Rtlr. 10 ½ Pfg.; 3 Ma. 3 Sche. Korn und die gleiche Menge Hafer.	$^4/_{104}$	"Franz-Napps-Hof" (Dorfstr. 38)
29	Jacob **Zwingmann** *21.12.1747 Böseckendorf †12.12.1820 Böseckendorf	Haus und Hof, 1 ½ Hufe Land: 29 Fgr.; 5 Ma. 3 Sche. Korn und die gleiche Menge Hafer.	$^4/_{104}$	"Bunners" Hof (Dorfstr. 36)
30	Jacob **Klingebiel** *11.02.1703 Böseckendorf †22.04.1776 Böseckendorf	Haus und Hof, 2 Hufen Land: 1 Rtlr. 9 Fgr. 10 Pfg.; 4 Ma. Korn, 4 Ma. Hafer.		alte Haus-Nr. 13 vermutet

(Q177, Q005 S. 220ff)

Die Summe der o.a. Ländereien ergibt für **1772** eine landwirtschaftlich genutzte Gesamtfläche in Böseckendorf von 756 Morgen Land und 8 Morgen Wiese. Vermutlich gehörten nur die beiden "Meierhöfe" (Lfd. Nr. 1 und 2) direkt dem Kloster, die übrigen Höfe waren als Afterlehen vergeben.

- ab 1800

Am **23. Mai 1802** schlossen das napoleonische Kaiserreich Frankreich und das Königreich Preußen den Pariser Vertrag, wodurch der preußische König Friedrich Wilhelm III. unter anderem auch das Eichsfeld erwarb. Die Besetzung des Eichsfelds erfolgte am **3. August 1802**. Nach dem für Preußen harten Tilsiter Frieden vom **9. Juli 1807** kamen alle preußischen Gebiete westlich der Elbe zum neu gegründeten Königreich Westphalen unter Napoleons Bruder Jérôme, der in Kassel-Wilhelmshöhe residierte. Zweite Landessprache neben Deutsch wurde Französisch. Das Eichsfeld hieß nun "Fürstentum Eichsfeld".

1806 bekam Böseckendorf die erste Feuerspritze von der Glocken- und Gelbgießerei Christoph Gabel aus Freienhagen geliefert. Hiervon existiert leider keine Abbildung. Laut mündlicher Überlieferung war es eine Handspritze, die mit Ledereimern befüllt werden musste.

Der durch Frankreich erzwungene Reichsdeputationshauptschluss von 1803 leitete auch das Ende des Klosters Teistungenburg ein. Per königlichem Dekret vom **13. Mai 1809** wurde das Kloster säkularisiert und dem Meistbietenden zum Kauf angeboten, um die chronische Ebbe in der Staatskasse zu lindern.

Die aus Böseckendorf stammende Chorschwester Johanna **Rhode** (bürgerlicher Vorname Maria Katharina) verließ das Kloster am **17. September 1809**, wohin sie ging ist unbekannt. Zurück in ihre Familie nach Böseckendorf kam am **19. September 1809** die Laienschwester Magdalena **Lillpopp** (bürgerlicher Vorname unbekannt), unterstützt durch eine ihr ausgesetzte Jahresrente von 300 Francs. Am **16. Oktober 1809** verließen die letzten beiden Nonnen auf Anweisung der Behörden des Königreichs Westphalen das Kloster.

Die Freiheitskriege von 1813 - 1815 machten dem kurzlebigen Königreich Westphalen ein Ende. Auf dem Wiener Kongress **1815** wurde das Eichsfeld zwischen Preußen und Hannover aufgeteilt. Böseckendorf als Teil des Untereichsfelds gehörte nun zur preußischen Provinz Sachsen. Der Immingeröder Pfarrer als königlich-hannoverscher Untertan war plötzlich nicht mehr in der Lage, die königlich-preußischen Untertanen in Böseckendorf zu betreuen. Seitdem wurde der Ort durch den Pfarrer von Neuendorf betreut. Diese Grenzsituation sollte 50 Jahre andauern.

(Diebstahl.) In der Nacht vom 21sten zum 22sten May c. sind zu Bösekendorf gestohlen worden:

1) 13 Ellen 40gängiges 1¼ Elle breites feines gebleichtes Leinwand,
2) 30 Ellen dergleichen, 26gängiges und ⅞ breites,
3) 1 drellener Laken, 7 Ellen groß, 1 dergl. leinener,
4) 5 Mannshemden, bereits gebraucht,
5) 5 dergleichen Frauenhemden,
6) 1 gelöthtes Zweiguldenstück mit dem Muttergottesbilde.

Vor den Ankauf des gestohlnen Guts warnend, fordern wir Jedermann auf und ersuchen insonderheit alle öffentliche Behörden, von vorhandenen oder sich noch ergebenden Verdachtsumständen uns eine unverzügliche Anzeige zu machen.

Heiligenstadt, den 7ten August 1826.　　　Königl. Preuß. Inquisitoriat.

(Bestimmung der Erndte-Ferien.) Da wir die Zeit der Ferien vom 1sten September bis zum 1sten October d. J. bestimmt haben, so machen wir dieses mit dem Bemerken hierdurch bekannt, daß in dem Monate September kein Forstgericht gehalten werden wird.

Heiligenstadt, den 11ten August 1826.

Königl. Preuß. Land- und Stadtgericht.

Worbiser Kreis-Wochenblatt Oktober 1827:

(Diebstahl)

In der Nacht vom 21. a. d. 22. d. M. wurden zu Böseckendorf mittels Aufschließung eines Hauses aus demselben

1. ein dunkelblauer tuchener Mannsoberrock mit überzogenen Knöpfen von demselben Zeuge,
2. eine schwarztuchene Weste mit Knöpfen von demselben Zeuge überzogen nebst einigen Groschen Scheidemünze in den Taschen,
3. ein Vorhemd von ganz feinem Leinen,
4. ein rotgestreiftes baumwollenes Taschentuch,
5. ein baumwollener Frauenrock mit blauen, gelben und roten Streifen und unten mit rotem Bande gesäumt, mit einem gelben Fleck in der Mitte hinten,
6. eine Schürze von demselben Zeuge, mit grünem Rande zum Binden versehen,
7. ein karmoisinroter schafwollener Frauenrock, woran ein Leibstück von schwarzem Manchester genähet, und unten mit blauem Bande eingefaßt ist, gestohlen.

Wir fordern hiermit Jedermann auf, die etwa bekannt werdenden Spuren zur Entdeckung des Thäters uns oder der nächsten Ortsbehörde anzuzeigen.

Heiligenstadt, den 26sten October 1827　　　Königl. Pr. Inquisitoriat

(Q075)

Worbiser Kreis-Wochenblatt September 1828:

(Diebstahl)

In der Nacht vom 7ten auf den 8ten l. M. sind dem Einwohner Johannes Napp zu Böseckendorf aus einem demselben gehörigen Gemüsegarten zwei Bienenstöcke mit Bienen entwendet worden, wovon der eine Stock mit A. N., der andere aber unbezeichnet gewesen seyn soll.

Wir warnen vor dem Ankaufe und sonstigen Erwerbe der gestohlenen Bienen, und fordern jeden, und insbesondere alle Polizeibehörden und Apotheker hierdurch auf, zur Entdeckung des bis jetzt noch unbekannten Diebes und zur Herbeischaffung des gestohlenen Guts mitzuwirken, und jeden Verdachtsgrund bei der nächsten Ortsobrigkeit, oder unmittelbar bei dem unterzeichneten Inquisitoriate zur Anzeige zu bringen, um auf die Spur des Thäters zu führen.

Heiligenstadt, den 12ten September 1828　　　Königl. Preuß. Inquisitoriat.

> **Worbiser Kreis-Wochenblatt Oktober 1829**
> (Diebstahl)
> In der Nacht vom 10ten zum 11ten October sind einem Ackermanne zu Böseckendorf aus seinem beim Hause belegenen Garten zwei Eggen entwendet worden.
> Indem wir dieses hierdurch öffentlich bekannt machen, warnen wir bei Strafe der Diebeshehlerei vor dem Ankauf dieser gestohlenen Eggen, und fordern zugleich Jedermann auf, die ihm über den Thäter etwa bekannt werdenden Verdachtsgründe uns oder der nächsten Gerichtsbehörde zur Anzeige zu bringen.   Heiligenstadt, den 20sten October 1829.   Königl. Preuß. Inquisitoriat.

Im Jahre **1829** wurde das neben der Kirche stehende Schulhaus unter der Ägide des Schulzen Joseph **Leineweber**, der Schöppen Ernst **Napp** und Wilhelm **Zwingmann** und des damaligen Einnehmers Johannes **Napp** errichtet. Die örtlichen Gerechtigkeitsbesitzer schenkten zu diesem Bau aus ihrer Waldung das erforderliche Bauholz und leisteten Spanndienste, die übrigen Bewohner verrichteten die Handdienste, alle Haushaltungen des Orts ohne Ausnahme aber brachten ihre Beisteuer mit einem Thaler dar; die Kirche gab mit Genehmigung des geistlichen Commissariats zu Heiligenstadt 60 Thaler, der Herr Amtmann **Felber** zu Teistungenburg 50 Thaler, das noch Fehlende wurde von einigen voranstehenden Gutgesinnten vorgeschossen.

1840[63]: Böseckendorf im Spiegel der Statistik:

Grund-, Lehns- und Gerichtsherr sowie Patron der Kirche ist hier der Amtmann Felber[64] zu Teistungenburg. Die katholische Pfarrkirche ist Filiale von Neuendorf. Der Ort hat eine Schule mit 1 Lehrer [Nicolaus **Dietrich**, *um 1797 Wachstedt, †16.11.1844 Böseckendorf], 30 Knaben und 32 Mädchen und zählt insgesamt 283 katholische Einwohner in 40 Wohnhäusern mit 65 Ställen und Scheunen.
Es gibt

1 Gemeindeschäferei [Ismael-Hof, Dorfstr. 12: Georg **Ismael**, *15.07.1772 Böseckendorf,
   †04.12.1846 Böseckendorf],

2 Schankwirte:
   "Busch/Schmalstieg", Kirchgasse 1: Andreas Georg **Schmalstieg**, *03.12.1787 Böseckendorf,
   †23.04.1846 Böseckendorf
   "Alter-Schultens-Hof", Dorfstr. 21: Joseph **Klingebiel**, *09.09.1780 Böseckendorf,
   †26.02.1849 Böseckendorf]

1 Victualienhändler [Lebensmittel]: nicht sicher zuzuordnen. Könnte gewesen sein
   "Kaufmanns" (Dorfstr. 27)   oder:
   "Emma Konradi/Liborius" (Dorfstr. 22)
   Es können noch keine Personen zugeordnet werden.

3 Schuhmacher:
   "Busch/Schmalstieg", Kirchgasse 1: Ferdinand **Schmalstieg**, *09.08.1813 Böseckendorf,
   †05.11.1878 Böseckendorf
   "Meierei-Hof", alte Haus-Nr. 35: Franz **Klingebiel**, *13.06.1817 Böseckendorf,
   †18.07.1898 Hundeshagen
   "Emma Leineweber", Dorfstr. 17: Ernst **Napp**, *25.11.1818 Böseckendorf, †28.01.1886 Böseckendorf]

1 Tischler ["Schrieners", Dorfstr. 40: Heinrich **Müller**, *03.05.1808 Neuendorf,
   †04.10.1858 Böseckendorf],

1 Grobschmied ["Schmetts", Dorfstr. 41: Joseph **Napp**, *16.03.1814 Böseckendorf,
   †01.11.1879 Böseckendorf],

---

[63] Von dieser Quelle gibt es auch eine Ausgabe 1841 mit weitgehend identischen Angaben
[64] Gustav Wilhelm Felber (*03.01.1804 Buchholz, †06.02.1868 Teistungenburg), Sohn des ersten
   Besitzers der Domäne Teistungenburg, Friedrich Felber

1 Hausschlachter ["Emma Leineweber", Dorfstr. 17: Jacob **Napp**, *30.09.1783 Böseckendorf, †04.02.1847 Böseckendorf],

3 Baumwollenwebstühle

wo?: Andreas **Dornieden**, Kattunweber, *01.07.1818 Böseckendorf, †nach 1865 Böseckendorf?, Bruder des Leinwebers Johannes

Dietrich-Hof, Dorfstr. 9: Jacob **Schmalstieg**, Buntweber, *14.10.1819 Böseckendorf, †08.04.1867 Böseckendorf

"Emma Konradi", Dorfstr. 22: Carl **Conradi**, Buntweber, *28.06.1818 Glasehausen, †05.02.1895 Böseckendorf]

2 Leinewebstühle

Burchardt-Hof, Dorfstr. 48: Johannes **Burchardt**, *07.10.1783 Böseckendorf, †04.05.1868 Böseckendorf

wo lebte er?: Johannes **Dornieden**, *19.03.1804 Böseckendorf, †09.01.1856 Böseckendorf, Bruder des Kattunwebers Andreas],

sowie 5 Knechte und 6 Mägde.

Die Flur umfaßt ca. 1584 Morgen, davon 941 Acker-, 12 Garten- und 28 Wüstland, 77 Wiesen, 4 Weiden und 522 Waldungen.

Das Dorf liegt am bunten Sandsteingebirge am Musebach. Der meist abhängige Boden besteht größtenteils aus Sand bzw. lehmigem Sand. Dreifeldersystem mit teilweiser Besömmerung der Brache. Außer der Gemeinde behüten 150 Schafe des Rittergutes Bleckenrode die Wiesen und Weiden, finden aber nicht hinreichende Nahrung. Der Obstertrag ist gering. Die Felbersche Waldung besteht aus Laubholz, Hoch- und Mittelwald. In der Hochwaldung hat die Gemeinde das Recht der Weide und des Streurechens. Die unbedeutende Jagd gehört dem Grundherrn des Ortes.

Viehstand: 36 Pferde
88 Rindvieh
250 unveredelte Schafe
10 Ziegen und 65 Schweine   (Q022; vom Verfasser ergänzt)

Der Landwehrmann Johannes **Schmalstieg** (1824-1886) von "Metschgers" (Dorfstr. 25) wurde am **30. Dezember 1842** vom Schulzen in Böseckendorf ermahnt zu einem besseren Lebenswandel. Er war wegen Diebstahls aus unbewohnten Gebäuden in gerichtlicher Untersuchung gewesen.

Einkommen des Schul- und Küsterdienstes zu Böseckendorf pro **1849** (damaliger Lehrer: Karl **Dietrich**, *um 07.1810 Lutter, †03.02.1883 Böseckendorf)

		Rthlr.	Sgr.	Pfg.
a.	freie Wohnung	7		
b.	Schulgeld von 44 Kindern, à 18 Sgr. (incl. 3 Sgr. Holzgeld)	26	12	
c.	Gehaltszulage vom Kloster Teistungenburg	25		
d.	aus dem .... Fonds	3	10	
e.	aus der Kirche			
1	Deputat	1	10	
2	Annivers. Gelder	6	5	3
3	Wäscherlohn	2	15	
4	Rechnungsgebühren	2		
f.	an Stipendien? hochgerechnet	5		
g.	vier Malter Roggen u. 2 Scheffel nach dem Durchschnittspr.	19		
h.	Ostereier 1 ½ Schock		15	
i.	den Abnutzen von 1 ½ Acker Landes, veranschlagt nach den gewöhnlichen Pachtpreisen zu	6		

k.	den Abnutzen des Kirchhofes und 2 Quadratruten haltenden Gemüsegartens zu	1	22	6
	Summa:	105	29	9

Im Jahre **1853** bezog der für Böseckendorf zuständige Neuendorfer Pfarrer Heinrich **Weissenstein**[65] folgende Einkünfte aus Böseckendorf:

An Holz 10 Malter à 4 Rthl.   = 40 Rthl.

An Roggen 16 Scheffel 7 ½ Metzen
         à Scheffel 1 Rthl. 11 sgr. 8 Pfg.   = 22 Rthl. 25 ggr. 5 Pfg.

An Hafer 3 Scheffel 13 $^{1}/_{10}$ Metzen à 18 ggr.   = 2 Rthl. 8 ggr. 9 Pfg.

Aus der Kirchenkasse für gestiftete hl. Messen
         und andere Dienstleistungen   = 18 Rthl. 18 ggr. 6 Pfg.

Accidenzien:

8 Taufen à 7 sgr. 6 Pfg.	= 2 Rthl.
3 Kinderbeerdigungen à 7 sgr.	= 21 sgr.
3 Erwachsenenbeerdigungen à 1 Rthl.	= 3 Rthl.
3 Trauungen à 1 Rthl.	= 3 Rthl. <u>9 Rthl. 23 ggr. 9 Pfg.</u>

<u>Summa</u>:   93 Rthl. 16 ggr. 5 Pfg.

Der neue Friedhof in Böseckendorf wurde **1855** angelegt und am **9. November** desselben Jahres kirchlich geweiht. Zuvor hatte sich der Friedhof bei der Kirche befunden.

Am **16. Juni 1866** wurde das Königreich Hannover durch das Königreich Preußen besetzt, wodurch Hannover zur preußischen Provinz wurde. Fortan war die ehemalige Landesgrenze zwischen Preußen und Hannover nur noch die Grenze zwischen den preußischen Provinzen Sachsen, zu der Böseckendorf gehörte, und Hannover.

Hof-Auktion auf "Karels Hof" [Dorfstr. 46]:

<u>Worbiser Kreisblatt</u>
Auctions-Anzeige
Donnerstag, den 19. d.M. und folgende Tage sollen von morgens früh um 9 Uhr ab sämtliches Vieh, 5 Pferde, 4 Kühe, 37 Stück Hammel, sowie sämtliches Inventarium, Schiff und Geschirr gegen gleich bare Zahlung öffentlich und meystbietend verkauft werden und zwar in dem Friedrich Dornieden-schen Sterbehause. Das Vieh wird zuerst verkauft.
Böseckendorf, den **14ten März 1868**
Das Dorfgericht

Am **16. Juli 1868** wurde der Pfarrer und Heimatforscher Wilhelm Klingebiel auf dem "Anselm-Klinge-biel-Hof" (Dorfstr. 35) geboren. Er wurde zunächst Kaplan in Ershausen und Breitenworbis (unter Philipp Knieb), danach von 1900 - 1936 Pfarrer in Helmsdorf. Sein bekanntestes Werk dürfte die Chronik von Helmsdorf sein, die er 1926 veröffentlichte.

Am **25. September 1871** erschienen vor dem königlichen Kreisgericht der Rittergutsbesitzer Christian Friedrich Müller von Ascherode als Bevollmächtigter der Erben und Erbeserben des Amtsraths Gustav Wilhelm Felber von Teistungenburg und 39 Personen, sämtlich aus Böseckendorf. Der Rittergutsbe-sitzer verkaufte im Namen der Erben des Amtsrathes das bisher zu dem vormaligen Klostergute zu Teistungenburg gehörige bei Böseckendorf gelegene Kloster- oder Nonnenholz, welches zu einem Flä-

---

[65] <u>Heinrich</u> Johannes Weissenstein (*23.01.1804 Dingelstädt, †24.09.1853 Neuendorf)

cheninhalt von ca. 481 Morgen im Hypothekenbuch eingetragen ist, nach neuerer Messung eben 562 Morgen enthält. Die Übergabe des verkauften Grundstücks wurde mit diesem Tage als geschehen angesehen. Weiterhin heißt es im Vertrag, § 4: Wer Eigentümer oder Nutzungsberechtigter des bezeichneten Grundstücks bleiben will, muss seinen Wohnsitz zu Böseckendorf haben. Es ist also nur die Veräußerung an Einwohner von Böseckendorf zulässig und so können auch auswärtige Erben verstorbener Mitbesitzer nicht Eigentümer und Nutzungsberechtigte bleiben. Tritt in diesen Fällen die Veräußerung ein, so sind die Mitbesitzer solidarisch verpflichtet, den zu veräußernden Teil anzunehmen.

Vorgelesen, genehmigt und unterschrieben:

1	Christian Friedrich **Müller**		Rittergut Ascherode	
2	Joseph (I.) **Klingebiel**	$8/160$	"Eckens" Hof Dorfstr. 29	*23.02.1826 Böseckendorf †07.02.1915 Böseckendorf
3	Anna **Klingebiel** geb. **Klingebiel** [Ehefrau von Anselm **Klingebiel**]	$4/160$	"Anselm-Klingebiel-Hof" Dorfstr. 35	*20.05.1844 Böseckendorf †30.01.1921 Helmsdorf
4	Hermann **Napp**	$8/160$	"Hermanns" Hof Dorfstr. 39	*28.05.1834 Böseckendorf †23.07.1908 Böseckendorf
5	Joseph **Napp**, Schulze	$8/160$	"Schmetts" Hof Dorfstr. 41	*16.03.1814 Böseckendorf †01.11.1879 Böseckendorf
	Joseph **Schmalstieg**, Maurer [vertreten durch Joseph **Napp**]	$1/160$	"Julius Schmalstieg" Dorfstr. 5	*07.01.1818 Böseckendorf †19.01.1895 Böseckendorf
6	Elisabeth **Napp** geb. **Klingebiel** [Witwe von Franz (I.) **Napp**]	$8/160$	"Franz-Napps-Hof" Dorfstr. 38	*19.12.1812 Böseckendorf †15.10.1892 Böseckendorf
7	Joseph **Zwingmann**	$8/160$	"Bunners" Hof Dorfstr. 36	*18.09.1817 Böseckendorf †15.07.1878 Böseckendorf
8	Ferdinand **Rhode**	$8/160$	Rhode-Stammhof Dorfstr. 32	*05.02.1840 Böseckendorf †31.03.1881 Böseckendorf
9	Elisabeth **Stolze** geb. **Klingebiel** [Witwe von Joseph **Stolze**]	$8/160$	Stolze-Hof Dorfstr. 30	*15.03.1832 Böseckendorf †16.01.1888 Böseckendorf
10	Joseph **Leineweber**	$8/160$	Leineweber-Hof Dorfstr. 20	*16.12.1817 Böseckendorf †08.05.1879 Böseckendorf
11	Wilhelm (I.) **Klingebiel**	$8/160$	"Schultens" (Klingebiel) Dorfstr. 16	*27.10.1832 Böseckendorf †16.05.1922 Böseckendorf
12	Johannes (I.) **Klingebiel** [Vater von Nr. 15]	$8/160$	"Alter-Schultens-Hof" Dorfstr. 21	*19.11.1814 Böseckendorf †24.06.1894 Böseckendorf
13	Wilhelm (II.) **Klingebiel**	$8/160$	"Meierei-Hof" alte Haus-Nr. 35	*25.09.1839 Böseckendorf †23.02.1917 Böseckendorf
14	Johannes **Zwingmann**	$8/160$	"Bobers" Hof Dorfstr. 34	*20.08.1823 Böseckendorf †10.04.1876 Böseckendorf
15	Johannes (II.) **Klingebiel** [Sohn von Nr. 12]	$2/160$	"Alter-Schultens-Hof" Dorfstr. 21	*27.10.1855 Böseckendorf †31.12.1885 Böseckendorf
16	Leopold **Leineweber** wohnte 1869 <u>als Mieter</u> auf "Karels" (Dorfstr. 46)	$2/160$	"Emma Leineweber" Dorfstr. 17	*03.05.1834 Böseckendorf †11.12.1886 Böseckendorf
17	Joseph **Müller**	$2/160$	"Schrieners" Hof Dorfstr. 40	*26.12.1837 Böseckendorf †26.10.1905 Böseckendorf
18	Ernst **Napp**	$2/160$	"Emma Leineweber" Dorfstr. 17	*25.11.1818 Böseckendorf †28.01.1886 Böseckendorf

19	Franz (II.) **Rhode**	$^4/_{160}$	Deppe-/Rhode-/Heim- brodt-Hof alte Haus-Nr. 36	*08.02.1843 Böseckendorf †20.07.1919 Böseckendorf
20	Ferdinand **Schmalstieg**	$^4/_{160}$	"Busch/Schmalstieg" Kirchgasse 1	*09.08.1813 Böseckendorf †05.11.1878 Böseckendorf
21	Ferdinand **Weppner**	$^2/_{160}$	"Schneyers" Kirchgasse 9	*12.01.1824 Böseckendorf †17.12.1872 Böseckendorf
22	Wilhelmine **Napp geb. Koch** [Witwe von Franz (II.) **Napp**]	$^2/_{160}$	"Josef Thume" Hinter dem Dorfe 1	*16.05.1825 Böseckendorf †12.05.1881 Böseckendorf
23	Andreas **Eckermann**	$^2/_{160}$	Eckermann-Hof Bleckenröder Str. 2	*13.06.1822 Böseckendorf †24.04.1884 Böseckendorf
24	Ferdinand **Napp**	$^2/_{160}$	"Maria Napp" Dorfstr. 26	*08.07.1828 Böseckendorf †23.05.1881 Böseckendorf
25	Franz **Senger**	$^1/_{160}$	"Villa Senger" Dorfstr. 24	*08.01.1817 Nesselröden †10.03.1893 Böseckendorf
	Theresia **Senger geb. Huch**	$^1/_{160}$	"Villa Senger" Dorfstr. 24	*30.07.1824 Böseckendorf †05.01.1903 Böseckendorf
26	Johannes **Busch**	$^2/_{160}$	"Schausters" Dorfstr. 14	*14.01.1827 Böseckendorf †29.06.1883 Böseckendorf
27	Friederike **Rhode geb. Garre** [Ehefrau von Johannes **Rhode**]	$^2/_{160}$	"Metschgers" Dorfstr. 10	*03.04.1837 Bernshausen †16.04.1915 Bernshausen
28	Joseph **Burchardt**	$^2/_{160}$	Deppe-Hof Dorfstr. 13	*27.06.1825 Böseckendorf †nach 1896 Böseckendorf
29	Josephe **Zwingmann geb. Koch** [Witwe von Eduard **Zwingmann**]	$^2/_{160}$	"Kochs" Dorfstr. 15	*18.02.1832 Böseckendorf †07.11.1908 Böseckendorf
30	Anselm **Hackethal**	$^2/_{160}$	"Schäpers" Kirchgasse 5	*28.07.1827 Böseckendorf †13.11.1893 Böseckendorf
31	Johannes **Zwingmann**, Maurer	$^1/_{160}$ $^1/_{160}$	Schmiede Schmalstieg Dorfstr. 50	*03.09.1817 Böseckendorf †28.11.1881 Böseckendorf
32	Jakob **Burchardt**, Maurer	$^1/_{160}$ $^1/_{160}$	Burchardt-Hof Dorfstr. 48	*16.10.1818 Böseckendorf †25.08.1905 Böseckendorf
33	Regina **Burchardt geb. Stichternath** [Ehefrau von Heinrich **Burchardt**]	$^1/_{160}$ $^1/_{160}$	Burchardt-Hof Dorfstr. 48	*24.04.1823 Nesselröden †19.02.1890 Böseckendorf
34	Ernestine **Fusch geb. Zwingmann** [Witwe von Joseph **Fusch**]	$^2/_{160}$	"Emma Konradi" Dorfstr. 22	*26.05.1821 Böseckendorf †14.08.1874 Böseckendorf
35	Karl **Conradi**	$^1/_{160}$ $^1/_{160}$	"Emma Konradi" Dorfstr. 22	*28.06.1818 Glasehausen †05.02.1895 Böseckendorf
36	Johannes **Schmalstieg**	$^1/_{160}$ $^1/_{160}$	"Maurermeisters" Dorfstr. 8?	*03.03.1824 Böseckendorf †27.08.1886 Böseckendorf
37	Christina **Schmalstieg geb. Rhode** [Witwe von Jakob **Schmalstieg**]	$^2/_{160}$	Engelhardt-Hof Dorfstr. 7	*12.02.1829 Böseckendorf †26.12.1890 Böseckendorf
38	Hermann **Hackethal**	$^1/_{160}$	Hackethal-Hof Dorfstr. 11	*27.08.1847 Böseckendorf †01.02.1927 Böseckendorf
	Johannes **Hackethal** [vertreten durch Hermann **Hackethal**]	$^1/_{160}$	Hackethal-Hof Dorfstr. 11	*02.03.1841 Böseckendorf †17.04.1891 Böseckendorf
39	Wilhelmine **Hupe geb. Burchardt** [Witwe von Joseph **Hupe**]	$^2/_{160}$	"Berge Hermann" Kirchgasse 3	*10.04.1836 Böseckendorf †02.07.1914 Böseckendorf

40	Wilhelm **Fusch**	$^1/_{160}$	"Gregor Leineweber"	*02.02.1802 Böseckendorf
		$^1/_{160}$	Kirchgasse 6	†25.01.1881 Nesselröden
Summe:		$^{157}/_{160}$		

(Diese Urkunde kann als Statut der heutigen Forstbetriebsgemeinschaft Böseckendorf angesehen werden).

Die Summe aller 160 Anteile entspricht einer Gesamtfläche von 1.229.670 m^2.
1 Anteil entspricht somit einer Fläche von 7.743 m^2.

Feuer bei Klingebiels:

Worbiser Kreisblatt
Aus unserem Kreise

Böseckendorf, den **15ten September 1884**
Heute Nachmittag brach auf bis jetzt noch nicht ermittelte Weise auf dem von dem Oekonom A. Klingebiel hier erpachteten Gehöft Feuer aus. Die mit der Ernte bis unter den First gefüllte Scheune, Ställe und der obere Theil des Wohnhauses sind ein Raub der Flammen geworden. Verbrannt sind ferner 1 Pferd, 1 Kuh und 1 Schwein. Wie verlautet, soll die Ernte und das Inventar nicht versichert gewesen sein. Von Leuten, die auf dem Ohmberge bei Kirchohmfeld waren, wird erzählt, daß brennende Getreidegarben hoch in der Luft von ihnen bemerkt worden seien.

Am **3. März 1888** stiftete der Ackermann Joseph Ferdinand Stolze testamentarisch sein Gehöft mit Garten nebst 10 Hektar und 27 ar Ackerland und Wiesen der Kirche zu dem Zweck, in Böseckendorf eine Kaplanei zu errichten. Diese unterstand zunächst dem Pfarrer von Neuendorf. Ab **21. März 1891** wurde die Kaplanei erstmals durch Kaplan Johannes Kahlmeyer aus Schachtebich bewohnt.

Kaplanei (Dorfstr. 30), Wohnhaus Hofseite nach der Renovierung   (Foto August 2011)

Auktion auf dem Stolze-Hof [Dorfstr. 30]:

Worbiser Kreisblatt
Auction Montag, den 19ten März cr. vormittags von 9 Uhr ab, sollen auf dem Gehöft des verstorbenen Ackermanns Joseph Stolze zu Böseckendorf 4 Stück Rindvieh, 12 Schafe mit 5 Lämmern, 1 Schwein mit Ferkeln, Hühner und Gänse, 2 Ackerwagen, Pflüge, Eggen und sämmtliche Ackergeräthe, Tische, Kleiderschränke, 4 vollständige Betten, sämmtliches Haus= und Küchengeräth 1 große Quantität Speck, Würste und allerlei Vorrath zum Hausstande, sowie 20 Malter Hafer, Stroh, Klee, Heu, Futter und dergl. Vorräthe öffentlich meistbietend gegen Barzahlung verkauft werden. Mit dem Verkauf des Viehs wird der Anfang gemacht.
Böseckendorf, den **14ten März 1888**
Die Erben.

In der Kirche wurde am **16. Oktober 1888** eine neue Orgel aufgestellt; die Kosten wurden durch milde Gaben aufgebracht.

Das Worbiser Kreisblatt berichtete am **7. Mai 1889**:
In Böseckendorf ist im Monat **April** des Jahres **1889** eine Posthülfsstelle errichtet worden.

Zwangsversteigerung des Burchardt-Hofs [Dorfstr. 48]:

Worbiser Kreisblatt
Zwangsversteigerung
Die im Grundbuche von Böseckendorf Band 5 Blatt 87 auf den Namen der Maurer Jacob und Joseph Burchardt daselbst belegenen Grundstücke: die Wohnhäuser mit Hofraum, Hausgarten und Nebengebäuden No. 10a und b sollen auf Antrag des Maurers Joseph Burchardt, zur Zeit in Braunschweig, Mauerstraße No. 64, zum Zwecke der Auseinandersetzung unter den Miteigenthümern am 6. Dezember 1890, vormittags 10 Uhr vor dem unterzeichneten Gerichte in Böseckendorf im Müller'schen Wirthshause zwangsweise versteigert werden. Das Bieten beginnt um 11 Uhr. Das Urtheil über die Ertheilung des Zuschlages wird am 10. Dezember 1890, vormittags 11 Uhr an Gerichtsstelle verkündet werden, Zimmer No. 13. Heiligenstadt, den **3. October 1890** Königliches Amtsgericht, Abtheilung I b.

Worbiser Kreisblatt
Böseckendorf, den **12.1.1898**
Nach Ausweis unseres Standesamtregisters gehört unser Ort zu den gesündesten unseres Kreises. Bei einer Einwohnerzahl von ca. 300 Seelen ist im Jahre 1897 kein einziger Todesfall zu verzeichnen gewesen. Wie schon seit Jahren trat auch im vorigen Jahr nur ein einziges Paar in den Stand der hl. Ehe. Geboren wurden 6 Kinder. - In Bleckenrode wurden 5 Kinder geboren, Todesfälle kamen 4 vor, Trauungen keine.

Im **Januar 1899** war ein seltenes Naturschauspiel zu beobachten: vor der Müllerschen Gastwirtschaft ("Schrieners", Dorfstr. 40) stand ein Rosenstock in voller Blüte.

- ab 1900

Am **23. September 1900** wurde in der Gemeinde Böseckendorf eine "militärisch organisierte" Feuerwehr gegründet.

Telefon in Böseckendorf!
Worbiser Kreisblatt vom **23.4.1904**
Böseckendorf, 22. April 1904
Unsere Gemeinde wird in Kürze über Berlingerode mit dem Postamt Worbis telephonischen Anschluß

bekommen. Die Gemeindevertretung bewilligte hierfür eine einmalige Bauentschädigung an die Post-behörde von 400 Mark. <u>Man ging von der Ansicht aus, daß selbst der kleinsten Gemeinde eine Fern-sprechverbindung von Nutzen ist.</u>

Ehrung des Schulzen Wilhelm Klingebiel:
<u>Worbiser Kreisblatt</u> vom **14.10.1905**
Böseckendorf, den 12. Oktober 1905
Des Königs Majestät haben unserem fast 32 Jahre im Dienste stehenden Ortsschulzen Klingebiel hier-selbst das "Allgemeine Ehrenzeichen" zu verleihen geruht. Die Insignien sind unserem allseits belieb-ten und wertgeschätzten Herrn Schulzen durch Herrn Landrath Frantz gestern überreicht worden.

Mit Brief vom **31. Dezember 1911** bestellte der Lokalkaplan Aloys Fick zwei Glasfenster für die Kirche St. Nikolaus in Böseckendorf, die von der Fa. **Oidtmann**, Linnich, um **Ostern 1912** eingebaut wurden.

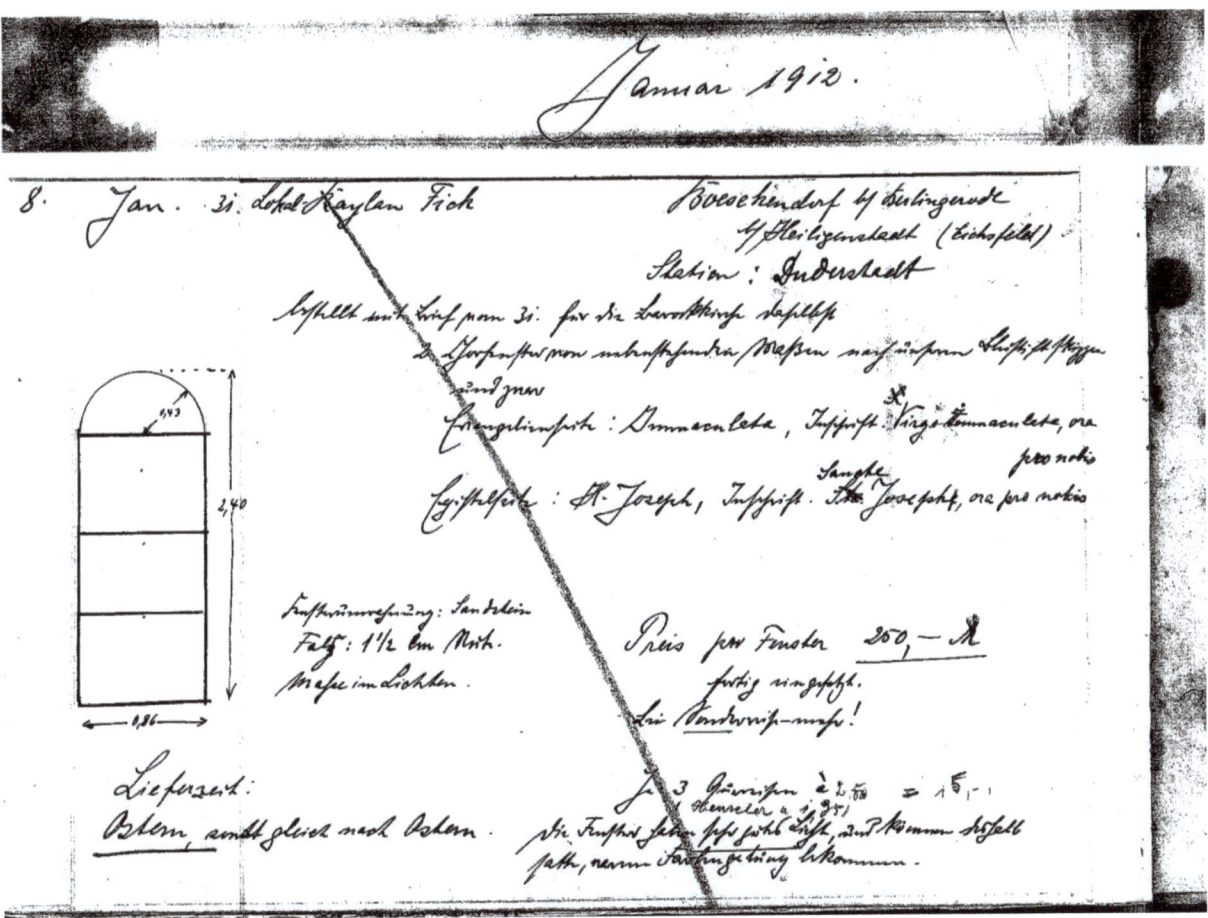

Auszug aus dem Commissionsbuch der Kunstanstalt Oidtmann mit der Bestellung   (Q221)

Erneute Wiederwahl des Schulzen Wilhelm Klingebiel:
<u>Eichsfelder Anzeiger</u> vom **29.2.1916**
Böseckendorf, 27. Februar.
Unser allverehrter Schulze W. Klingebiel, der bereits 36 Jahre unserer Gemeinde vorstand, ist durch die letzte Schulzenwahl wieder auf 6 Jahre gewählt. Obgleich derselbe schon im 84. Lebensjahre steht, besitzt er dennoch eine körperliche und geistige Frische wie ein Jüngling. Wir wünschen, daß er sein Amt noch die weiteren sechs Jahre zum Wohle der Gemeinde bekleiden möge.

"Julius Schmalstieg" (Dorfstr. 5)

Inschrift von 1786 über dem Haupt-Eingang (linke Haus-Seite)

Türbalken über dem Neben-Eingang (rechte Haus-Seite)

Mitteldorf (Foto 2014)

Schmiede Schmalstieg (Dorfstr. 50) Anfang der 1930er Jahre, vorn rechts Schmiedemeister Robert **Schmalstieg** (1885-1954) mit seinem Gesellen

Der 1. Weltkrieg (1914 - 1918) forderte in Böseckendorf 12 Todesopfer:

Alois **Häger** (lebte in Böseckendorf, wo?)	*04.07.1891 Neuendorf	†23.08.1914 gefallen in Lahna (Ostpreußen)
Eduard **Zwingmann** ("Valtens" Hof, Dorfstr. 28)	*16.07.1891 Böseckendorf	†28.08.1914 gefallen bei Sedan (Frankreich)
Hermann **Konradi** ("Emma Konradi", Dorfstr. 22)	*12.12.1890 Böseckendorf	†30.08.1914 gefallen bei Saint-Benoît (Frankreich)
Franz **Zwingmann** ("Berge Hermann", Kirchgasse 3)	*11.02.1878 Böseckendorf	†24.12.1914 gefallen in Belgien
Wilhelm **Zwingmann** ("Bunners" Hof, Dorfstr. 36)	*28.04.1889 Böseckendorf	†14.08.1915 gefallen bei Rozanka/Galizien (Polen)
Josef **Hackethal** (Hackethal-Hof, Dorfstr. 11)	*18.11.1884 Böseckendorf	†03.07.1916 gefallen in Kowel (Ukraine)
Josef **Napp** ("Schmetts" Hof, Dorfstr. 41)	*06.01.1878 Böseckendorf	†12.10.1916 gefallen bei Bellicourt (Frankreich)
Albert **Konradi** ("Emma Konradi", Dorfstr. 22)	*20.10.1894 Böseckendorf	†15.10.1916 gefallen bei Jawornik/Karpathen (heute Polen)
Hermann **Klingebiel** ("Alter-Schultens-Hof", Dorfstr. 21)	*24.03.1891 Böseckendorf	†24.10.1916 gestorben im Lazarett in Erfurt
Josef **Zwingmann** ("Bobers" Hof, Dorfstr. 34)	*09.01.1894 Böseckendorf	†01.11.1916 gefallen (wo?)
Konrad **Dietrich** (vom Dietrich-Hof, Dorfstr. 9, lebte in Herne)	*21.08.1888 Böseckendorf	†25.10.1918 gefallen (wo?)
Josef **Zwingmann** (von "Valtens" Hof, Dorfstr. 28, lebte in Gröben i. Posen)	*29.01.1885 Böseckendorf	†25.02.1919 gefallen bei Commercy (Frankreich)

Feuer auf "Valtens Hof" [Dorfstr. 28]:

<u>Eichsfelder Anzeiger</u> vom **10.4.1920**
Böseckendorf, 8. April.
Durch Feuer in Asche gelegt wurde am Abend des 2. Ostertages das Gehöft des Landwirtes Edmund Zwingmann. Scheunen und ein Teil der Stallungen mit Futtermitteln und landwirtschaftlichen Maschinen wurden ein Raub der Flammen. Junge Burschen schossen aus Anlass eines in der Nähe stattfindenden Polterabends Leuchtraketen ab; dadurch soll der Brand entstanden sein. Dank dem schnellen Zugreifen der hiesigen Feuerwehr sowie der Feuerwehren von Nesselröden, Immingerode, Bleckenrode und Neuendorf konnte das Wohnhaus und ein Teil der Stallungen des Landwirts Z[wingmann] gerettet werden. Ebenso blieb das angrenzende Kaplaneigebäude bis auf einige leicht angebrannte Stellen an den Säulen und am Dache unbeschädigt.

Die kath. Kirchengemeinde Böseckendorf bietet in Böseckendorf ein **W o h n h a u s m i t G a r t e n**, ca. 2.500 m², für einen Verkehrswert von 100.000,– DM als Mindestbetrag **z u m V e r k a u f** an.

Anfrage und Angebote sind schriftlich bis zum 31.01.1994 an das Katholische Pfarramt in 37339 Berlingerode, Mitteldorfstraße 15 zu richten.

Verkaufsanzeige Kaplanei (Dorfstr. 30)

In den Wintermonaten wurde auf den Dörfern oft Theater gespielt. In Böseckendorf übte der damalige Pfarrvikar Andreas Kaufmann mit den Mitgliedern der von ihm gegründeten Jungfrauenkongregation die ersten Stücke ein. Hier die Darstellerinnen des Theaterstücks "Die letzte Trude" (Foto von **1920**):

<u>Vordere und mittlere Reihe v.l.n.r.</u>:

Anna **Napp** (*30.11.1899 Böseckendorf, †13.11.1989 Wollbrandshausen)
        von "Hermanns" Hof   Sie blieb unverheiratet.

Karoline **Klingebiel** (*06.04.1898 Böseckendorf, †13.01.1971 Berlin)
        von "Eckens" Hof   Sie ∞ am 22.11.1927 in Böseckendorf
        Joseph **Klingebiel** (*22.12.1893 Böseckendorf, †28.05.1987 Berlin)

Emma **Klingebiel** (*28.07.1896 Böseckendorf, †20.05.1990 Böseckendorf)
        vom "Alter-Schultens-Hof"   Sie ∞ am 20.11.1919 in Böseckendorf
        Georg **Köhler** (*26.11.1885 Gut Steinhagen/Geisleden, †05.01.1975 Böseckendorf)

Ida **Napp** (*30.10.1900 Böseckendorf, †31.10.1938 Böseckendorf)
        von "Johannes Napp"   Sie ∞ am 02.05.1921 in Böseckendorf
        Johannes **Thume** (*04.11.1898 Steinbach, †13.03.1982 Böseckendorf)

Amalie **Eckermann** (*10.12.1897 Böseckendorf, †07.01.1979 Düsseldorf)
        von "Schneyers"   Sie ∞ am 19.05.1926 in Böseckendorf
        Johannes **Eberhardt** (*24.10.1892 Böseckendorf, †30.12.1944 Kassel)

Elisabeth **Schmalstieg** (I.) (*04.02.1893 Böseckendorf, †14.10.1980 Immingerode)
        von der Schmiede   Sie ∞ am 28.01.1925 in Böseckendorf
        Alfons **Nolte** (*02.11.1889 Immingerode, †08.04.1965 Duderstadt)

Ida **Burchardt** (*06.11.1889 Böseckendorf, †07.11.1959 Böseckendorf)
        vom Burchardt-Hof   Sie ∞ am 29.08.1926 in Böseckendorf
        Philipp **Schneider** (*06.09.1887 Burgwalde, †15.07.1929 Böseckendorf)

Emma **Zwingmann** (*03.11.1891 Böseckendorf, †29.01.1979 Heiligenstadt)
      von "Schäpers"   Sie oo am 30.12.1920 in Böseckendorf
      Heinrich **Konradi** (*30.08.1892 Böseckendorf, †09.07.1955 Böseckendorf)
Maria **Zwingmann** (*11.06.1902 Böseckendorf, †21.06.1973 Neuendorf)
      von "Kochs"   Sie oo am 12.02.1930 in Böseckendorf
      Ignaz **Hunold** (*12.11.1895 Neuendorf, †28.11.1981 Neuendorf)
Anna **Drieselmann** (*15.07.1903 Böseckendorf, †nach 11.1924 wo?)
      von "Drieselmann/Konradi"   Sie oo am 31.08.1924 in Böseckendorf?
      Franz **Kuchenbuch** (*vor 1903 Werxhausen?, †? wo?)
Elisabeth **Schmalstieg (II.)** (*23.03.1900 Böseckendorf, †26.07.1974 Neuendorf)
      von "Schausters"   Sie oo am 12.01.1926 in Böseckendorf
      Franz **Achtermeier** (*26.08.1902 Neuendorf, †10.02.1983 Neuendorf)

Hintere Reihe v.l.n.r.:
Agatha **Napp** (*11.05.1902 Böseckendorf, †06.10.1977 Duderstadt)
      von "Schultens" (Napp)   Sie oo am 08.04.1942 in Böseckendorf
      Leopold **Bömeke** (*02.09.1898 Nesselröden, †20.03.1982 Nesselröden)
Anna **Zwingmann** (*12.02.1899 Böseckendorf, †09.07.1976 Böseckendorf)
      von "Timmermanns"   Sie blieb unverheiratet
Maria **Eberhardt** (*19.01.1895 Böseckendorf, †02.10.1955 Duderstadt)
      von "Kaufmanns"   Sie oo am 08.04.1920 in Böseckendorf
      Ignaz **Hellmold** (*01.05.1888 Nesselröden, †15.06.1945 Nesselröden)
Anna **Schmalstieg** (*28.08.1903 Böseckendorf, †18.03.1993 Böseckendorf)
      von "Julius Schmalstieg"
      Sie blieb unverheiratet und wohnte bis zu ihrem Tod im Elternhaus.
Veronika **Eberhardt** (*30.09.1901 Böseckendorf, †18.07.1964 Worbis)
      von "Kaufmanns"   Sie oo am 02.02.1932 in Böseckendorf
      Ferdinand (II.) **Schmalstieg** (*11.10.1902 Böseckendorf, †13.03.1964 Böseckendorf)

Am **29. Januar 1921** veranstalteten die beiden Jugendvereine zusammen mit der Schuljugend am Feste der Hl. Familie einen Schauspiel-Abend. Sie stellten den Reinertrag ihrer Darbietungen der Gemeinde zur Verfügung für die Anlage eines Ehrenfriedhofs für die gefallenen Krieger, dessen architektonische und gärtnerische Ausgestaltung im kommenden Frühjahr erfolgen sollte.

Am **9. Februar 1921** feierte die Böseckendorfer Jugendvereinigung ihr erstes Stiftungsfest zusammen mit den Jugendvereinen von Bleckenrode, Berlingerode, Neuendorf und Nesselröden. Zur Ausübung des gesunden Sportbetriebs hat die Gemeinde dem Verein einen 2000 Quadratmeter großen Rasenplatz zur Verfügung gestellt. Die Regierung übermittelte dem Verein eine Beihilfe von 1000 Mark zur Anschaffung von Sportgeräten.

Am **21. März 1921** feierte Dechant Georg Heinemann sein goldenes Priesterjubiläum. Sein größtes Verdienst war die Einrichtung der Lokalkaplanei in Böseckendorf.

Am **3. Mai 1921** wurde das Waldkreuz durch Pfarrvikar Andreas Kaufmann eingeweiht.

Am **25. Januar 1922** feierte man in Böseckendorf die Silberhochzeit von Ferdinand (I.) **Schmalstieg** und Elisabeth **geb. Weber**:

1   Elisabeth **Schmalstieg geb. Weber** (1871-1939)
2   Ferdinand (I.) **Schmalstieg** (1862-1930)
3   Agatha **Schmalstieg** (1906-1975), später verheiratet mit Alfred **Borchardt** (sen.) (1900-1972)
4   Elisabeth **Schmalstieg** (1900-1974), später verheiratet mit Franz **Achtermeier** (1902-1983)
5   Ferdinand (II.) **Schmalstieg** (1902-1964), später verheiratet mit Veronika **Eberhardt** (1901-1964)
6   Sophie **Schmalstieg** (1904-1967), blieb unverheiratet, lebte bei ihrer Schwester Agatha und
     deren Ehemann Alfred **Borchardt** (sen.) in Immingerode

1. März 1923: in verschiedenen Dörfern des Untereichsfelds grassierten die Masern. Auch in Böseckendorf musste die Schule deshalb geschlossen werden.

Im **Mai 1923** wurde das Rondelchen errichtet. Hier liegen zwei Steine mit der Inschrift "Behalte deine Heimat lieb!"

Der St.-Michaelstag **1923** war für die Gemeinde ein Tag des Gedenkens an ihre gefallenen Helden. Morgens um halb zehn fand auf dem Ehrenfriedhof in der nunmehr vollendeten Gedächtnisgrotte ein Feldgottesdienst statt. Nachmittags um 2 Uhr begann dann die Feier der Weihe mit einem Umzug, der sich von der Kirche aus in Gang setzte. Voran gingen 12 Ehrenjungfrauen mit 12 Kränzen für die gefallenen Krieger. Der Kriegerverein schoss 3 Ehrensalven über den Ehrengräbern seiner gefallenen Kameraden ab. Für jeden gefallenen Krieger war schon vor 2 Jahren ein Ehrengrab mit einem schlichten Stein aus eichsfeldischem Muschelkalk angelegt worden. Jedem gefallenen Krieger war eine Blutbuche gepflanzt worden. Nun folgte die Enthüllung der Pietà, des Mittelpunkts der Gedächtnisgrotte. Es ist eine Kopie der Achtermannschen Pietà, von einem Münchner Künstler angefertigt. Herr Kaplan Kaufmann hielt die Weiherede, weihte dann die Pietà, die Grotte und die 12 Ehrengräber unter Assistenz von Herrn Pfarrer Bierschenk und Herrn Diakon Hunold.

Die Kirche in Böseckendorf besitzt wieder 2 Glocken:
Eichsfelder Anzeiger vom **6. Juli 1924**
Böseckendorf, 1. Juli.
Dank der rastlosen Bemühungen unseres Herrn Kaplans Kaufmann und der Opferfreudigkeit unserer Gemeinde konnten wir am Sonnabend unsere zweite Glocke wieder hören. Sie ist auf "a" gestimmt und bildet mit unserer alten Glocke in "c" ein harmonisches Geläut. Gegossen ist sie von der bekannten Apoldaer Firma Gebrüder Ulrich. Möge die Inschrift der Glocke: "Pax Christi in regno Christi" und "Dem Dreieinigen Gott zu Ehren, der Gemeinde Böseckendorf zum Heil" in Erfüllung gehen.

Stiftung einer 3. Glocke:

<u>Eichsfelder Anzeiger</u> vom **13. Dezember 1924**

Böseckendorf, 11. Dezember.

Eine dritte Glocke, die am Weihnachtsfest erstmalig läuten soll, ist unserer Kirche von einem edlen Wohltäter gestiftet worden.

<u>Eichsfelder Volksblatt</u> vom **14. Oktober 1925**

Böseckendorf.

Glück im Unglück hatte Lehrer a.D. Franz Klingebiel[66], als er mit dem Motorrade einem Fuhrwerke ausbiegen wollte. Er fuhr durch das Tor eines Hauses, wobei er selbst nur wenige Schrammen abbekam. Auch das Tor wurde nur wenig beschädigt.

<u>Eichsfelder Morgenpost</u> vom **26. Februar 1926**

Böseckendorf, 25. Februar.

Gestern Abend ist im Alter von 87 Jahren der Veteran Josef Klingebiel* [1839-1926] zur großen Armee abgerufen worden. Er war der einzige unseres Dorfes, der sowohl den Krieg 1866 als auch den Krieg 1870/71 mitgemacht hat.

*im Artikel stand: Zwingmann. Das ist aber falsch!

Am **28. September 1926** wurde der alte Bildstock am Duderstädter Weg wieder eingeweiht.

Am **12. November 1926** feierten Edmund **Zwingmann** und Katharina **geb. Leineweber** auf "Valtens" Hof (Dorfstr. 28) ihre goldene Hochzeit (im Hintergrund die Wand der Kaplanei):

1   Adolf **Breitenstein** (*1913), Enkel in Kallmerode, Sohn von 30+20, später verheiratet mit Klara **Busse** aus Brehme

---

[66] Franz Klingebiel (*09.06.1877 Böseckendorf, †21.09.1955 Böseckendorf)

2 Maria **Zwingmann**, Enkelin in Böseckendorf, Tochter von Franz und Anna, später verh. **Heimbrodt** in Paderborn

3 Erhard **Zwingmann**, Enkel in Böseckendorf, Sohn von Franz und Anna, mit 11 Jahren an Lungenentzündung gestorben

4 Wilhelm **Kaltenhäuser** (1916-1982), Enkel in Immingerode, Sohn von Adolf und Wilhelmine

5 Josef **Kaltenhäuser** (1913-1990), Enkel in Immingerode, Sohn von Adolf und Wilhelmine

6 Gertrud **Kaltenhäuser**, Enkelin in Immingerode, später verh. **Kesting** in Immingerode

7 Ida **Kaltenhäuser** (1919-1980), Enkelin in Immingerode, später verh. **Borchardt** in Immingerode

8 Luise **Zwingmann** (*1920), Enkelin in Bernshausen, Tochter von Theodor und Maria, später verh. **Kelber** in Fritzlar

9 Franz **Zwingmann**, Enkel in Bernshausen, Sohn von Theodor und Maria, unverheiratet

10 Walter **Kauke** (*1920), Sohn von 29+19, aus Rüthen/Westf.

11 Gerd **Kauke**, Sohn von 29+19, aus Rüthen/Westf.

12 Elisabeth **Wenzel geb. Zwingmann** (1881-1941), Tochter in Helmsdorf

13 Adolf **Kaltenhäuser** (1871-1955), Schwiegersohn in Immingerode, Ehemann von Wilhelmine

14 Wilhelmine **Kaltenhäuser geb. Zwingmann** (1879-1952), Tochter in Immingerode

15 Ida **Zwingmann** (1898-1975), Tochter, später verh. **Blase** in Günterode

16 Katharina **Zwingmann geb. Leineweber** (1856-1927), Jubilarin

17 Edmund **Zwingmann** (1853-1942), Jubilar

18 Anna **Zwingmann** (1886-1965), Tochter in Böseckendorf, gnt. "Valtens Puppe" [von Poppo bzw. Pate]

19 Maria **Kauke geb. Zwingmann** (1894-1969), Tochter in Rüthen/Westf., Ehefrau von 29

20 Sophie **Breitenstein geb. Zwingmann** (1877-1952), Tochter in Kallmerode, Ehefrau von 30

21 Maria **Zwingmann geb. Werner** (1889-1965), Schwiegertochter in Bernshausen, Ehefrau von 31

22 eine **Engelke** aus Nesselröden (Schwägerin von Anna Zwingmann geb. Engelke?), unsichere Vermutung

23 Anna **Zwingmann geb. Engelke** (1886-1966), Schwiegertochter, Frau von Franz

24 Kunigunde **Zwingmann geb. Leineweber** (1860-1934), Schwester, Witwe von Eduard (I.) **Zwingmann**, "Bunners" in Böseckendorf

25 ...... **Leineweber**, Bruder in Böseckendorf, einer kann Ignaz **Leineweber** (1851-1931) sein

26 ...... **Leineweber**, Bruder in Böseckendorf, einer kann Ignaz **Leineweber** (1851-1931) sein

27 Josef **Zwingmann** (1862-1945), Bruder, unverh., Böseckendorf, kleines Haus Hof

28 Johannes **Zwingmann** (1857-1938), Bruder, unverheiratet, Böseckendorf, kleines Haus Hof

29 Hermann **Kauke** (1892-1963), Schwiegersohn, Lehrer in Rüthen/Westf., Ehemann von 19

30 Lukas **Breitenstein** (1857-1940), Schwiegersohn in Kallmerode, Ehemann von 20

31 Theodor **Zwingmann** (1889-1977), Sohn, Bernshausen, Ehemann von 21

32 Josef **Wenzel** (um 1879-1941), Schwiegersohn in Helmsdorf, Ehemann von Elisabeth

33 Franz **Zwingmann** (1883-1961), Sohn, Elternhof Böseckendorf

34 Marie **Kaltenhäuser** (1903-1997), Enkelin in Immingerode, später Tiftlingerode, später verh. **Diederich**

35 Franz **Kaltenhäuser** (1904-1982), Enkel in Immingerode, später Langenhagen

36 Maria **Wenzel** (1911-2002), Enkelin in Helmsdorf, später Duderstadt, später verw. **Müller**, später verh. **Lange**

37 Adolf **Kaltenhäuser** (*1906), Enkel in Immingerode, später Heiligenstadt

38 Anna **Breitenstein** (1907-1974), Enkelin, später verh. **Thor** in Kallmerode

39 Otto **Kaltenhäuser** (1908-1943), Enkel in Immingerode

40 Elisabeth **Zwingmann** (1866-1933), Schwester, unverheiratet, Böseckendorf, kleines Haus Hof

(Personen identifiziert durch Gertrud Kesting, Nr. 6)

Schulentlassung in Böseckendorf Ostern 1927 (am 6. April):

1: Elisabeth **Klapprodt** (1913-1993), später Sr. Humilitas   2: Hermine **Huschenbett** (1913-2008)
3: Rosa **Eckermann** (1913-2012)   4: unbekannt   5: Theresia **Leineweber** (1913-1944)
6: Bruno **Napp** (1912->1941)   7: Ewald **Klingebiel** (1912-1995)   8: Josef **Zwingmann** (1913-1988)

Am **6. Juni 1927** erlebte der Ort eine Abwechslung durch die Feier eines großen Sängerfests, verbunden mit der Fahnenweihe des Böseckendorfer Gesangvereins. Viele auswärtige Sangesbrüder, etwa 20 Vereine, waren gekommen, um durch ihre Anwesenheit das Fest zu verschönern. Ein imposanter Festumzug durch die Hauptstraße des Dorfs leitete das Fest ein.

Am **27. Juli 1927** wurde in feierlicher Weise im Josef Schmalstieg'schen Hause ein Jugendheim eröffnet. [im Gasthaus Busch / Schmalstieg, Kirchgasse 1]

Am **25. März 1928**, empfing ein Sohn der Gemeinde, Herr Pater Wendelin [bürgerlicher Vorname: Joseph] **Burchardt** [1899-1979], in der Abtei der Missions-Benediktiner zu St. Ottilien in Oberbayern die hl. Priesterweihe. Er feierte am 14. April 1928, dem ersten Osterfeiertag, seine Primiz in Böseckendorf.

Am **23. September 1928** wurde im Interesse der Jugend- und Heimatpflege ein Spielplatz "Vor den Eichen" des Klosterwaldes nahe dem Waldkreuz angelegt, der zugleich als Freilichtbühne eingerichtet wurde.

Am **16. Januar 1929** starb in Böseckendorf Elisabeth **Rhode** (*19.11.1836), mit 92 Jahren die älteste Einwohnerin des Dorfes. Sie wurde auf "Kleineberg" (Dorfstr. 8?) geboren.

Am **24. Januar 1929** verabschiedete sich die Gemeinde von Pfarrvikar Andreas **Kaufmann**. Er stammte aus Schwobfeld, war schon Kaplan in Uder gewesen und hatte am 27. September 1919 die Lokalkaplanei übernommen. Unter seiner Anleitung entstanden: das Rondelchen, die Gedächtnisgrotte auf dem Friedhof, die Birkenallee, die Pappelallee, die Dreizehn Linden, das Waldkreuz.

- ab 1930

Männergesangverein Böseckendorf **um 1930**:

1   Josef **Hey** (*22.06.1910 Buer/Westf., †26.08.1944 gefallen in Frankreich (Duclair/Seine)) siehe auch nächste Seite Nr. 14

2   Josef **Ismael** (jun.) (*29.03.1916 Böseckendorf, †nach 1947 Hamburg?)

3   Franz **Eckermann** (*31.05.1896 Böseckendorf, †25.06.1974 Böseckendorf) siehe auch nächste Seite Nr. 17

4   Hermann **Zwingmann** (Luzis Vater) (*06.06.1886 Böseckendorf, †nach 1950 Böseckendorf?) von "Berge Hermann", Kirchgasse 3

5   Hermann **Zwingmann** (*30.08.1910 Böseckendorf, †25.08.1941 gefallen in Russland (Welikije Luki)) von "Timmermanns", alte Haus-Nr. 9b (siehe auch nächste Seite Nr. 6)

6   unbekannt

7   Karl **Napp** (*15.10.1904 Böseckendorf, †27.05.1944 Bad Wildungen im Lazarett) von "Maria Napp", Dorfstr. 26, siehe auch nächste Seite Nr. 11

8   Ewald **Klingebiel**(?) (*24.10.1912 Böseckendorf, †15.04.1995 Angerstein) von "Hinter dem Dorfe"siehe auch nächste Seite Nr. 16

9   Josef **Zwingmann** (*06.05.1913 Böseckendorf, †04.02.1988 Duderstadt) von "Karels" Hof (Lucis Mann)

10   Bernhard **Leineweber** (Emmas Vater) (*03.05.1875 Böseckendorf, †23.07.1944 Böseckendorf) von "Emma Leineweber", Dorfstr. 17 (siehe auch nächste Seite Nr. 12)

11   Alfred **Deppe** (*27.10.1907 Berlingerode, †04.02.1997 Böseckendorf)

12   Josef **Ismael** (sen.) (*10.04.1886 Böseckendorf, †21.04.1934 Duderstadt)

13   Anselm **Klingebiel** (*22.12.1910 Böseckendorf, †2003 Duderstadt) vom "Anselm-Klingebiel-Hof", Dorfstr. 35

14   Ferdinand (II.) **Schmalstieg** (*09.06.1918 Böseckendorf, †19.03.1996 Böseckendorf) von "Busch/ Schmalstieg", Kirchgasse 1

15   Lehrer und Dirigent Josef **Reinhardt** (*28.01.1900 Dieterode, †nach 1945 wo?)

16   Gregor **Leineweber** (*11.10.1913 Böseckendorf, †26.11.1971 Böseckendorf)

17   Alois **Hackethal** (*25.12.1886 Böseckendorf, †11.09.1958 Böseckendorf) - vom Hackethal-Hof, Dorfstr. 11

18   Johannes **Zwingmann** (*01.02.1907 Böseckendorf, †30.03.1965 Göttingen) vom Leineweber-Hof, Dorfstr. 20 (siehe auch nächste Seite Nr. 13)

19   Alois **Klingebiel** (*24.08.1906 Böseckendorf, †15.07.1997 Paderborn) von "Eckens" Hof, Dorfstr. 29 (siehe auch nächste Seite Nr. 7)

Männergesangverein Böseckendorf **um 1930**:

1   Josef **Ismael** (sen.) (*10.04.1886 Böseckendorf, †21.04.1934 Duderstadt)

2   Anselm **Klingebiel** (*22.12.1910 Böseckendorf, †2003 Duderstadt) vom "Anselm-Klingebiel-Hof", Dorfstr. 35

3   Alfred **Deppe** (*27.10.1907 Berlingerode, †04.02.1997 Böseckendorf)

4   Hermann **Zwingmann** (Luzis Vater) (*06.06.1886 Böseckendorf, †nach 1950 Böseckendorf?) von "Berge Hermann", Kirchgasse 3

5   Josef **Zwingmann** (*06.05.1913 Böseckendorf, †04.02.1988 Duderstadt) von "Karels" Hof (Lucis Mann)

6   Hermann **Zwingmann** (*30.08.1910 Böseckendorf, †25.08.1941 gefallen in Russland (Welikije Luki)) von "Timmermanns", alte Haus-Nr. 9b (siehe auch vorherige Seite Nr. 5)

7   Alois **Klingebiel** (*24.08.1906 Böseckendorf, †15.07.1997 Paderborn) von "Eckens" Hof, Dorfstr. 29 (siehe auch vorherige Seite Nr. 19)

8   Gregor **Leineweber** (*11.10.1913 Böseckendorf, †26.11.1971 Böseckendorf)

9 Alois **Hackethal** (*25.12.1886 Böseckendorf, †11.09.1958 Böseckendorf) - vom Hackethal-Hof, Dorfstr. 11

10 Ferdinand (II.) **Schmalstieg** (*09.06.1918 Böseckendorf, †19.03.1996 Böseckendorf) von "Busch/Schmalstieg", Kirchgasse 1

11 Karl **Napp** (*15.10.1904 Böseckendorf, †27.05.1944 Bad Wildungen im Lazarett) von "Maria Napp", Dorfstr. 26, siehe auch vorherige Seite Nr. 7

12 Bernhard **Leineweber** (Emmas Vater) (*03.05.1875 Böseckendorf, †23.07.1944 Böseckendorf) von "Emma Leineweber", Dorfstr. 17 (siehe auch vorherige Seite Nr. 10)

13 Johannes **Zwingmann** (*01.02.1907 Böseckendorf, †30.03.1965 Göttingen) vom Leineweber-Hof, Dorfstr. 20 (siehe auch vorherige Seite Nr. 18)

14 Josef **Hey** (*22.06.1910 Buer/Westf., †26.08.1944 gefallen in Frankreich (Duclair/Seine)) siehe auch vorherige Seite Nr. 1

15 Lehrer und Dirigent Josef **Reinhardt** (*28.01.1900 Dieterode, †nach 1945 wo?)

16 Ewald **Klingebiel**(?) (*24.10.1912 Böseckendorf, †15.04.1995 Angerstein) von "Hinter dem Dorfe" (siehe auch vorherige Seite Nr. 8)

17 Franz **Eckermann** (*31.05.1896 Böseckendorf, †25.06.1974 Böseckendorf) siehe auch vorherige Seite Nr. 3

18 Alter **Leineweber**....?....

Erstkommunion **1932** in Böseckendorf

Vorn Mitte: Pfarrer Heinrich **Glorius**
Hintere Reihe ganz links: Karl **Schmalstieg** (1922-1998), daneben Franz **Heimbrodt** (1922-1990)

Lehrer Josef **Reinhardt** verließ Böseckendorf nach sechsjähriger Tätigkeit im **Juni 1935**. Er hatte den Männergesangverein in Böseckendorf gegründet.

Am **19. Mai 1937** feierte man die Hochzeit von Maria **Eckermann** und Karl **Hey** auf Eckermanns Hof:

1   Maria **Schmalstieg** "Metschgers Mariechen" (1901-1997), Schwester von Nr. 24
2   Theresia **Kleineberg geb. Drobe** (*1900), Ehefrau von Nr. 14
3   Karl Ignaz **Kleineberg** (*1930), Sohn von Nr. 2+14, Bruder von Nr. 5
4   Wilhelmine "Minna" **Schmalstieg geb. Eckermann** (1894-1960), Ehefrau von Nr. 15
5   Edeltraud **Kleineberg** (*1932), Tochter von Nr. 2+14, Schwester von Nr. 3
6   Rosa **Eckermann geb. Kleineberg** (1886-1961), Ehefrau von Nr. 7, Brautmutter
7   Karl **Eckermann** (1883-1962), Bruder von Nr. 25, 17, Ehemann von Nr. 6, Brautvater
8   Maria **Eckermann** (1912-1987), Tochter von Nr. 6+7, Braut
9   Karl **Hey** (1904-1975), Sohn von Nr. 10+11?, Bräutigam
10   Maria **Heine**? (*vor 1884, †......), Mutter des Bräutigams?
11   Heinrich **Hey**? (*vor 1880 Heuthen?, †............), Vater des Bräutigams?
12
13
14   Ignaz **Kleineberg** (1897-1968?), Ehemann von Nr. 2, Bruder der Brautmutter (Nr. 6)
15   Robert **Schmalstieg** (1885-1954), Ehemann von Nr. 4
16
17   Anna **Nolte geb. Eckermann** (*1886), Bruder von Nr. 7, 25
18
19   Rosa **Eckermann** (1913-2012), Tochter von Nr. 6+7, Schwester der Braut
20
21
22   Maria **Schmalstieg** (1931-2006), Tochter von Nr. 4+15, später oo mit Heinrich **Klingebiel**
23
24   Hermann **Schmalstieg** "Metschgers Hermann" (1890-1975), Bruder von Nr. 1

25 Joseph **Eckermann**? (1885-1939), Bruder von Nr. 7?, 17

26

27

28 Erich **Schmalstieg** (1926-2010), Sohn von Nr. 4+15, Bruder von Nr. 22, 35, 37

29

30

31 Rudolf **Eckermann** (1915-1999), Sohn von Nr. 6+7, ab 1941 oo mit Margarete **Popp**

32 Adelheid **Schmalstieg** (1921-2009), ab 1952 oo mit Heinrich **Huschenbett**

33 Hildegard **Napp**?

34 Irmgard **Hackethal** (1922-2016)

35 Karl **Schmalstieg** (1922-1998), Sohn von Nr. 4+15, Bruder von 22, 28, 37

36 Gertrud **Eckermann** (1923-1971), Tochter von Nr. 6+7

37 Alfons **Schmalstieg** (1923-1945), Sohn von Nr. 4+15, Bruder von Nr. 22, 28, 35

Am **16. April 1940** feierte man auf dem Rhode-Stammhof (Dorfstr. 32) die Hochzeit von Agatha **Rhode** mit Johannes **Anhalt**:

1   ....?....

2   Emilie **Rhode geb. Köhler** (1884-1961), Mutter der Braut

3   Dorothea **Anhalt** (*wann? wo?, †wann? wo?), Schwester des Bräutigams

4   ? **Anhalt**., Vater des Bräutigams?

5   ....?....

6   Anna **Klingebiel** (1901-1973), Schwester von "Eckens Alois"

7   Katharina **Köhler** (1904-1987), Schwester von 26

8   Agatha **Rhode** (1919-1997), Braut

9   Johannes **Anhalt** (1911-1942), Bräutigam

10 Emma **Köhler geb. Klingebiel** (1896-1990), Ehefrau von 20

11   ....?....
12   Philipp **Fricke**, damaliger Pfarrvikar in Böseckendorf (1892-1969)
13   .... **Köhler**, Nichte der Braut aus Gut Steinhagen
14   ....?....
15   Heinrich **Rhode**, Bruder der Braut
16   ..?, Nichte der Braut aus Gut Steinhagen
17   Karl **Rhode** (1914-1997), Bruder der Braut
18   Agatha **Napp** (1902-1977), Taufpatin der Braut; sie heiratete 1942 Leopold **Bömeke** aus Nesselröden
19   Margarete **Anhalt**, Schwester des Bräutigams
20   Georg **Köhler** (1885-1975), Ehemann von 10
21   Karl **Köhler**, Sohn von 10 und 20
22   ....?....
23   Maria **Weber**, heiratete 1947 Josef **Klingebiel**
24   (der Mann hinter 11) ....?.....
25   Lydia **Köhler**, Nichte der Braut aus Gut Steinhagen
26   Pfarrer Gottfried **Köhler** (1899-1980)

1940-1943 hatte Böseckendorf folgende Beigeordnete und Gemeinderäte:
Eduard **Zwingmann** II, Landwirt auf "Karels" (1877-1949)
Johannes **Kolle** (*1879)
Otto **Klingebiel**, Bauer auf "Agnes Klingebiel" (1908-1944), in Russland vermisst
Franz **Napp**, Landwirt (1884-1953), Bürgermeister
Eduard **Zwingmann** III, Landwirt auf "Bunners" (1883-1963)
Franz **Görke**, Ziegeleiarbeiter, Bleckenrode
Karl **Kleineberg**, Maurermeister ("Maurermeisters") (1887-1958)
Andreas **Böseke**, Landwirt und Schlosser, Bleckenrode (*1882) (von 1940-1941)
Karl **Eckermann**, Schreinermeister (Eckermann-Hof) (1883-1962), Kassenführer

(Q219)

Am Montag, **13. April 1942**, morgens gegen 11 Uhr läuteten die beiden Bronzeglocken der Kirche St. Nikolaus zum letzten Mal, bevor sie heruntergelassen und abtransportiert wurden, um wie im Weltkrieg 1914/18 der Kriegszeit zum Opfer zu fallen. Eine Glocke blieb der Gemeinde erhalten.

Im zweiten Weltkrieg (**1939-1945**) hatte die Gemeinde Böseckendorf 12 Gefallene und 5 Vermisste zu beklagen. Jedem Gefallenen wurde ein Holzkreuz auf dem Ehrenfriedhof gesetzt.

Gefallene:

Hermann **Zwingmann** ("Timmermanns", Nr. 9b)	*30.08.1910 Böseckendorf	†25.08.1941 gefallen in Welikije Luki (Russland)
Erich **Zwingmann** ("Bunners" Hof, Nr. 15)	*29.09.1920 Böseckendorf	†10.06.1942 gefallen bei Egorje (Russland)
Rudolf **Dietrich** (Dietrich-Hof, Nr. 28b)	*15.10.1924 Böseckendorf	†29.08.1943 gefallen bei Sinkiw (Ukraine)
Johannes **Ismael** (Ismael-Hof, Nr. 25a)	*06.01.1923 Böseckendorf	†17.12.1943 gefallen bei Newel (Russland)
Karl **Napp** ("Maria Napp", Nr. 19b)	*15.10.1904 Böseckendorf	†27.05.1944 gestorben in Bad Wildungen im Lazarett
Josef **Hey** (wohnte in Böseckendorf)	*22.06.1910 Buer/Westf.	†26.08.1944 gefallen in Duclair/Seine (Frankreich)

Gustav **Klingebiel** ("Anselm-Klingebiel-Hof", Dorfstr. 35)	*19.03.1919 Böseckendorf	†22.09.1944 gefallen bei Remiremont (Frankreich)
Karl **Köhler** ("Alter-Schultens-Hof", Dorfstr. 21)	*09.01.1921 Böseckendorf	†09.10.1944 gefallen in Ungarn (im Lazarett in Budapest)
Wilhelm **Drieselmann** (wohnte bei Konradi, Kirchgasse 4)	*28.08.1919 Böseckendorf	†12.10.1944 gefallen bei Pikeliai (Litauen)
Johannes **Eberhardt** ("Kaufmanns", Dorfstr. 27)	*24.10.1892 Böseckendorf	†30.12.1944 gefallen in Kassel bei einem Bombenangriff
Alfons **Schmalstieg** ("Schmiede", Dorfstr. 50)	*29.10.1923 Böseckendorf	†19.01.1945 gefallen bei Rittershoffen/Elsass (Frankreich)
Oswald **Schmalstieg** (wohnte als Evakuierter in Böseckendorf)	*05.08.1912 Hamburg	†31.10.1945 gestorben in Frankfurt/Oder auf dem Heimweg nach seiner Flucht aus dem Lager in Sibirien

Vermisste:

Oswald **Leineweber** ("Gregor Leineweber", Kirchgasse 6)	*21.09.1922 Böseckendorf	vermisst
Hubert **Napp** ("Johannes Napp", Dorfstr. 6)	*28.12.1925 Böseckendorf	vermisst
Hermann **Konradi** ("Emma Konradi", Dorfstr. 22)	*01.03.1922 Böseckendorf	†01.12.1942 vermisst in Stalingrad (Russland)
Otto **Klingebiel** ("Agnes Klingebiel", Dorfstr. 44)	*12.01.1908 Böseckendorf	†09.1944 vermisst in Russland
Wilhelm **Zwingmann** ("Bunners" Hof, Dorfstr. 36)	*03.11.1921 Böseckendorf	†1944 vermisst auf dem Balkan

Am **8. April 1945** wurde Böseckendorf durch die Amerikaner besetzt. Damit war für den Ort der Krieg - einen Monat vor dem deutschlandweiten Waffenstillstand am 8. Mai - faktisch beendet. Am 5. Juni übernahmen die vier Siegermächte die Regierungsgewalt in Deutschland. Nachdem sich das Eichsfeld mit der amerikanischen Besatzung abgefunden hatte, kam am 5. Juli die Schreckensnachricht, dass als Folge der Potsdamer Beschlüsse die Rote Armee das Eichsfeld besetzen wird. Ab 13. Juli gehörte Böseckendorf zur sowjetisch besetzten Zone. An der einst auf dem Wiener Kongress durch das Eichsfeld gezogenen Grenze entstand in den folgenden Jahren der sog. "Eiserne Vorhang" - das Eichsfeld war geteilt.

Anfang 1946 setzte sich die Böseckendorfer Gemeindeverwaltung folgendermaßen zusammen:

Bürgermeister:	Hermann **Kleineberg**, Maurer ("Maurermeisters") (1891-1970)	parteilos
Stellvertreter:	Anton **Tölle**, Bauer (Gut Bleckenrode) (*1881)	CDU
Gemeinderat:	Franz **Eckermann**, Landwirt ("Schrieners") (1896-1974)	CDU
	Bernhard **Klingebiel**, Bauer ("Meierei-Hof") (1912-1986)	GBH
	Franz **Rosenthal**, Maurer (Bleckenrode) (*1898)	SED
Gemeindevertreter:	Anton **Tölle**, Bauer (Gut Bleckenrode) (*1881)	CDU
	Franz **Leineweber**, Bauer (Leineweber-Hof) (1882-1954)	CDU
	Franz (IV.) **Zwingmann**, Bauer ("Valtens" Hof) (1883-1961)	CDU
	Eduard (II.) **Zwingmann**, Bauer ("Bobers" Hof) (1886-1972)	CDU
	Bernhard **Klingebiel**, Bauer ("Meierei-Hof") (1912-1986)	GBH

Hubert **Huschenbett**, Landarbeiter (Huschenbett-Hof) (1910-1985)		CDU
Maria **Napp geb. Klingebiel**, Bäuerin ("Hermanns" Hof) (1915-2005)		parteilos
Hugo **Kolle**, Landwirt (Bleckenrode) (1910-1980)		SED
Josef **Napp**, Landwirt (Bleckenrode) (*1898)		CDU

Vorsitzender der Gemeindevertretung war Anton **Tölle**. Schriftführer: Lehrer [Johannes] **Dreßler** (*1881), Stellvertreter: [Hans-] Werner **Eberhardt** (1927-2016).

Dem Elternausschuß der Schule gehörten an:

1 Heinrich **Heimbrodt**, Bauer (Heimbrodt-Hof) (1889-1960)

2 Eduard (IV.) **Zwingmann**, Bauer ("Bobers" Hof) (1886-1972)

3 Alfred **Deppe**, Landarbeiter ("Alfred Deppe") (1907-1997)

4 Ida **Schneider geb. Burchardt** Hausfrau (Burchardt-Hof) (1889-1959)

5 Agnes **Dornieden geb. Eberhardt**, Kaufmannsfrau ("Kaufmanns") (1909-1957)

6 Hildegard **Konradi geb. Drieselmann**, Hausfrau (Drieselmann/Konradi) (1910-1995)

Am **4. Dezember 1946** spendete Herr Weihbischof Adolf Bolte 21 Firmlingen das Sakrament der Firmung. Es war das erste Mal seit Menschengedenken, dass in Böseckendorf gefirmt wurde.

Protokoll der Sitzung von Gemeinderat und Gemeindevertretung vom **7. März 1947** [Abschrift, ergänzt durch Verfasser]:

Verhandelt Bösekendorf, den 7.3.1947

Anwesend sind:

Anton **Tölle**, [Bauer Gut Bleckenrode (*1881)], Vors. der Gemeindevertr.

Franz **Zwingmann** IV, [Bauer "Valtens" Hof (1883-1961)], stellv. Vors. d. Gemeindevertretung

Hermann **Kleineberg**, [Maurer "Maurermeisters" (1891-1970)], Bürgermeister

Bernhard **Klingebiel**, [Bauer "Meierei-Hof"(1912-1986)], Gemeinderat

Franz **Rosenthal** [Maurer Bleckenrode (*1898)], Gemeinderat

Eduard **Zwingmann** IV, [Bauer "Bobers" Hof (1886-1972)], Gemeindevertreter

Hubert **Huschenbeth**, [Landarbeiter Huschenbett-Hof (1910-1985)], Gemeindevertreter

Maria **Napp** [**geb. Klingebiel**, Bäuerin "Hermanns" Hof (1915-2005)], Gemeindevertreter

Josef **Napp**, [Landwirt Bleckenrode (*1898)], Gemeindevertreter

Zur Beschlußfassung über nachstehende Tagesordnung wurden die Mitglieder des Gemeinderates und der Gemeindevertretung durch Umlaufschreiben für heut rechtzeitig in die Gastwirtschaft Jos. Schmalstieg geladen.

Den Erschienenen wurde nochmals folgende Tagesordnung bekannt gegeben:

1. Bildung einer Arbeitsschutzkommission
2. Maßnahmen zum Abtransport Erkrankter
3. Versorgung der Neubürger mit Hausrat
4. Neubildung einer Kommission für Neubürger
5. Gewinnung von neuem Ackerland durch Umbruch von Unland
6. Bereitstellung von Schlachtvieh für die kommende Fleischablieferung
7. Abgabe von Gartenland für Neubürger

Nach eingehender Beratung erfolgte einstimmiger Beschluß:

Zu I: Es wurde eine Arbeitsschutzkommission gebildet. Dieser gehören an:
von dem FDGB Franz **Rosenthal** [Maurer Bleckenrode *1898],
von der GBH Bernhard **Napp** [Bauer "Hermanns" (1909-1995),
von den Handwerkern Franz **Duft**.

Zu II: Den Abtransport Erkrankter übernehmen abwechselnd sämtliche Besitzer von Pferdegespannen. Die Durchführung dieser Anordnung übernimmt Ewald **Klingebiel** [Ackermann "Hinter dem Dorfe", (1912-1995)].

Zu III: Sämtliche Wohnungsinhaber bei denen Neubürger untergebracht sind, stellen diesen den notwendigen Hausrat zur Verfügung. Auch ist der Frauenausschuß eifrig bemüht, den berechtigten Ansprüchen der Neubürger gerecht zu werden.

Zu IV: In die Ortskommission für Neubürger wurden gewählt:

1. Hermann **Kleineberg**, [Maurer "Maurermeisters" (1891-1970)], Bürgermeister, als Vorsitzender
2. Josef **Napp**, Landwirt [Bleckenrode (1898-nach 1946)], als Gemeindevertreter
3. Franz **Rosenthal**, Maurer [Bleckenrode *1898], als Mitglied der SED
4. Franz **Duft**, Zimmermann, von dem FDGB
5. Eduard **Zwingmann** IV, Bauer, ["Bobers" Hof (1886-1972)], von der Volkssolidarität
6. Emma **Leineweber** ["Emma Leineweber" (1917-1999)] vom Frauenausschuß
7. Hans Werner **Eberhardt** [1927-2016], vom Jugendausschuß
8. Franz **Thume**, Frisör, von den Umsiedlern

Zu V: Unland zur Gewinnung von Ackerland ist in der Gemeinde nicht vorhanden.

Zu VI: Zur Bereitstellung von Schlachtvieh wurde eine Beschlagnahmekommission gebildet. Dieser gehören an:

Ewald **Klingebiel**, Bauer ["Hinter dem Dorfe" (1912-1995)]

Franz **Zwingmann** V, Bauer ["Valtens" Hof (1883-1961)]

Anselm **Klingebiel**, Bauer ["Anselm-Klingebiel-Hof" (1910-2003)]

Zu VIII: Sämtliche Neubürger erhielten Gartenland von je 2 a.

v - g. - u

Der Vorsitzende A. Tölle
Der Bürgermeister Kleineberg   (Q219)

Magdalena **Schmalstieg geb. Ismael** (1922-2010) hinter der Theke in ihrer Gastwirtschaft

Die Tradition des Theaterspielens an den Winterabenden war auch noch **1947** lebendig.

Die Darsteller des lustigen Stücks "Das Wirtshaus" v.l.n.r (1947):

Maria **Zwingmann**, sie oo 1955 Heinrich **Rhode**   - von "Bobers" Hof

Maria **Schmalstieg**, sie oo 1956 Heinrich **Klingebiel**   - von der Schmalstieg-Schmiede

Barbara **Hederich**   - Flüchtlings-Kind ?

       wohnte 1943 und 1948 zusammen mit ihrer Mutter? Edith **Hederich** auf dem "Meierei-Hof"

Erich **Schmalstieg**, er oo 1955 Magdalena **Klingebiel**   - von der Schmalstieg-Schmiede

Rita **Eberhardt**, sie oo nach 1952 Günter **Hillebrand**   - von "Kaufmanns"

Fritz **Klingebiel**, er oo 1961 Margarete **Recke**   - von "Schmetts" Hof

Johannes **Schatz**, er oo 1958 Ursula **Elbeshausen**   - von "Johannes Schatz"

Werbe-Anzeige **1948**
(Q065)

Die Darsteller des Theaterstücks "Die Glocke" v.l.n.r (**1947**):

Adolf **Zwingmann**, er ∞ 1958 Gisela **Schmalstieg**   - von "Valtens" Hof
Rita **Eberhardt**, sie ∞ nach 1952 Günter **Hillebrand**   - von "Kaufmanns"
Ignaz **Eckermann**, er ∞ nach 1950   - vom Eckermann-Hof
Fritz **Klingebiel**, er ∞ 1961 Margarete **Recke**   - von "Schmetts" Hof
Hans-Werner **Eberhardt**, er war Benediktiner-Pater in St. Ottilien   - von "Kaufmanns"

Am **6. Dezember 1947** kam die alte Nikolausglocke aus dem Jahre 1712 wieder aus dem Kriege zurück. Sie war glücklicherweise dem Einschmelzen entgangen.

Am **13. Juni 1948** fand in Böseckendorf eine Schulbegehung im Beisein von 14 Eltern und des Bürgermeisters Hermann Kleineberg statt. Dabei wurden folgende Mängel festgestellt:

1) Der stark rußende Schulofen muss repariert werden
2) Verglasung eines Fensters ist notwendig
3) Der Schulbrunnen muss instandgesetzt werden
4) Das Klassenzimmer braucht einen neuen Anstrich
5) Ein neues Schultor muss aufgestellt werden
6) Das Schuldach muss ausgebessert werden
7) Schulkohle oder zumindest noch 4 rm Brennholz müssen beschafft werden
8) Beschaffung von 2 Glühlampen für Klasse und Arbeitszimmer des Lehrers ist notwendig

(Q079)

Währungsreform in den westlichen Besatzungszonen: als Ersatz für die wertlos gewordene Reichsmark wurde am **20./21. Juni 1948** die D-Mark eingeführt. Die Sowjetunion reagierte darauf mit einer eigenen Währungsreform in ihrer Zone am 23. Juni sowie mit der Blockade Berlins am **24. Juni 1948**. Als Folge des Kalten Krieges schritt nun auch die politische Teilung Deutschlands voran.

Am **20. April 1949** feierte man auf dem Napp-Hof (Dorfstr. 6) die Hochzeit von Rosa **Napp** mit Georg **Mock**:

Hier konnten bisher leider nur wenige Personen identifiziert werden:

9   Wilhelmine **Napp geb. Schatz** (1897-1981), Ehefrau von Nr. 23
19 Rosa **Napp**, Braut
20 Heinrich Georg **Mock** (1920-2006), Bräutigam
21 Josephine **Zwingmann geb. Lüddecke** (1893-1970) Ehefrau von 22
22 Eduard (III.) **Zwingmann** (1883-1963) – "Bunners", Ehemann von 21
23 Johannes **Napp** "Klingel-Hannes" (1894-1981), Bruder der Braut
24 Josef **Napp**, Sohn von 23+9 glaube ich nicht!
31 Ignaz oder Rudolf **Eckermann**? Sohn von 35
32 Rosa **Eckermann**, Tochter von 35
34 Maria **Eckermann**
35 Karl **Eckermann** ? möglich
37 evtl. Hermann **Schmalstieg**, Bruder von 33 ..?..

Mit Inkrafttreten des Grundgesetzes am **23. Mai 1949** wurde die Bundesrepublik Deutschland gegründet, mit der Wahl von Wilhelm Pieck zum Präsidenten am **7. Oktober 1949** die Deutsche Demokratische Republik (DDR).

24. Juli 1949 Schulentlassung in Böseckendorf:

1) Edith **Gürntke** (*1934)		2) Irmgard **Heimbrodt** (*1935)	
3) Antonia **Zwingmann** (*1934)		4) Gisela **Schmalstieg** (*1934)	

1949 "Tabak Anschnüren" auf "Schrieners" Hof (Dorfstr. 40)

v.l.n.r.: Käthe **Duft** (*1933), Amalia **Eberhardt geb. Eckermann** (1897-1979), Rita **Eberhardt** (*1929), Gregor **Leineweber** (1913-1971), Franz **Eckermann** (1896-1974), Inge **Ermi** und Frau **Hänel**

- ab 1950

Hochzeit Wilhelm **Weber** und Hedwig **Dornieden** am **19. April 1950** in Bleckenrode
(Aufstellung vor dem Dornieden-Stammhaus in Bleckenrode)

1   Maria oder Hildegard **Dornieden** [Zwillinge], Tochter von 18+20
2   Gertrud **Dornieden** (*1941), später verh. mit Hans-Jürgen **Bauermeister**
3   Hildegard oder Maria **Dornieden** [Zwillinge], Tochter von 18+20
4   Franz **Dornieden** (*nach 1930), Sohn von 22
5   Brunhilde **Dornieden** (*nach 1930), Tochter von 22
6   ?
7   Willi **Dornieden**?
8   Josef **Dornieden** (*1941), Bruder von Christa
9   ?
10   Gerhard **Dornieden** (1938-1964), Bruder von Christa
11   Hedwig **Dornieden** (*1940), später verh. mit Volkhard **Reichel** in Königswusterhausen
12   Alois **Dornieden** (*1943), Sohn von 14+15, lebt in Ilmenau
13   Josef **Dornieden** (1947-2019), Sohn von 14+15
14   Josef **Dornieden** (1909-1996), Ehemann von 15
15   Agnes **Dornieden geb. Eberhardt** (1909-1957), Ehefrau von 14
16   Christine **Dornieden geb. Borchardt** (1881-1965?), Witwe, Mutter der Braut (vom Pferdeberg),
     sie war verh. mit Johannes **Dornieden** (1875-1940)
17   ? Rollshausen (Mutter des Bräutigams)
18   Monika **Dornieden** (1912-1976), Ehefrau von 20
19   Arnold **Dornieden** (*1947), Sohn von 18, später verh. mit Anni **Ellendt** (*1943)
20   Alois **Dornieden** (1908-1976), Ehemann von 18
21   Emilie **Dornieden geb. Dornieden** (1915-1995), Schwester von 20, Ehefrau von 44
22   Mathilde **Dornieden** (*um 1910 Bleckenrode, †vor 2014 wo?), Tochter von Johannes
     Dornieden und Christine **Dornieden geb. Borchardt** 16, Schwester von 24
23   Maria **Weber**, Schwester des Bräutigams
24   Hedwig **Weber geb. Dornieden** (*nach 1914 Bleckenrode, †vor 2014 Münster), Tochter von

Johannes **Dornieden** und Christine **Dornieden geb. Borchardt** (16), Schwester von 22, Braut

25 Wilhelm **Weber** (*nach 1914 Rollshausen, †wann? Münster?), Bräutigam

26 Anneliese **Weber**, Schwester des Bräutigams, (später?) verh. **Franke**

27 Berta **Dornieden geb. Huschenbett** (1911-1956), Ehefrau von 28

28 Karl **Dornieden** (1906-1997), Ehemann von 27

29 ?

30 Adalbert **Dornieden** (*1937 Böseckendorf), lebt in Birkenfelde

31 Reinhold **Dornieden** (1939-2014), Christas Bruder

32 Aloisia **geb. Borchardt**?   Eltern?

33 Georg **Claus** aus Kirchworbis   Eltern?

34 Walburga **Dornieden** (*nach 1932 Bleckenrode), später verh. mit Heinz **Fasshauer**, Tochter von 18+20

35 Agnes **Dietrich** (1921-1983), spätere Ehefrau von 36

36 Hermann **Thume** (1921-1998), späterer Ehemann von 35

37 ?

38 ?

39 ?

40 ?

41 ?

42 ?

43 ?

44 Alfons **Dornieden** (1911-1977), Ehemann von Emilie 21

Hochzeit von Franz **König** mit Ursel **Nolte** in Immingerode am **9. Mai 1950** (oder 1951?)

1

2

3 Christa **Borchard geb. Borchardt**, Tochter von 38+39

4 Monika **Morgner geb. Borchardt**, Tochter von 38+39

5

6

7 Kathi **Groß geb. N.N.**, Cousine des Bräutigams, Ehefrau von 17

8 Herr **Stegeli**, Großvater des Bräutigams

9   Franziska **König geb. Stegeli**, Mutter des Bräutigams
10   Franz **König**, Vater des Bräutigams
11   Anna **Nolte geb. Eckermann** (*1886), Mutter der Braut
12   Johannes **Nolte** (1886-1963), Vater der Braut
13   Robert **Schmalstieg** (1885-1954)
14
15
16
17   Herr **Groß**, Ehemann von 7
18   Margarete **Eckermann geb. Popp** (1918-2000), Ehefrau von 19
19   Rudolf **Eckermann** (1915-1999), Ehemann von 18
20
21   Herbert **Nolte** (1922-2004), Bruder der Braut
22   Ursel **Nolte** (1925-2011), Braut
23   Franz **König** (1927-2019), Bräutigam
24   Hildegard **König geb. Borchardt** (1928-2015), Ehefrau von 25
25   Stefan **König** (1925-2020), Bruder des Bräutigams, Ehemann von 24
26   Anna **Nolte geb. Hellmold** (1906-1987), Ehefrau von 27
27   Bernhard **Nolte** (1907-1982), Ehemann von 26
28   Auguste **Kunkel geb. N.N.**, Ehefrau von 29
29   Ignaz **Kunkel**, Ehemann von 28
30
31
32
33
34
35   Evi **Stegeli**, Verwandte von 8
36   Gerhard **Nolte** (1929-2008), Organist und Schneider, Cousin der Braut
37   Kathi **König** (*vor 1930, †nach 1952), Schwester des Bräutigams
38   Anna **Borchardt geb. Nolte** (1924-2013), Schwester der Braut, Ehefrau von 39
39   Wigbert **Borchardt** (1922-2002), Ehemann von 38
40   Maria **Schmalstieg** (1931-2006)
41   Ignaz **Eckermann** (*1927)
42   Gertrud **Eckermann** (1923-1971)
43   Erich **Schmalstieg** (1926-2010)
44   Rosa **Eckermann** (1913-2012)

Am **15. Oktober 1950** wurden folgende Personen in die Gemeindeverwaltung Böseckendorf gewählt:
1)   Heinrich **Gerwig** (* wann? wo?), Landwirt, Bleckenrode
2)   Rudolf **Müller** (*1934 Bleckenrode), Landwirt, Bleckenrode
3)   August **Schneemann** (1905-1976), Landwirt, Bleckenrode
4)   Franz **Zwingmann** (1900-1966), Landwirt, Böseckendorf ("Kochs")
5)   Heinrich **Heimbrodt** (1889-1960), Landwirt, Böseckendorf (Heimbrodt-Hof)
6)   Franz **Eckermann** (1896-1974), Landwirt, Böseckendorf ("Schrieners")
7)   Johannes **Schindler** (*vor 1895), Landwirt, Bleckenrode
8)   Ewald **Klingebiel** (1912-1995), Landwirt, Böseckendorf (Hinter dem Dorfe)
9)   Margarete **Bauermeister geb. Götze** (1906-1987), Hausfrau, Böseckendorf ("Villa Senger")
10) Martha **Gerwig geb. ?**, Hausfrau, Bleckenrode
11) Alfons **Germerott** (*1923), Landwirt, Bleckenrode
12) Johannes **Napp** (1894-1981), Ortsdiener, Böseckendorf ("Johannes Napp")

(Q079; ergänzt vom Verfasser)

16. Oktober 1950: Russen, ein Kommando von 8 Mann, halten Böseckendorf besetzt. (Q029)
(wirklich noch im <u>Oktober 1950</u>?)

Am **15. November 1950** feierte man auf dem "Franz-Napps-Hof" (Dorfstr. 38) die Hochzeit von Paula **Klingebiel** und Josef **Jüttemann**:

1   Rosa **Klingebiel geb. Gassmann** (1891-1961), Schwester von 17, Mutter von 6+14+23

2   Eduard (IV.) **Klingebiel** (1880-1957), Vater von 6+14+23

3   Katharina **Gassmann** (*wann? Geisleden?, †wann? Geisleden?), Cousine von 6 aus Geisleden, Nichte von 1

4   Heinz **Gassmann** (*wann? Geisleden?, †wann? Bernterode?), Cousin von 6 und 3 aus Bernterode, Neffe von 1

5   Maria **Gassmann** (*wann? Geisleden?, †1951 Geisleden?), Schwester von 3, Cousine von 6, Nichte von 1

6   Paula **Jüttemann geb. Klingebiel**, Braut, Tochter von 1+2, Schwester von 14+23

7   Josef **Jüttemann** (1912-1988), Bräutigam, Sohn von 8+9, Bruder von 19

8   Theresia **Jüttemann geb. Köhler** (1882-1952), Mutter von 7+19, Ehefrau von 9

9   Richard **Jüttemann** (1877-1956), Vater von 7+19, Ehemann von 8

10   Elisabeth **Gassmann**, Mutter von 4, Schwägerin von 1+2

11   ....?....

12   ....?....

13   ....?....

14   Katharina **Klingebiel**, Tochter von 1+2, Schwester von 6+23

15   Rosa **Gassmann geb. N.N.**, Ehefrau von 17, Mutter von 3+5, Schwägerin von 1+2+10

16   Maria **Heise geb. Iffland**, Ehefrau von 18?

17   Johannes **Gassmann**, Ehemann von 15, Bruder von 1, Vater von 3+5, Schwager von 10+

18   Otto **Heise**, Ehemann von 16, Firmpate von 7?

19 Nathalia **Helbing geb. Jüttemann** (1911-1992), Schwester von 7, Tochter von 8+9, Ehefrau von 21

20 ....?....

21 Hermann **Helbing** (1905-1981), Ehemann von 19

22 Agnes **Heimbrodt**, spätere Ehefrau von 23

23 Karl **Klingebiel**, Bruder von 6+14, Sohn von 1+2, späterer Ehemann von 22

Hochzeit von Franz **Zwingmann** und Lucia **Hellmold** am **10. Januar 1951** in Nesselröden

1 Hubert **Lüddecke** (*um 1941, †vor 1989), Sohn von 4+6, Bruder von 2, 5, Neffe von 28

2 Hannelore **Lüddecke** (*um 1939, †?), Tochter von 4+6, Schwester von 1, 5, Nichte von 28

3 ....?....

4 Lieselotte **Lüddecke geb. Rott** (*1918), Ehefrau von 6, Mutter von 1, 2, 5

5 Rosemarie **Lüddecke** (*um 1946), Tochter von 4, 6, Schwester von 1, 2, Nichte von 28

6 August **Lüddecke** (1904-1977), Ehemann von 4, Vater von 1, 2, 5, Bruder von 10, 28, Onkel von 43, 45

7 Maria **Hellmold geb. Kücking** (1899-1994), Ehefrau von 9, Stiefmutter von 21, 25, 26, 31, Stieftochter von 47

8 ....?....

9 Franz **Hellmold** (1893-1969), Ehemann von 7, Vater von 21, 25, 26, 31

10 Josephine **Zwingmann geb. Lüddecke** (1893-1970), Ehefrau von 12, Mutter von 27, 30, 38, Schwester von 6, 28, Tante von 1, 2, 5, 43, 45

11 ....?....

12 Eduard (III.) **Zwingmann** (1883-1963), Ehemann von 10, Vater von 27, 30, 38, Onkel von 41

13 Agnes **Hellmold geb. Kücking** (1904-1982)

14 ... **Hellmold** ?

15 Theodor **Fahlbusch** (*1898), Sohn von Theodor u. Luise **Fahlbusch geb. Seifer**

16 ....?....

17 ....?....

18 ....?....
19 Paul **Schmidt**
20 Anna **Hellmold geb. Nolte** (1927-1990), Ehefrau von 21
21 Theodor **Hellmold** (1926-2007), Ehemann von 20, Sohn von 7, 9, Bruder von 25, 26, 31
22 Juliana **Hellmold geb. Arendt** (1926-1995), Ehefrau von 23
23 Josef **Hellmold** (1927-1994), Ehemann von 22, Cousin von 21, 25, 26, 31
24 ....?....
25 Alois **Hellmold** (1932-2002), Sohn von 7, 9, Bruder von 21, 26, 31
26 Lucia **Zwingmann geb. Hellmold** (1923-2003), Braut, Tochter von 7, 9, Schwester von 21, 25, 31
27 Franz **Zwingmann** (1925-2013), Bräutigam, Sohn von 10, 12, Bruder von 30, 38, Neffe von 6, 28
28 Franz **Lüddecke** (1896-1973), Bruder von 6, 10, Onkel von 1, 2, 5, 30, 43, Vater von 45
29 Gisela **Lindert** (1923-2021), Tochter von 44
30 Gerhard **Zwingmann** (1927-2021), Sohn von 10, 12, Bruder von 27, 38, Neffe von 6, 28
31 Hedwig **Vollmer geb. Hellmold** (1924-2021), Tochter von 7, 9, Schwester von 21, 25, 26, Ehefrau von 32
32 Josef **Vollmer** (1914-1970), Ehemann von 31
33 ....?....
34 ....?....
35 ....?....
36 ....?....
37 ....?....
38 Josef **Zwingmann** (*1933), Sohn von 10, 12, Bruder von 27, 30, Neffe von 6, 28
39 Ida **Schatz** (1927-2012)
40 Therese **Kaltenhäuser geb. Mollenhauer** (1927-2002), Ehefrau von 41
41 Wilhelm **Kaltenhäuser** (1916-1982), Ehemann von 40, (Sohn von Adolf u. Wilhelmine **Kaltenhäuser geb. Zwingmann**, *Böseckendorf?), Neffe von 12, Cousin von 27, 30, 38
42 Maria **Kurth** (*um 1923), Freundin von 26 ?
43 Franz **Wilke** (1925-2007), (Sohn von Franz u. Luise **Wilke geb. Lüddecke**), Neffe von 6, 10, 28?
44 Maria **Lindert geb. Fahlbusch** (*vor 1900, †1996), Schwester von 15, Mutter von 29 ?
45 Wolf-Dieter **Lüddecke** (*nach 1930, †?), Sohn von 28, Neffe von 6, 10
46 ....?....
47 Johannes **Rittmeier** (1878-1975), Stiefvater von 7, (1. Ehe mit Katharina Schenke aus Nesselröden am 29.01.1908 in Nesselröden)

Protokoll der Gemeindevertretersitzung vom 28. Februar 1952 [Abschrift, ergänzt vom Verfasser]
Verhandelt Bleckenrode, den 28.2.52
.... von .... wurde für heut in der Deppe`schen Gastwirtschaft eine Gemeindevertretersitzung anberaumt, zu der sämtliche Mitglieder rechtzeitig durch Umlaufschreiben geladen wurden. Erschienen sind außer **Klingebiel** Ewald und Frau **Gerwig** sämtliche Mitglieder. Es wurden folgende Ausschüsse gewählt:
Differenzierungskommission:

Zwingmann Johann [Landwirt ("Leineweber-Hof"), (1907-1965)]	1-5 ha
Schmalstieg Erich [von der Schmiede, (1926-2010)]	1-5 ha
~~**Klingebiel** Anselm [Bauer ("Anselm-Klingebiel-Hof"), (1910-2003)]~~[67]	5-10 ha
Napp Leopold [Landwirt ("Hof Leopold Napp"), (1904-1984)]	5-10 ha
~~**Zwingmann** Joseph [Bauer ("Karels"), (1913-1988)]~~	10-15 ha
Klingebiel Bernhard [Landwirt ("Meierei-Hof"), (1912-1986)]	10-15 ha
Zwingmann Franz IV [Landwirt ("Valtens") (1883-1961)]	15-20 ha
Heimbrodt Heinrich [Bauer Heimbrodt-Hof, (1889-1960)]	15-20 ha
~~**Klingebiel** Eduard V [Landwirt ("Schmetts"), (1889-1966)]~~	über 20 ha

---

[67] Die durchgestrichenen Namen stehen tatsächlich **so** im Protokoll!

Klingebiel Alois [Bauer ("Eckens" Hof), (1906-1997)]   über 20 ha
Wirtschaftsplan-Kommission
Napp Bernhard [Bauer ("Hermanns"), (1909-1995)]
Rhode Heinrich [Bauer (Rhode-Stammhof), (1925-1997)]
Franz Joseph
Richard Andreas [Schlosser u. Landwirt, Bleckenrode, (1902-1993)]
Germerott Alfons
Wohnungskommission
Deppe Alfred [Landwirt Deppe-Hof, (1907-1997)]
Dreßler Joh. [Hauptlehrer und Organist, (1881-1971)]
Schindler Johann [Landwirt Bleckenrode, *vor 1895]
Gollasch Heinz
Sozialkommission
Zwingmann Adolf [Landwirt ("Valtens"), (1926-1982)]
Bauermeister Margarete [**geb. Götze** *(1906-1987)]
Schneemann Joseph [Arbeiter "Hinter dem Dorfe" (1902-1985)]
Frau [Gonzaga] **v. Hebel**
Oelke Friedrich [1900-1975]
Baukommission
Kleineberg Karl [Baumeister ("Maurermeisters") (1887-1958)]
Huschenbett Hubert [Maurer und Hausschlachter "Huschenbett" (1910-1985)]
Bertram Heini
Rosenthal Franz [Maurer, *1898]
Erziehung u. Schule
Rindermann Martha [Lehrerin in Böseckendorf]
Dornieden Joseph [Landwirt, Maurer (1909-1996)]
Napp Maria [**geb. Klingebiel**, Bäuerin "Hermanns" Hof (1915-2005)]
Bilsing Herta
Oelke Friedrich [1900-1975]
Kolle Hugo [1910-1980]
Tieruntauglichkeitskommission
Zwingmann Eduard IV [Landwirt ("Bobers") (1886-1972)]
Klingebiel Anselm [Bauer ("Anselm-Klingebiel-Hof") (1910-2003)]
Gerwig Heinrich
Stoik Albert
Schadenkommission
Zwingmann Gerhard III [Landwirt ("Bunners") (1927-2021)]
Zwingmann Johann [Landwirt ("Leineweber-Hof") (1907-1965)]
Vatterodt Erich [Maurer (1913-1980)]
Napp Joseph [Landwirt, Gastwirt "zur Linde" (1910-1971)]
Brandkommission
Otto Edmund
~~**Huschenbett** Hugo~~ **Rhode** Heinrich [Bauer (Rhode-Stammhof) (1925-1997)]
Schmalstieg Ferdinand II [Landwirt und Hausschlachter ("Schausters") (1902-1964)]
Zwingmann Franz V [Bauer ("Kochs") (1900-1966)]
Klingebiel Alois [Bauer ("Eckens" Hof), (1906-1997)]
Napp Alfons [(sen.), Landwirt ("Schultens" (Napp)) (1905-1990)]

~~**Zwingmann** Joseph [Bauer ("Karels") (1913-1988)~~; er ging am 31.07.1952 in den Westen – nach Immingerode]

Dornieden Alfons [1911-1977]

~~**Deppe** Friedrich~~

Dornieden Johannes

Jugendkommission

Schmalstieg Erich [von der Schmiede (1926-2010)]

Germerodt Alfons

Richard Johannes

Hackethal Maria

Schmalstieg Ferdinand [II Landwirt und Hausschlachter ("Schausters") (1902-1964)]

Schmalstieg Agnes [von "Schausters" (1932-2009)]

v[orgelesen] - g[enehmigt] - u[nterschrieben]

der Vorsitzende der Gemeindevertretung

Franz **Zwingmann** IV

Der Schriftführer

Dreßler

Nachtrag:

Dorfarbeitsschutzkommission

Napp Bernhard [Bauer ("Hermanns") (1909-1995)]

Huschenbett Hubert [Maurer und Hausschlachter "Huschenbett" (1910-1985)]

Schneemann August [Landwirtschaftl. Arbeiter (1905-1976)]

Richard Johannes

Differenzierungskommission Bleckenrode

Vatterodt Erich [Maurer (1913-1980)]

Napp Joseph [Landwirt, Gastwirt "zur Linde" (1910-1971)]

Schneemann August [Landwirtschaftl. Arbeiter (1905-1976)]

Germeroth Alfons   (Q219)

Bereits seit Kriegsende hatte es vereinzelte Abwanderungen von Einwohnern Böseckendorfs in den Westen gegeben. Dieser Trend verstärkte sich im Laufe des Jahres 1952, als die DDR begann, ihre Westgrenze undurchlässiger zu machen. Kurz vor Pfingsten 1952 wurden die Dorfbewohner auf einer Versammlung informiert: „die Grenze wird jetzt dicht gemacht. Wer noch in den Westen will, muss noch heute Nacht verschwinden". Zwei Personen - beide hatten auf "Schneyers" Hof (alte Haus-Nr. 3) gelebt - verließen das Dorf noch in jener Nacht.

Ende **Mai 1952** wurden die Straßen nach Nesselröden und Immingerode in Höhe des Grenzkontrollstreifens auf einer Länge von 10 m in voller Breite aufgerissen und 1 m tief ausgehoben.

Aktion "Ungeziefer": in der Nacht vom **29.** auf den **30. Mai 1952** wurden entlang der DDR-Grenze 298 Familien mit 1249 Personen zwangsumgesiedelt. Zwei Familien aus Bleckenrode mit insgesamt 7 Personen waren davon betroffen.

Am **31. Juli 1952** flüchteten 3 Familien mit ihrem Hausrat auf Pferdewagen mitsamt ihrem Vieh aus Böseckendorf nach Immingerode: 7 Personen und 2 Arbeiter von "Schmetts" Hof 9 (Dorfstr. 41), 2 Personen vom "Anselm-Klingebiel-Hof" (Dorfstr. 35), 2 Personen von "Karels" Hof (Dorfstr. 46).

> Karte mit dem eingezeichneten Fluchtweg siehe Seite 149

Nach der Flucht wurde "zur Strafe" die Kirche geschlossen. Der Pfarrer durfte nur noch alleine die Messe halten. Unter Berufung auf das Versammlungsverbot durften maximal 5 Personen in der Kirche sein. Der Gemeinde war es verboten, in Böseckendorf in die Kirche zu gehen. Fortan marschierte die Kirchengemeinde jeden Sonntag geschlossen 3 km nach Neuendorf zur Messe. Das wurde über ein Jahr lang durchgehalten. Dann gab der Kommandeur in Heiligenstadt nach: Die Kirche wurde wieder geöffnet. Die alten Lieder wurden nun gesungen wie noch nie. Aber für jeden Sonntag musste ein neuer Antrag gestellt werden - mal wurde er genehmigt, mal abgelehnt. Prozessionen waren verboten, ebenso das Läuten der Glocken. Diese Restriktionen waren noch 1955 wirksam; so wurde z.B. der Sonntagsgottesdienst am **11. September 1955** nicht genehmigt. (Q203)

Am **9. Februar 1954** feierte Franz Heimbrodt in seiner Heimatkirche St. Nikolaus die Primiz:

Dieses Bild wurde vor seinem Elternhaus (alte Haus-Nr. 36) aufgenommen.

1   Edeltraud **Schneemann** (*1939) ?
2   Rosemarie **Thume** (1938-2018) ?
3   Rita **Zwingmann** "Kochs Rita" (*1939), später oo mit Ferdinand (III.) **Schmalstieg**
4   Franz **Heimbrodt** (1922-1990)
5   Anni **Schmalstieg** (1938-2013), später oo mit Hubert **Deppe**
6   Heinrich **Heimbrodt** (1889-1960), Vater von 4
7   Rita **Napp** (*1938), später oo mit Hubert **Senge**

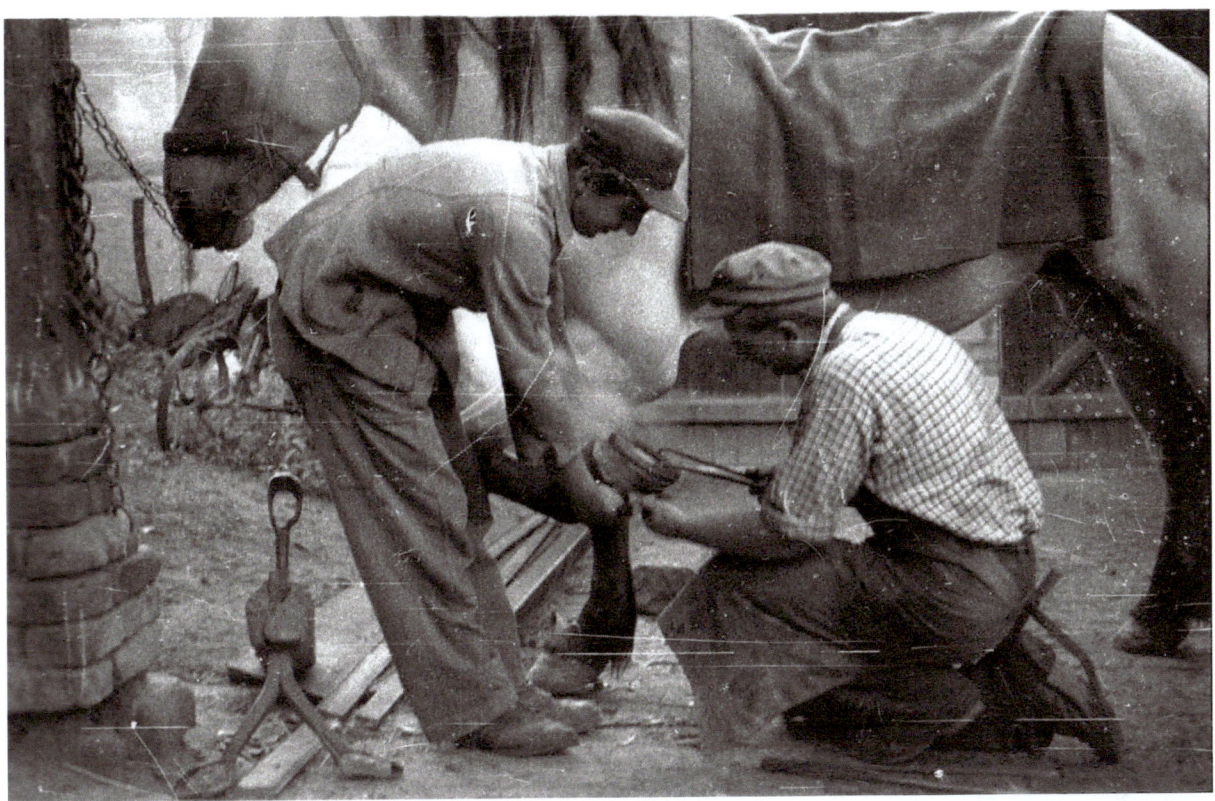

Erich **Schmalstieg** (1926-2010) beim Beschlagen eines Pferdes   (Foto August 1954)

So wurde **1955** in Böseckendorf Fasching gefeiert:

Im Wohnzimmer der Familie **Rhode** (Dorfstr. 32)

1   Walter **Müller** (1930-2017), später oo. mit Ida **Schatz** (1927-2012)
2   Rosa **Leineweber** (1919-2011), Ehefrau von 3

3   Hubert **Eckardt** (1922-1973), Leinewebers Kutscher, Ehemann von 2

4   Heini **Duwald** (1929-1997)

5   ....?... **Kuchta**, Knecht bei **Rhodens**, stammte aus Hundeshagen

6   Maria **Zwingmann** (1928-2017), später oo mit 10

7   Theresia **Zwingmann** (1931-2021), später oo mit Johannes **Bause** (1930-2016)

8   Bernhard **Gerlach** (1920-1990), 2. Ehemann von 9

9   Agatha **Anhalt geb. Rhode** (1919-1997), in 2. Ehe oo mit 8

10   Heinrich **Rhode** (1925-1997), später oo mit 6

11   Waltraud **Anhalt** (*1941), später oo mit Hermann **Wand** (1938-2023), Nichte von 10, Enkelin von 12

12   Emilie **Rhode geb. Köhler** (1884-1961), Mutter von 9 und 10, Großmutter von 11

Am **24. Mai 1955** feierte man auf "Bobers" (Dorfstr. 34) die Hochzeit von Heinrich **Rhode** mit Maria **Zwingmann**:

Das Bild wurde vor "Bobers" Hoftor aufgenommen.

1   Karl-Heinz **Rhode** (*1948), Sohn von 21 und 22, Bruder von 11

2   ....?....

3   ....?....

4   Maria **Rhode geb. Zwingmann** (1928-2017), Braut (stammte von "Bobers")

5   Heinrich **Rhode** (1925-1997), Bräutigam

6   Emilie **Rhode geb. Köhler** (1884-1961), Mutter des Bräutigams

7   Marlies **Napp** (*1947), Tochter von 27 und 41, später **verh. Jenssen**

8   Anna **Napp** (1899-1989), ledig, Schwester von 27

9   Gisela **Napp** (*1949), Tochter von 27 und 41, später **verh. Golsch**

10   ....?....

11   Erika **Rhode** (*1951), Tochter von 21 und 22, Schwester von 1, später **verh. Schramme**

12   ....?....

13   Musiker der Kapelle Kaltenhäuser aus Worbis

14   Franz (V.) **Zwingmann** (1900-1966)

15   ....?....

16 Antonie **Zwingmann geb. Napp** (1901-1980), Mutter der Braut, Ehefrau von 17
17 Eduard (IV.) **Zwingmann** (1886-1972), Vater der Braut, Ehemann von 16
18 Musiker der Kapelle Kaltenhäuser aus Worbis
19 ....?....
20 Leopold **Napp** (1904-1984)
21 Theresia **Rhode geb. Konradi** (1916-2012), Ehefrau von 22, Mutter von 1 und 11
22 Karl **Rhode** (1914-1997), Ehemann von 21, Vater von 1 und 11
23 Gottfried **Köhler** (1899-1980), Bruder von 31, seit 1938 Pfarrer in Diedorf
24 Paula **Napp geb. Klingebiel** (1915-2003), Ehefrau von 25
25 Josef **Napp** (1910-1971), Ehemann von 24
26 Johannes **Zwingmann** (1907-1965), Onkel der Braut, Ehemann von 40
27 Bernhard **Napp** (1909-1995), Ehemann von 41, Vater von 7, 9, 43 und 44
28 Musiker der Kapelle Kaltenhäuser aus Worbis
29 Musiker der Kapelle Kaltenhäuser aus Worbis
30 Musiker der Kapelle Kaltenhäuser aus Worbis
31 Georg **Köhler** (1885-1975), Ehemann von 32
32 Emma **Köhler geb. Klingebiel** (1896-1990), Ehefrau von 31
33 Elfriede **Münnemann geb. Weber** (1926-2015), Ehefrau von 34
34 Ivo **Münnemann** (1922-2004), Ehemann von 33
35 Anna **Klingebiel** (1912-1983), ledig, "Meierei"-Hof
36 Agatha **Anhalt geb. Rhode** (1919-1997), Schwester des Bräutigams
37 Gregor **Leineweber** (1913-1971), Bruder von 38
38 Rosa **Eckardt geb. Leineweber** (1919-2011), Schwester von 37, Ehefrau von 39
39 Hubert **Eckardt** (1922-1973), Ehemann von 38
40 Anna **Zwingmann geb. Leineweber** (1911-1993), Ehefrau von 26
41 Maria (Mimi) **Napp geb. Klingebiel** (1915-2005), Ehefrau von 27, Mutter von 7, 9, 43, 44
42 ....?....
43 Ewald **Napp** (*1940), Sohn von 27 und 41
44 Ingrid **Napp** (*1941), Tochter von 27 und 41
45 Waltraud **Anhalt** (*1941), Tochter von 36, später **verh. Wand**
46 Herbert **Zwingmann** (1937-2022), Bruder der Braut
47 Theresia **Zwingmann** (1931-2021), Schwester der Braut, später verh. mit Johannes **Bause**)
48 Otmar **Ellendt** (*1940), Sohn von Cäcilia **Ellendt geb. Weber**
49 Magdalena **Thume** (1926-2014)
50 Walter **Müller** (1930-2017)

"Joseph Napp" (Dorfstr. 43); links "Schmetts" (Dorfstr. 41)

Um **1955**: Ausflug von Böseckendorfern zur Wartburg

1   ....?....
2   ....?....
3   Maria **Rhode geb. Zwingmann** (1928-2017), ab 24.05.1955 Ehefrau von 4
4   Heinrich **Rhode** (1925-1997), ab 24.05.1955 Ehemann von 3
5   Franz **Klein** (1930-1981)
6   Heinrich **Duwald** (1929-1997)
7   Magdalena **Thume** (1926-2014)
8   ....?....
9   ....?....
10 Hubert **Eckardt** (1922-1973), Ehemann von 11
11 Rosa **Eckardt geb. Leineweber** (1919-2011), Ehefrau von 10
12 Herbert **Zwingmann** (1937-2022)
13 Walter **Müller** (1930-2017)
14 Rita **Napp** (*1938), später verh. **Senge**
15 Johannes **Schatz** (1931-2002)
16 ....?....
17 Antonie **Zwingmann** (1934-2021), später verh. mit 20
18 Rosa **Klingebiel geb. Klingebiel** (1914-1998), Ehefrau von 19
19 Bernhard **Klingebiel** (1912-1986), Ehemann von 18
20 Josef **Thume** (1931-2014), später verh. mit 17
21 ....?....
22 Agatha **Anhalt geb. Rhode** (1919-1997), später **verh. Gerlach**
23 Walter **Schneemann** (*1933)
24 Agnes **Klingebiel** (1905-1978)
25 Gertrud **Gürntke** (*1937)

26   Adalbert **Dornieden** (*1937)

27   Alfons **Müller** (1940-2002)

28   Thekla **Konradi** (*1937), später verh. **Simon** in Reinholterode

29   Rosemarie **Thume** (1938-2018), später verh. **Zimmermann** in Worbis

30   Wilhelm **Heimbrodt** (1928-2018)

31   ....?....

32   Otto **Konradi** (1909-1972)

33   ....?....

34   Gerhard **Zwingmann** (1927-2021)

35   Irmgard **Hackethal** (1922-2016)

36   ....?....

37   ....?....

38   ....?....

39   Vera **Zieglowski** (*1936), später verh. **Schumacher** in Heiligenstadt

40   ....?....

41   Frieda **Zieglowski** (*1938), später verh. mit Hansi **Himpenmacher** in Heiligenstadt

42   Ferdinand (II.) **Schmalstieg** (1902-1964)

43   Rita **Zwingmann** (*1939), später verh. mit Ferdinand (III.) **Schmalstieg**

Am Donnerstag, dem **23. Juni 1955**, wurden in Neuendorf 17 Böseckendorfer Kinder gefirmt.
(Q203)

Feierliche Schulentlassung am **29. Juni 1955** in Böseckendorf. V.l.n.r. Günter **Birkefeld**, Hubert **Deppe** (*1941), Reinhold **Müller** (*1941) und Rudolf **Eckermann** (*1941), dahinter Pfarrer Ernst **Barabasch** (1900-1960). Aufgenommen im Garten der Pfarrvikarie (Dorfstr. 30); im Hintergrund Rhodens Stallungen.

Um **1955**: Ausflug von Böseckendorfern zum Trusetaler Wasserfall

1   Agatha **Anhalt geb. Rhode** (1919-1997), später **verh. Gerlach**
2   Rosa **Klingebiel geb. Klingebiel** (1914-1998), Ehefrau von 3
3   Bernhard **Klingebiel** (1912-1986), Ehemann von 2

4 Frieda **Zieglowski** (*1938), später verh. mit Hansi **Himpenmacher** in Heiligenstadt

5 Gertrud **Gürntke** (*1937)

6 Magdalena **Thume** (1926-2014)

7 Vera **Zieglowski** (*1936), später verh. **Schumacher** in Heiligenstadt

8 Walter **Schneemann** (*1933)

9 Rosa **Eckardt geb. Leineweber** (1919-2011), Ehefrau von 27

10 Adalbert **Dornieden** (*1937)

11 Rita **Napp** (*1938), später verh. **Senge**

12 Rita **Zwingmann** (*1939), später verh. mit Ferdinand (III.) **Schmalstieg**

13 Ursula **Dornieden** (*1935), später verh. **Napp** in Hildesheim

14 Irmgard **Hackethal** (1922-2016)

15 Antonie **Zwingmann** (1934-2021), später verh. mit 21

16 Rosemarie **Thume** (1938-2018), später verh. **Zimmermann** in Worbis

17 ....?....

18 Theresia **Zwingmann** (1896-1963), später verh. **Schröder** in Duderstadt

19 Heinrich **Rhode** (1925-1997), ab 24.05.1955 verh. mit 23

20 Thekla **Konradi** (*1937), später verh. **Simon** in Reinholterode

21 Josef **Thume** (1931-2014), später verh. mit 15

22 nicht zu erkennen (schaut nach hinten)

23 Maria **Rhode geb. Zwingmann** (1928-2017), ab 24.05.1955 verh. mit 19

24 Heinrich **Duwald** (1929-1997)

25 Walter **Müller** (1930-2017)

26 Herbert **Zwingmann** (1937-2022)

27 Hubert **Eckardt** (1922-1973), Ehemann von 9

28 Adolf **Zwingmann** (1926-1982), späterer Ehemann von 29

29 Gisela **Schmalstieg** (1934-2014), spätere Ehefrau von 28

30 Ferdinand (II.) **Schmalstieg** (1902-1964)

Notiz von Pfarrer **Barabasch**: am Mittwoch, dem **22. Februar 1956** teilte mir die Grenzpolizei mit, dass wir ab jetzt an allen Sonntagen Gottesdienst genehmigt bekommen.   (Q203)

Verordnung zur Erleichterung und Regelung der Maßnahmen an der Grenze zwischen der Deutschen Demokratischen Republik und der Deutschen Bundesrepublik vom 3. Mai 1956:

§ 7 (1)   Innerhalb des 500-m-Schutzstreifens ist der Aufenthalt auf Straßen, der Verkehr aller Arten von Transportmitteln und das Arbeiten im Freien in geschlossenen Ortschaften in den Monaten Mai bis August bis **23.00 Uhr**, in den Monaten März, April, September und Oktober bis **22.00 Uhr**, in den Monaten November bis Februar bis **21.00 Uhr** gestattet.

Die Verordnung trat am **15. Mai** in Kraft.   (Q186)

Die 1954 eingeführten und 1956 geänderten Sperrzeiten sorgten häufig für Ärger, denn auch bei Feierlichkeiten änderte sich nichts an den Vorschriften, weshalb diese häufig abgebrochen werden mussten.
                    (Q047)

Am **14. November 1956** feierte man die Hochzeit von Maria **Schmalstieg** mit Heinrich **Klingebiel**:

Die Feier fand in der Gaststätte unter der Linde (Dorfstr. 43) in Böseckendorf statt.

1   Edith **Waldmann**, Tochter von 28 und 31
2   Werner **Waldmann**, Sohn von 28 und 31
3   Ingrid **Napp**, Tochter von 32, später verh. **Weidlich**?
4   Marlies **Napp**, Tochter von 32, später verh. **Jenssen**
5   evtl. Werner **Klingebiel**, Sohn von Franz-Josef?
6   Waltraud **Anhalt**, später **verh. Wand**
7   Maria **Schmalstieg**, Braut
8   Heinrich **Klingebiel**), Bräutigam
9   Gisela **Napp**, Tochter von 32, später **verh. Golsch**
10   ....?....
11   ....?....
12   Paula **Klingebiel geb. Trümper**, Frau von Franz-Josef **Klingebiel** (nicht auf dem Bild)
13   Mechthild **Waldmann**, Tochter von 28 und 31
14   ....?....
15   Rosa **Eckermann geb. Kleineberg** (1886-1961), Ehefrau von 33
16   Gisela **Waldmann**, Tochter von 28 und 31
17   Maria **Klingebiel**, Schwester des Bräutigams, spätere Ehefrau von 19
18   Akkordeonspieler Johannes **Schweineberg**
19   Karl **Gunkel**, späterer Ehemann von 17
20   Paula **Klingebiel**, Schwester des Bräutigams, später verh. **Weinmar**
21   Edith **Schneider**, spätere Ehefrau von 22
22   Günther **Klingebiel**, Bruder des Bräutigams, späterer Ehemann von 21
23   Herbert **Bust**, späterer Ehemann von 24
24   Wilma **Klingebiel**, Schwester des Bräutigams, spätere Ehefrau von 23
25   Alfons **Müller**, Sohn von Anna **Müller geb. Klapprodt** (nicht auf dem Bild)
26   Heinrich **Duwald**, Ziehsohn von Franz und Franziska **Eckermann** (nicht auf dem Bild)
27   Gisela **Klingebiel**, Schwester des Bräutigams
28   Hedwig **Waldmann geb. Klingebiel**, Schwester des Bräutigams, Ehefrau von 31

29   Bernhard **Napp** (1909-1995), Ehemann von 32

30   Gertrud **Eckermann**, Tochter von 15 und 33

31   August **Waldmann** (1910-1959), Ehemann von 28

32   Maria "Mimi" **Napp geb. Klingebiel** (1915-2005), Ehefrau von 29

33   Karl **Eckermann** (1883-1962), Ehemann von 15

34   Erich **Schmalstieg**, Bruder der Braut

Am **12. Dezember 1956** wurde die Orgel in der Böseckendorfer Kirche neu gestimmt.   (Q203)

Am **8. Mai 1957** feierte man auf "Valtens" (Dorfstr. 28) die Hochzeit von Maria **Zwingmann** mit Wilhelm **Heimbrodt** (Foto im Innenhof):

1   Maria **Napp** (*1943), Tochter von 14 und 30, später verh. mit Gerhard **Sothen** (1942-2020)

2   ....?....

3   ....?....

4   Anna **Zwingmann** (1886-1965), Schwester von 6, "Valtens Puppe" genannt (von Poppo bzw. Pate)

5   Anna **Zwingmann geb. Engelke** (1886-1966), Brautmutter

6   Franz (IV.) **Zwingmann** (1883-1961), Brautvater

7   Heinrich **Heimbrodt** (1889-1960), Vater des Bräutigams

8   Ulrich **Klingebiel** (*1953), Sohn von 27 und 29

9   Pfarrer Franz **Heimbrodt** (1922-1990), Bruder von 22

10   Heinrich **Glorius** (1900-1959), vormals Pfarrer in Böseckendorf

11   Ernst **Barabasch** (1900-1960), damaliger Pfarrer in Böseckendorf

12   ....?....

13   ....?....

14   Maria **Napp geb. Hey** (1908-1995), "Hey-Mariechen", Ehefrau von 30

15   Franz Joseph **Schmalstieg** (*1887), Ehemann von 16

16   Ida Franziska **Schmalstieg geb. Zwingmann** (1889-1972), aus "Schäpers" Haus, Ehefrau von 15

17   ....?....

18   Hubert **Deppe** (*1941)

19   Gisela **Schmalstieg** (1934-2014)

20 Adolf **Zwingmann** (1926-1982)
21 Maria **Heimbrodt geb. Zwingmann** (1924-2007), Braut
22 Wilhelm **Heimbrodt** (1928-2018), Bräutigam
23 ....?....
24 ....?....
25 Irmgard **Heimbrodt** (1935-2018), spätere Ehefrau von 26
26 Gerhard **Zwingmann** (1927-2021), späterer Ehemann von 25
27 Agnes **Klingebiel geb. Heimbrodt** (1924-2010), Ehefrau von 29
28 ....?....
29 Karl **Klingebiel** (1924-1987), Ehemann von 27
30 Julius **Napp** (1913-1983), Ehemann von 14
31 Vermutlich Geschwister der Brautmutter (5)
32 Vermutlich Geschwister der Brautmutter (5)
33 Ida **Blase geb. Zwingmann** (1898-1975)
34 Vermutlich Geschwister der Brautmutter (5)
35 Rosa **Eckermann** (1913-2012), Schwester von 40 und 45
36 ....?....
37 ....?....
38 ....?....
39 Margareta **Eckermann geb. Popp** (1918-2000), Ehefrau von 40
40 Rudolf **Eckermann** (1915-1999), Ehemann von 39
41 Magdalena **Schmalstieg geb. Ismael** (1922-2010), Ehefrau von 42
42 Ferdinand (II.) **Schmalstieg** (1918-1996), Ehemann von 41
43 Margaretha **Fasshauer geb. Leineweber** (1902-1983), Ehefrau von 44
44 Franz **Fasshauer** (1900-1969), Schwager von 7, Ehemann von 43
45 Gertrud **Eckermann** (1923-1971), Schwester von 35 und 40
46 ....?....
47 Helga **Müller** ~~oder Lange~~, Tochter von 50, später verheiratet mit dem Frauenarzt Dr. Hans Georg **Apel**
48 ....?....
49 ....?....
50 Maria **Müller geb. Wenzel** (1911-2002), Mutter von 47, in 1. Ehe verh. mit dem Ziegeleibesitzer Ludwig **Müller** in Ferna, in 2. Ehe mit dem Konrektor Rudolf **Lange**
51 Anna **Müller geb. Klapprodt** (1911-1992), Ehefrau von 52
52 Wilhelm **Müller** (1906-1963), Ehemann von 51
53 ....?....
54 ....?....

"Eckens" Hof (Dorfstr. 29) um 1910

Am **5. Februar 1958** wurde auf "Schausters" (Dorfstr. 14) die Hochzeit von Gisela **Schmalstieg** mit Adolf **Zwingmann** gefeiert:

1   Berthold **Schmalstieg** (*1955), Sohn von 11 und 22
2   Josef **Dornieden** (1947-2019) von "Kaufmanns"
3   Wilhelmine **Ismael geb. Eberhardt** (*1890)
4   Veronika **Schmalstieg geb. Eberhardt** (1901-1964), Brautmutter
5   Agnes **Dornieden** (*1954), spätere Ehefrau von Manfred **Konradi**
6   Ferdinand (II.) **Schmalstieg** (1902-1964), Brautvater
7   Anna **Zwingmann geb. Engelke** (1886-1966), Mutter des Bräutigams
8   Franz (IV.) **Zwingmann** (1883-1961), Vater des Bräutigams
9   Anna **Zwingmann** (1886-1965), Schwester von 8, "Valtens Puppe" genannt (von Poppo bzw. Pate)
10 Maria **Napp** (*1948), spätere Ehefrau von Gerhard **Sothen**
11 Magdalena **Schmalstieg geb. Ismael** (1922-2010), Ehefrau von 22
12 Anna **Hierbeck geb. Eberhardt** (*1899) aus der Untermühle in Teistungen
13 Agnes **Schmalstieg** (1932-2009), Schwester von 15, spätere Ehefrau von 14
14 Reinhold **Kittner** (1931-1965), späterer Ehemann von 13
15 Gisela **Schmalstieg** (1934-2014), Braut
16 Adolf **Zwingmann** (1926-1982), Bräutigam
17 Herbert **Zwingmann** (1937-2022)
18 Maria **Schmalstieg** (1937-2018), Schwester von 8, später verh. mit Herbert **Schneemann**
19 Ida **Blase geb. Zwingmann**? (1898-1975)
20 Maria **Napp geb. Hey** (1908-1995), Ehefrau von 21
21 Julius **Napp** (1913-1983), Ehemann von 20
22 Ferdinand (II.) **Schmalstieg** (1918-1996), Ehemann von 11
23 Elisabeth (II.) **Achtermeier geb. Schmalstieg** (1900-1974), Ehefrau von 25
24 Lisa **Banse** (*   Ferna, †   ), Freundin der Braut aus der Kochschule?
25 Franz **Achtermeier** (1902-1983), Ehemann von 23
26 ....?....
27 ....?....
28 ....?....

29 Ferdinand (III.) **Schmalstieg** (1940-2016), Bruder von 15
30 Anni **Schmalstieg** (1938-2013), Schwester von 15, später verh. mit Hubert **Deppe**
31 Gerhard **Schmalstieg** (1942-2023), Bruder von 15

Am **21. Mai 1958** feierte man auf dem Schatz-Hof (Dorfstr. 4) die Hochzeit von Ida **Schatz** mit Walter **Müller**:

1 Walter **Golembewski** "der Spieß", Berlingerode, Akkordeonspieler
2 Christa **Thume**
3 Sophia **Schatz** (1891-1962), ältere Schwester von 5?
4 Mathilde **Schatz geb. Aschoff** (*1896), Brautmutter
5 Johannes **Schatz** (*1894), Brautvater
6 Helene **Witt** (Mutter des Bräutigams)
7 Inge **Hesse geb. Müller** (Schwester des Bräutigams)
8 Heinz **Hesse** (Schwager des Bräutigams)
9 Johannes **Schweineberg**, Berlingerode (Trompeter)
10 Irmgard **Zwingmann geb. Heimbrodt**, Ehefrau von 20
11 Christina **Aschoff geb. Eberhardt** (1907-1969), Ehefrau von 12, Mutter von 23
12 Heinrich **Aschoff** (1909-1979), Ehemann von 11, Vater von 23
13 Ida **Schatz**, Braut
14 Walter **Müller**, Bräutigam
15 Maria **Rhode geb. Zwingmann**, Ehefrau von 16
16 Heinrich **Rhode**, Ehemann von 15
17 Rosa **Eckardt geb. Leineweber** (1919-2011), Ehefrau von 18
18 Hubert **Eckardt**, Ehemann von 17
19 Akkordeonspieler
20 Gerhard **Zwingmann**, Ehemann von 10
21 Wilhelmine **Napp geb. Schatz** (1897-1981), Ehefrau von 22
22 Johannes **Napp** ("Klingel-Hannes") (1894-1981), Ehemann von 21
23 Waltraud **Aschoff**, spätere Ehefrau von 24
24 Hermann **Deppe**, späterer Ehemann von 23

25   Johannes **Schatz** ?
26   Waltraud **Anhalt**, später verh. **Wand**
27   Herbert **Zwingmann**

Am **29. Juni 1958** heirateten in Böseckendorf auf dem Rhode-Stammhof Agatha **Anhalt geb. Rhode** und Bernhard **Gerlach:**

Das Bild wurde am rückwärtigen Eingang des Rhode-Hofes aufgenommen.

1   Emilie **Rhode geb. Köhler** (1884-1961), Mutter der Braut
2   Agatha **Gerlach verw. Anhalt geb. Rhode** (1919-1997), Braut
3   Bernhard **Gerlach** (1920-1990), Bräutigam
4   Josef **Gerlach** (*vor 1895 wo?,†......) aus Holungen, Vater des Bräutigams

Am **28. Januar 1959** feierte man auf "Schausters" (Dorfstr. 14) die Hochzeit von Agnes **Schmalstieg** mit Reinhold **Kittner**:

Das Bild wurde vor der Scheune von "Schultens (Klingebiel)", Dorfstr. 16, aufgenommen.

1   Anna **Hierbeck geb. Eberhardt** (*1899), Ehefrau von 2
2   Anton **Hierbeck**, Teistungen, Ehemann von 1
3   ....?....
4   Veronika **Schmalstieg geb. Eberhardt** (1901-1964), Brautmutter
5   Ferdinand (II.) **Schmalstieg** (1902-1964), Brautvater
6   Agnes **Schmalstieg** (1932-2009), Braut
7   Reinhold **Kittner** (1931-1965), Bräutigam
8   ....?.... Elisabeth **Kittner geb. Heine** (*vor 1911) Mutter des Bräutigams?
9   ....?....
10   Pfarrer Ernst **Barabasch** (1900-1960)
11   Wilhelmina **Ismael geb. Eberhardt** (*1890), Mutter von 34
12   Elisabeth (II.) **Achtermeier geb. Schmalstieg** (1900-1974), Ehefrau von 24
13   ....?....
14   Josef **Dornieden** (1947-2019) von "Kaufmanns"?
15   Adolf **Zwingmann** (1926-1982)
16   Anni **Schmalstieg** (1938-2013), später verh. mit Hubert **Deppe**
17   Ferdinand (III.) **Schmalstieg** (1940-2016), Sohn von 4 und 5
18   ....?....
19   ....?....
20   ....?....
21   ....?....
22   ....?....
23   Egon **Kittner** (*   Teistungen, †   ), Bruder des Bräutigams
24   Franz **Achtermeier** (1902-1983), Ehemann von 12
25   Ludwig **Dornieden** (*1942), Sohn von 36
26   Maria **Schmalstieg** (1937-2018), Tochter von 4 und 5, später verh. mit Herbert **Schneemann**
27   Gerhard **Schmalstieg** (1942-2023), Sohn von 4 und 5, später verh. mit Rita **Engel**

28 Maria **Schmalstieg** (*   , †   ), Schwester von 8??? – sicher nicht!!
29 Alois **Dornieden** (*1943), Sohn von 36
30 Elisabeth **Mumdey geb. Kittner** (*....Teistungen,†.....), Ehefrau von 31
31 Walter **Mumdey** (*....Holungen,†.....), Ehemann von 30
32 Möglich: .... Kittner, Schwester des Bräutigams
33 Möglich: .... Kittner, Bruder des Bräutigams
34 Anna **Ismael** (1920-2010)
35 Hedwig **Dornieden** (*1940), Tochter von 36, später verh. mit Volkhard **Reichel**
36 Josef **Dornieden** (1909-1996), Vater von 25, 29, 35

3 Personen, die auf "Berge Hermann" (Kirchgasse 3) gelebt hatten, reisten am **19. November 1959** legal mit Ausreisegenehmigung über Bebra nach Duderstadt aus. (Q067)

- ab 1960

Im Frühjahr 1960 wurde die Kollektivierung der Landwirtschaft durch eine Kampagne der SED zwangsweise abgeschlossen. Danach gab es kaum noch Einzelbauern. Durch Druck auf die Bauern kam es auch in Böseckendorf am **1. April 1960** zur "freiwilligen" Gründung der LPG "Neuer Weg" (23 Betriebe).

Erstkommunion in Böseckendorf am **29. Mai 1960**

1 Wolfgang **Napp** (*1950)
2 Georg **Klingebiel** (*1949)
3 Erika **Rhode** (*1951), heute oo **Schramme**
4 Lothar **Klingebiel** (*1949)
5 Erich **Müller** (*1950)
6 Pfarrer Erich **Johne** (1920-1991)

Bis zum Herbst **1961** war kein einziger einheimischer Dorfbewohner Mitglied der SED geworden – sehr ungewöhnlich!

Mit dem Bau der Mauer am **13. August 1961** riegelte das SED-Regime West-Berlin hermetisch ab. Sämtliche Verkehrsverbindungen zwischen den beiden Stadthälften wurden über Nacht unterbrochen, außerdem die "Staatsgrenze West" zur Bundesrepublik. Der Mauerbau zementierte auch die Teilung Deutschlands.

In Böseckendorf bekamen nun alle Wege, die in Richtung Grenze führten, einen Schlagbaum; es wurden spanische Reiter aufgestellt. Das bereits seit 1954 offiziell bestehende "Sperrgebiet" setzte sich zusammen aus einem "10-m-Kontrollstreifen unmittelbar entlang der Grenze", einem 500 m breiten "Schutzstreifen" sowie einer "5-km-Sperrzone" (ab 1972 teilweise verringert auf 2 km).
Der zehn Meter breite gepflügte Kontrollstreifen, den niemand betreten durfte, wurde auch "Todesstreifen" genannt. Dieser Bereich war zeitweise vermint und mit Signal- und Selbstschussanlagen ausgerüstet.
Der mit Stacheldraht gesicherte "Schutzstreifen" wurde nach und nach vollständig von Bebauung und Bewuchs geräumt. Das Betreten der 5-km-Sperrzone und des 500-m-Schutzstreifens war von besonderen Voraussetzungen abhängig - so hatten Anwohner als Erlaubnis zum dauerhaften Aufenthalt einen Vermerk im Personalausweis. Wer dienstlich oder zum Besuch von Verwandten dorthin reisen wollte, musste einen speziellen Passierschein beim Volkspolizei-Kreisamt in Worbis beantragen. Mit dem Passierschein I (gelb) und II (grün) und dem Personalausweis war das Betreten der Sperrzone bis 500 Meter vor der Grenze möglich. Für das Betreten des 500-m-Schutzstreifens, in dem die meisten Felder Böseckendorfs lagen, galten verschärfte Sicherheitsbestimmungen. Man benötigte dazu den Passierschein III (rot) oder IV (orange oder rosa). (Q018)

Als im **Herbst 1961** die ersten Betonpfosten zur Grenzfestigung aufgestellt wurden, kursierten in Böseckendorf Gerüchte über unmittelbar bevorstehende "Zwangsevakuierungen negativer Elemente" aus dem Grenzgebiet. In Teistungen wurden am 1. Oktober (ein Sonntag!) Betonpfosten verteilt ...

Eine öffentliche Versammlung am **22. September 1961** hatte den Bürgern von Böseckendorf ihre prekäre Lage deutlich vor Augen geführt. Dabei waren einige Familien wegen politischer Unzuverlässigkeit und Hörens von Westsendern gemaßregelt worden. Diese Familien vermuteten, ja, manche hatten auf Umwegen Gewißheit darüber erhalten, dass sie in der Liste der "Untragbaren" geführt wurden und schlimmstenfalls mit einer Evakuierung aus ihrem Heimatort zu rechnen hätten.

Am **2. Oktober 1961** ging ein Fernsehmechaniker aus Jützenbach in Böseckendorf von Haus zu Haus und baute aus den Fernsehapparaten der Bewohner den Kanal 10 (Westkanal) aus. Insgesamt wurden in Böseckendorf 9 von 10 Geräten verändert, in Bleckenrode alle 6 vorhandenen Geräte. Dafür durften auch noch 2,50 Mark pro gesperrtem Apparat bezahlt werden. Somit wurde sichergestellt, dass niemand unerlaubterweise "kapitalistische Propaganda auf sich einströmen lassen" konnte. Der parteiinterne Name dieser Aktion war: "Ausbau der Bonner Ochsenköpfe". (Q047, Q141)

2. Oktober 1961: Böseckendorf geriet durch die Massenflucht abends um 19 Uhr in die Schlagzeilen der Weltpresse. 53 Einwohner aus 14 Familien (davon 24 Kinder) verließen ihre Heimat in Richtung Immingerode:
6 Personen vom Schatz-Hof (Dorfstr. 4), 3 Personen vom Leineweber-Hof (Dorfstr. 20), 3 Personen von "Bobers" Hof (Dorfstr. 34), 6 Personen von "Bunners" Hof (Dorfstr. 36), 5 Personen vom "Franz-Napps-Hof" (Dorfstr. 38), 4 Personen von "Schultens" (Napp) (Dorfstr. 42), 3 Personen von der Schmiede (Schmalstieg) (Dorfstr. 50), 5 Personen von "Leopold Napp" (Dorfstr. 62), 4 Personen vom "Anselm-Klingebiel-Hof" (Dorfstr. 35), 5 Personen von "Eckens" Hof (Dorfstr. 29), 5 Personen vom Heimbrodt-Hof (alte Haus-Nr. 36), 6 Personen vom Rhode-Stammhof (Dorfstr. 32).
Zurückgelassen wurden 20 Pferde, 122 Rinder (davon 63 Kühe), 217 Schweine (davon 21 Sauen), 294 Stück Geflügel.

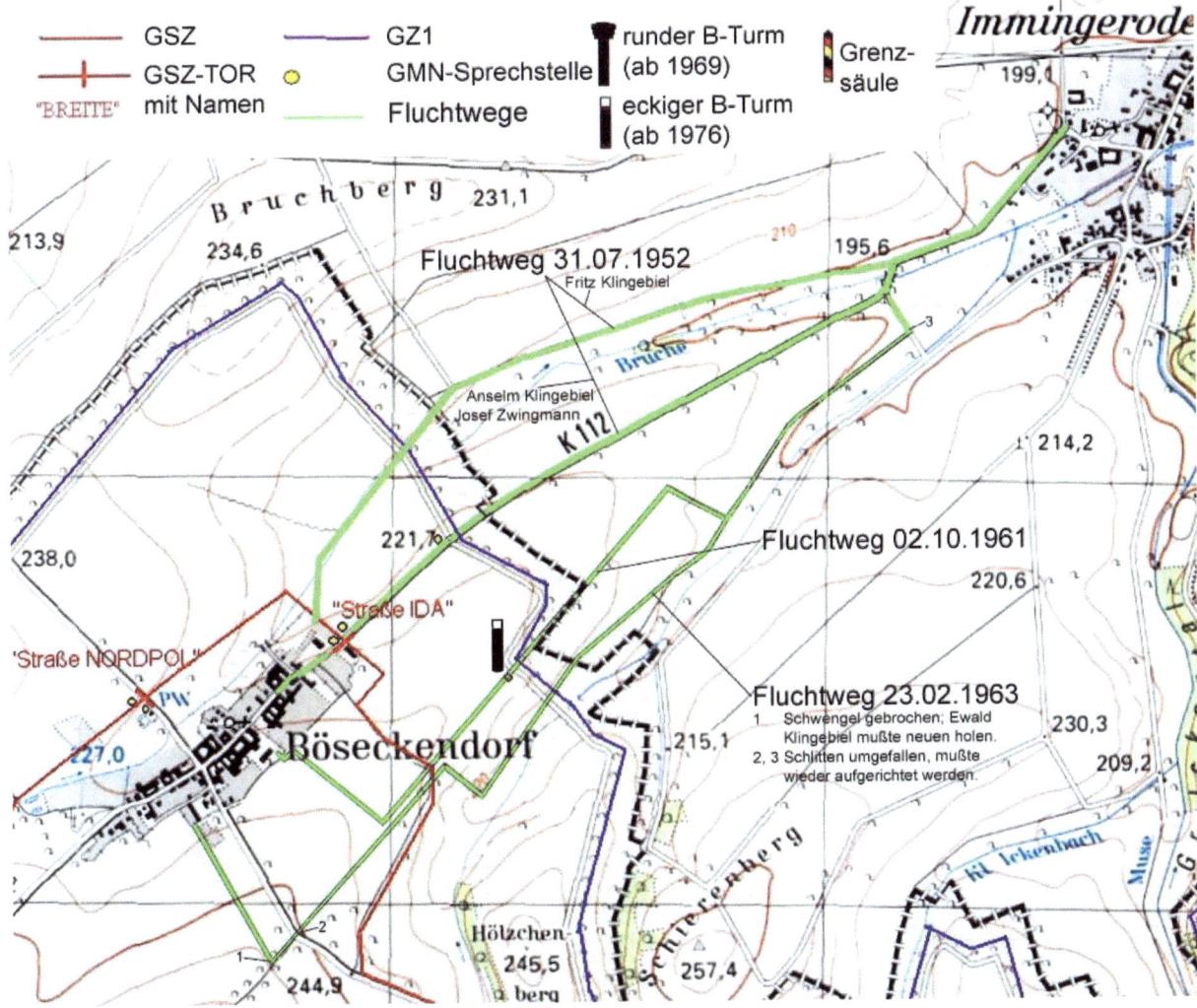

Karte mit den eingezeichneten Fluchtwegen von 1952, 1961 und 1963

Aktion "Kornblume": am **3. Oktober 1961** wurden entlang der DDR-Grenze (wie schon 1952 bei der Aktion "Ungeziefer") erneut "politisch unzuverlässige" Personen mit ihren Familien zwangsweise ins Hinterland umgesiedelt. In Böseckendorf standen 3 Familien auf der Deportationsliste. Wegen der Massenflucht am Vorabend wurde die Aktion in Böseckendorf nicht durchgeführt, wohl, um keine weitere Unruhe zu verursachen, zumal von den 3 Familien nur 2 am Ort geblieben waren.

Am **31. Oktober 1961** floh eine vierköpfige Familie vom "Meierei-Hof" (alte Haus-Nr. 35) von Böseckendorf nach Nesselröden.

Die Mitglieder des Böseckendorfer Gemeinderats **1961**:

Dornieden, Josef (1909-1996)	("Kaufmanns")
Heddergott, Ulrich, Lehrer (*wann? Breitenbach)	(Schule)
Napp, Bernhard (1909-1995)	("Hermanns" Hof)
Thume, Josef (1931-2014)	("Schmetts" Hof)
Klingebiel, Ewald (1912-1995)	("Hinter dem Dorfe")
Klingebiel, Bernhard (1912-1986) *Er flüchtete am 31.10.1961.*	("Meierei-Hof")
Deppe, Alfred (1907-1997)	(Deppe-Hof)
Napp, Josef (1910-1971)	("Joseph Napp")
Schmalstieg, Ferdinand (II.) (1918-1996)	(Busch/Schmalstieg)
Konradi, Otto (1909-1972)	(Drieselmann/Konradi)
Eckermann, Rudolf, Zimmermann (1915-1999)	(Eckermann-Hof)
Müller, Wilhelm, Stellmachermeister (1906-1963)	(Klapprodt/Müller)

Am **23. Februar 1963** flohen 13 Personen mit einem Pferdeschlitten von Böseckendorf nach Immingerode:

7 Personen von "Hermanns" Hof (Dorfstr. 39), 5 Personen vom Klingebiel-Hof "Hinter dem Dorfe" (alte Haus-Nr. 18d), 1 NVA-Angehöriger.

Im Jahre **1964** feierte die Gemeinde ein großes Fest unter der schönen Sommerlinde, die mit zu den ältesten Bäumen im Eichsfeld gehört.

Am **23. November 1966** feierte man auf "Kochs" (Dorfstr. 15) die Hochzeit von Rita **Zwingmann** mit Ferdinand (III.) **Schmalstieg**:

1 Hugo **Zwingmann** (1904-1982), Ehemann von 17, Vater von 19 und 23

2 Pauline **Schneider geb. Zwingmann** (*1906), Tante der Braut, Ehefrau von 16, aus Steinbach

3 Egon **Thume**, Sohn von 22 und 24

4 Maria **Hunold geb. Zwingmann** (1902-1973), Ehefrau von 18

5 Ursula **Thume**, Tochter von 22 und 24, später verh. mit Lothar **Hebestreit**

6 Angelika **Kittner**, Tochter von Reinhold **Kittner** und Agnes **geb. Schmalstieg**, später verh. mit Vinzenz **Menge**

7 Rita **Zwingmann**, Braut

8 Ferdinand (III.) **Schmalstieg**, Bräutigam

9 Agnes **Zwingmann**, Tochter von 28 und 30, später verh. mit Oswald **Eckardt**

10 Erhard **Zwingmann**, Sohn von 28 und 30

11 Günter **Zwingmann**, Sohn von 28 und 30

12 Maria **Schmalstieg**, Schwester des Bräutigams, später verh. mit Herbert **Schneemann**

13 Anni **Schmalstieg**, Schwester des Bräutigams, später verh. mit Hubert **Deppe**

14 Elisabeth **Achtermeier geb. Schmalstieg** (1900-1974), Ehefrau von 31

15 Berthold **Schmalstieg**, Cousin des Bräutigams

16 Anton **Schneider,** Ehemann von 2

17 Katharina **Zwingmann geb. Engelhardt**, Ehefrau von 1

18 Ignaz **Hunold** (1895-1981), Ehemann von 4

19 Josef **Zwingmann**, Sohn von 1 und 17, Bruder von 23

20 Renate **Eckermann**, Firmpatenkind der Braut, später verh. mit Helmut **Bley**

21 Emma **Zwingmann geb. Leineweber** (1917-1999), 2. Ehefrau des Brautvaters

22 Antonie **Thume geb. Zwingmann**, Schwester der Braut, Ehefrau von 24

23 Helmut **Zwingmann**, Sohn von 1 und 17, Bruder von 19

24 Josef **Thume**, Ehemann von 22

25 Herbert **Schneemann**, Ehemann von 26

26 Maria **Schneemann geb. Schmalstieg**, Schwester des Bräutigams, Ehefrau von 25

27 Gerhard **Schmalstieg**, Bruder des Bräutigams

28 Gisela **Zwingmann geb. Schmalstieg**, Ehefrau von 30

29 Hubert **Deppe**, späterer Ehemann von 13

30 Adolf **Zwingmann**, Ehemann von 28

31 Franz **Achtermeier** (1902-1983), Ehemann von 14

32 Joseph **Dornieden**, Cousin des Bräutigams

33 Wilhelmine **Ismael geb. Eberhardt** (*1890)

Am **8. November 1967** feierte man die Hochzeit von Gertrud **Dornieden** mit Hans-Jürgen **Bauermeister**:

1 Christa **Dornieden**, Schwester der Braut, heute verh. mit Siegfried **Aust**

2 Luzia **Dornieden geb. Lerch** (*wann? Wachstedt, †wann? wo?), 2. Ehefrau von 3

3 Karl **Dornieden** (1906-1997), Vater der Braut, Bruder von 13, Ehemann von 2

4 Stefan oder Norbert **Dornieden**, einer der Zwillinge von 15 und 18

5 Maria **Schmalstieg** von "Busch", spätere Ehefrau von Alfons **Müller**

6   Andreas **Dornieden**, Sohn von Ruth **geb. Gürntke** und Berthold **Dornieden** aus Bleckenrode
7   Ulrich **Bauermeister**, Sohn von 9 und 23
8   Margarete **Bauermeister geb. Götze** (1906-1987), Mutter des Bräutigams
9   Rita **Bauermeister geb. Dornieden**, Ehefrau von 23
10   Elisabeth **Dornieden geb. Zinke**, Ehefrau von 22
11   Agnes **Dornieden**, Tochter von 13, spätere Ehefrau von Manfred **Konradi**
12   Helene **Dornieden geb. Herold**, 2. Ehefrau von 13
13   Josef **Dornieden** (1909-1996), Bruder von 3, Ehemann von 12
14   Gerhard **Huschenbett**, Sohn von 19 und Hermann Huschenbett
15   Inge **Dornieden geb. Gawenda**, Ehefrau von 18
16   Gertrud **Dornieden**, Braut, Tochter von 3
17   Hans-Jürgen **Bauermeister**, Bräutigam, Sohn von 8
18   Reinhold **Dornieden**, Bruder der Braut, Ehemann von 15
19   Maria **Huschenbett geb. Schmalstieg** (1914-2003)
20   Maria **Huschenbett**, Tochter von 19 und Hermann **Huschenbett**
21   Hermine **Huschenbett** (1913-2008), Schwester von 25
22   Adalbert **Dornieden**, Sohn von 13, Ehemann von 10
23   Klaus **Bauermeister**, Ehemann von 9
24   Josef **Dornieden**, Sohn von 13
25   Hubert **Huschenbett** (1910-1985), Bruder von 21, Ehemann von 26
26   Anna **Huschenbett geb. Günther** (1916-1996), 2. Ehefrau von 25

Ehemalige Kolonialwarenhandlung Konradi (Dorfstr. 22)   (Foto um 1900)

Am **20. November 1969** feierten Georg **Köhler** und Emma **geb. Klingebiel** auf dem "Alter-Schultens-Hof" (Dorfstr. 21) das Fest ihrer Goldenen Hochzeit:

1	Elisabeth **Dornieden geb. Weber** (1917-2009), Ehefrau von 2, Nichte von 7

2	Wendelin **Dornieden** (1905-1996), Ehemann von 1

3	Josef **Klingebiel** (1906-1981), Ehemann von 13

4	Katharina **Köhler** (1904-1987), Schwester von 7

5	Emma **Köhler geb. Klingebiel** (1896-1990), Ehefrau von 7, Tante von Ewald Klingebiel, Jubilarin

6	Gottfried **Köhler** (1899-1980), Bruder von 7, Pfarrer in Diedorf seit 1938

7	Georg **Köhler** (18851975), Ehemann von 5, Jubilar

8	Cäcilia **Ellendt geb. Weber** (1914-1999), Tochter von 9, Schwester von 1, 10, 13

9	Margarethe **Weber geb. Köhler** (1889-1983), Schwester von 7

10	Elfriede **Münnemann geb Weber**, Ehefrau von 11, Tochter von 9, Schwester von 1, 8, 13

11	Ivo **Münnemann**, Ehemann von 10

12	Elisabeth **Münnemann**, Tochter von 10 und 11, später verh. mit Bruno **Heddergott**

13	Maria **Klingebiel geb. Weber**, Ehefrau von 3, Tochter von 9, Schwester von 1, 8, 10

14	Waltraud **Wand geb. Anhalt**, Ehefrau von 16

15	Bruno **Bromberger**, Sohn von Charlotte

16	Hermann **Wand**, Ehemann von 14

17	Manfred **Rojahn** (*vor 1915 wo?)

18	Bernhard **Gerlach**, Ehemann von 19

19	Agathe **Gerlach verw. Anhalt geb. Rhode** (1919-1997), Ehefrau von 18, Mutter von 14

Am **17. April 1974** konnte Pfarrer Erich Johne in Neuendorf sein silbernes Priesterjubiläum feiern.

Die Mädchen und Jungen des Kindergartens erhielten **1978** einen neuen Spielplatz.

Der aus Böseckendorf stammende Pater Wendelin Burchardt starb am **3. November 1979** in Nymphenburg im Alter von 80 Jahren.

1982 Einweihung der neuen Gaststätte "Zur Post" (Dorfstr. 37).

1982/83: West-Anbau an der Kirche mit Sakristei und neuem Eingang.

Am **29. September 1983** wurde das 60-jährige Jubiläum der Grotte auf dem Friedhof gefeiert.

Die Freiwillige Feuerwehr Böseckendorf **1985** beim Abriss der alten Schule. V.l.n.r.: Uwe **Dornieden** (*1959), Dieter **Puppe** (*1956), Günter **Zwingmann** (*1960), Ortwin **Schimanski** (*1963).

Am **14. Januar 1987** wurde ein neues Feuerwehrgerätehaus fertiggestellt.

Die Meliorationsgenossenschaft Worbis errichtete **1989** die Oxydationsteiche.

1989: infolge der Veränderungen in Polen, Ungarn und anderen Staaten verstärkte sich auch in der DDR der Wunsch nach Veränderung der politischen Verhältnisse. Es gab Massendemonstrationen, Massenfluchten (z.B. über Ungarn), bis der Druck auf das Regime zu groß wurde und am **9. November** die Mauer fiel und die Grenze geöffnet wurde.

Auch in Böseckendorf überschlugen sich die Ereignisse. Am **30. Oktober 1989** fand das 3. Friedensgebet in der St.-Nikolaus-Kirche statt. Am **14. November 1989** wurde das Sperrgebiet mit sofortiger Wirkung aufgehoben. Am **6. Dezember 1989** forderten die Bürger in Böseckendorf eine Grenzübergangsstelle für PKW in Richtung Nesselröden.

16. Dezember 1989: Die Mitglieder der Freiwilligen Feuerwehr und andere Dorfbewohner halfen mit, eine provisorische Straße nach Nesselröden herzustellen:

Seit dem **17. Dezember 1989** konnte der Grenzübergang von Nesselröden nach Böseckendorf passiert werden.
(Q102)

Am **17. Dezember 1989** wurde die Grenze in Richtung Nesselröden geöffnet. In Böseckendorf läuteten die Glocken. Alle Gäste wurden in Böseckendorf kostenlos bewirtet. Scharen von Menschen zogen in aller Frühe zum notdürftig hergerichteten Übergang, um den historischen Augenblick miterleben zu können, als die DDR-Grenzer grünes Licht für die Grenzüberschreitung gaben. Punkt acht Uhr war es dann soweit: Major Ladkao von den DDR-Grenztruppen informierte BGS und Zoll, dass die Bürger aus Nesselröden in Böseckendorf herzlich willkommen seien. Inzwischen waren auch der Böseckendorfer

Bürgermeister Rasch und sein Stellvertreter Napp mit zahlreichen Bürgern zum Grenzübergang gekommen. In der Mitte des ehemaligen Kontrollstreifens kam es dann zur ersten Begegnung. Ortsbürgermeister Nolte aus Nesselröden überreichte seinem Amtskollegen ein Bild vom Duderstädter Rathaus und überraschte Major Ladkao mit einer Nesselröder Ortschronik. Gemeinsam zogen dann Nesselröder und Böseckendorfer in Begleitung des Spielmannszuges nach Böseckendorf. Nach einem Rundgang durch das Dorf versammelten sich alle vor der Kirche, um an einem Dankgottesdienst teilzunehmen. Das zum Bersten gefüllte Gotteshaus veranlasste schließlich Pfarrer Schellhorn, die Messe kurzfristig nach draußen zu verlegen. Mitzelebrant war Northeims Dechant Karl-August Jünemann, dessen Mutter aus Böseckendorf stammte.

- ab 1990

Noch am ersten Tage der Grenzöffnung zwischen Nesselröden und Böseckendorf passierten 5.500 Einreisende und 5.700 Ausreisende diese Kontrollstelle. Die Grenzübergangsstelle war dann jeweils freitags 15 Uhr bis montags 8 Uhr geöffnet. Am Sonntag, **7. Januar 1990** bildete sich eine Menschenkette über die Grenze hinweg. Diese "Kofferdemo" am **21. Januar 1990** über die Übergangsstelle Duderstadt war die größte Demonstration in der Geschichte des Eichsfeldes. In der alten Schule in Nesselröden tagten die Abgeordneten aus Nesselröden, Böseckendorf, Bleckenrode und Neuendorf, um die Grundlage für eine Zusammenarbeit zu schaffen. Am **12. April 1990**, kurz vor Ostern, wurde der Grenzübergang in Richtung Immingerode für Fußgänger und Radfahrer eröffnet.

Im **April 1990** fand die Markusprozession auf dem ehemaligen Todesstreifen statt, an der mehr als 1200 Gläubige teilnahmen.
Am **1. Juli 1990** übernahm die DDR das Wirtschaftssystem der Bundesrepublik, damit kam die D-Mark nach Böseckendorf. Im **August 1990** feierte die Freiwillige Feuerwehr Böseckendorf ihren 90. Geburtstag. Die DDR-Volkskammer beschloss in einer Sondersitzung am **23. August 1990** den Beitritt der DDR zum Geltungsbereich des Grundgesetzes der Bundesrepublik Deutschland zum **3. Oktober 1990**. Aufgrund der Rechte und Verantwortlichkeiten der vier Siegermächte des Zweiten Weltkriegs war eine Wiedervereinigung jedoch ohne deren Zustimmung nicht möglich. Als schließlich auch die Sowjetunion erkannte, dass die Wiedervereinigung nicht aufzuhalten war, einigten sich die Siegermächte im Februar 1990 auf gemeinsame Verhandlungen mit den beiden deutschen Staaten, die sogenannten Zwei-plus-Vier-Gespräche. Im "Vertrag über die abschließenden Regelungen in Bezug auf Deutschland" vom **12. September 1990** wurden dann die völkerrechtlichen Aspekte der Wiedervereinigung geregelt. Deutschland erhielt damit seine volle Souveränität zurück.

Oberdorf um 1900 (v.l.: "Maria Napp", "Villa Senger"; "Emma Konradi")   (Q016)

26. August 1990

Ein »spritziges« Fest wurde am Wochenende in Böseckendorf gefeiert.
Schließlich beging die Freiwillige Feuerwehr ihr 90jähriges Jubiläum. Das feierten die 32 Feuerwehrmänner und acht -frauen gemeinsam mit Gästen von hüben und drüben. Eine Ausstellung von Löschgeräten begeisterte nicht nur die Erwachsenen. Besonders die »Kleinen« hatten ihren Spaß, als sie in einem richtigen Feuerwehrauto durch das Dorf gefahren wurden. Die verschiedenen Verbände der Brandbekämpfer tauschten bei Vorführungen, die auch das Publikum lebhaft interessierten, Erfahrungen und Techniken beim Bekämpfen eines Brandes aus. Eine Jugendfeuerwehrgruppe aus Nesselröden demonstrierte unter anderem einen sporttechnischen Teil, der über einen Hindernisparcours führte. Positiv überrascht waren die Veranstalter über den Zuspruch der Besucher, die sehr zahlreich erschienen waren.

fb/Foto: Frank Brachvogel

Am **2. Oktober 1990**, dem Vorabend der Wiedervereinigung, fand ein gemeinsamer Gottesdienst in der Pfarrkirche St. Stephanus in Berlingerode statt und am Tag der Deutschen Einheit ein großer Dankgottesdienst in der Nesselröder Kirche.

Am **25. April 1991** wurde die Verwaltungsgemeinschaft Lindenberg/Eichsfeld gegründet.
Die Jagdgenossenschaft Böseckendorf wurde am **31. Mai 1991** gegründet.

Die Steingruppe am ehemaligen Grenzübergang Nesselröden – Böseckendorf wurde am **26. Juli 1991** eingeweiht. Der aus New Jersey (USA) stammende Künstler und Bildhauer Roger Bischoff schuf dieses Mahnmal aus Marmor rosé.

Im **September 1991** wurden die Friedhofswege neu gestaltet und die Leichenhalle erhielt einen neuen Anstrich.

Im **Oktober 1991** trafen sich einige der 1961 Geflohenen anlässlich des 30. Jahrestages der großen Flucht in der Gaststätte "Zur Post" (Dorfstr. 37).

Die Flurneuordnung in der Gemeinde Böseckendorf mit Ortsteil Bleckenrode wurde durch Bürgermeister Manfred Konradi im **November 1991** beantragt. Bis zu deren Abschluss sollten 19 Jahre vergehen.

Der 1. Feuerwehr-Eichsfeldpokal fand am **6. September 1992** in Böseckendorf statt. 30 Wehren aus den Landkreisen Worbis, Heiligenstadt und Göttingen nahmen daran teil.

"Der Wald Böseckendorf": am **14. November 1992** wurde ein neuer Vorstand gewählt. Der Verein bekam den Namen "Interessengemeinschaft".

Am **30. Juni 1993** wurde der staatliche Kindergarten in Böseckendorf geschlossen.
Im Gottesdienst am **7. August 1993** bedankte sich die Kirchengemeinde bei Pfarrer Gert Schellhorn für seine zehnjährige Tätigkeit als Seelsorger in der St.-Nikolaus-Gemeinde.

Seit **August 1993** gehört Böseckendorf zum Abwasserverband "Obere Hahle".
Am **8. Juni 1994** richtete ein schwerer Hagelschlag großen Schaden in der Gemeinde an.
Am **1. Juli 1994** wurde der Landkreis Eichsfeld gegründet und am **18. September 1994** das Bistum Erfurt.
Von **November** bis **Dezember 1994** wurde der Kirchplatz aus Mitteln der Dorferneuerung neu gestaltet.

Am **18. Dezember 1994** fand ein feierlicher Dankgottesdienst zum 5. Jahrestag der Grenzöffnung statt.
Die Waldgemeinschaft Böseckendorf wurde am **7. März 1995** anerkannt als "Forstbetriebsgemeinschaft Böseckendorf".

Der Platz um den Lindenbaum wurde gepflastert und im April 1995 eine neue Mauer errichtet. Der Kirchplatz erhielt am **13. April 1995** eine neue Beleuchtung.

Ostern 1995 erhielt die Kirche eine neue Elisabeth-Statue.
Am **21. April 1995** wurde die Straße nach Nesselröden fertiggestellt.
Am **20. Juni 1995** begannen die Restaurierungsarbeiten an der Grotte. Der alte Weg des Ehrenfriedhofs wurde entfernt und die Gedenksteine für die Gefallenen des 1. Weltkriegs wurden gesäubert.

Am **16. und 17. September 1995** feierten die Böseckendorfer ein schönes Straßenfest.

Im **September/Oktober 1995** wurde die Trinkwasser-Versorgungsleitung nach Bleckenrode gebaut.

Pünktlich zum Kirchweihfest am **15. Oktober 1995** erhielt die Kirche eine Turmuhr.

Die Restaurierungsarbeiten am Kriegerdenkmal wurden am **9. November 1995** abgeschlossen. Am **6. Dezember 1995** erhielten die ersten Teilnehmer neue Telefonanschlüsse. Die Straße um die Kirche wurde von September bis Dezember 1995 im Rahmen des Dorferneuerungsprogramms neu gestaltet.

Am **19. Dezember 1995** fand die feierliche Weihe der zwei neuen Bronzeglocken statt. Die Böseckendorfer Kirche hatte nun nach 53 Jahren wieder 3 Glocken.

Am **4. April 1996** wurden auf dem Friedhof die neuen Holzkreuze zum Gedenken an die Gefallenen des 2. Weltkriegs aufgestellt.

Im **April 1996** entschied sich die Gemeinde für die Einführung des heutigen Ortswappens.

Am **2. Juni 1996** wurde das neue Waldkreuz feierlich eingeweiht:

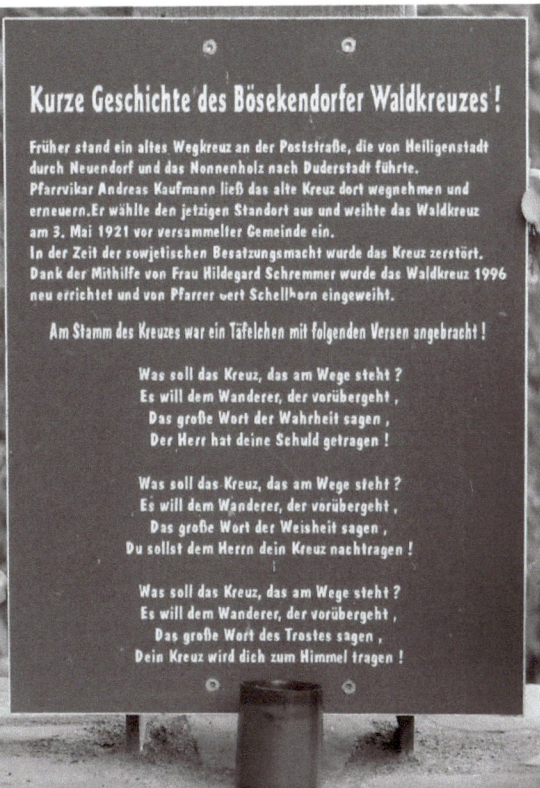

Am **17. August 1996** wurde der Spielplatz im Rahmen eines schönen Sommerfests eingeweiht und aus Mitteln der Dorferneuerung bekam die Gemeinde eine neue Straßenbeleuchtung.

Die Feuerwehr erhielt am **24. August 1996** ein neues Löschfahrzeug. Es wurde im Dezember durch Pfarrer Schellhorn eingesegnet.

Die 7. Etappe der Niedersachsen-Radrundfahrt führte am **19. April 1997** auch durch Böseckendorf.

22. Mai 1997 Beschluss des Gemeinderats über die Einführung neuer Hausnummern. Außerdem wurde beschlossen, den Ortsnamen Bösekendorf künftig mit "ck" zu schreiben.

Pfarrer Seeland feierte sein 25-jähriges Priesterjubiläum am **24. Juni 1997** in Kalteneber und Pfarrer Kowallik gab einen Empfang zum 25-jährigen Priesterjubiläum am **29. Juni 1997** auf Teistungenburg.

Am **23. November 1997** fand der zweite Advents- und Weihnachtsbasar in Böseckendorf statt.
Auf dem Friedhof wurden Bepflanzungen durchgeführt und das Dach der Leichenhalle wurde neu eingedeckt, außerdem bekam sie neue Fenster und einen neuen Fassadenanstrich. Diese Arbeiten wurden im **April** und **Mai 1998** durchgeführt.
Pfarrer Schellhorn beging am **24. Juni 1998** in der Pfarrkirche St. Stephanus zu Berlingerode sein 20-jähriges Priesterjubiläum. Am **27.** und **28. August 1998** feierte die Gemeinde ein schönes Dorffest.

Am **27. September 1998** fand ein Festgottesdienst zum 75-jährigen Jubiläum der Ehrengrotte statt.
Am **14. Oktober 1998** wurden die Waldwege durch das Flurneuordnungsamt abgenommen.

Die Kinder- und Jugendgruppe lud zum 3. Weihnachtsbasar am **28. November 1998** in die Räume der Gemeindeverwaltung ein.

Am **1. April 1999** wurde auf Beschluss des Thüringer Landtags die Einheitsgemeinde Teistungen (bestehend aus den Ortsteilen Böseckendorf, Bleckenrode, Neuendorf und Teistungen) gegründet.

Am **20. November 1999** fand die Einweihung des Gemeinschaftsraums im Feuerwehrhaus statt.
Der 4. Advents- und Weihnachtsbasar sowie die Senioren-Adventsfeier fanden in den Räumlichkeiten des Feuerwehrhauses Böseckendorf statt, ebenso eine große Silvesterfeier zur Jahrtausendwende.

Im **März 2000** fand zum 10-jährigen Gedenken der Grenzöffnung eine Andacht an der Steingruppe mit anschließendem Treffen der Nesselröder, Böseckendorfer, Bleckenröder und Neuendorfer in der Nesselröder Schule statt.

An ihrem 80. Geburtstag, dem **25. Juni 2000**, wurde Frau Anna Ismael vom Erfurter Bischof Dr. Joachim Wanke die Elisabeth-Medaille verliehen.

750 Jahre Böseckendorf / 100 Jahre Freiwillige Feuerwehr:
Vom **31. August** bis **3. September 2000** feierte Böseckendorf ein großes Fest anlässlich des 750-jährigen Bestehens des Ortes und der seit 100 Jahren bestehenden Freiwilligen Feuerwehr. Das Festzelt stand auf dem Sportplatz beim Friedhof. Höhepunkt der Feierlichkeiten war der große Festumzug am Samstag, dem 2. September. Alle Einwohner haben dieses besondere Ereignis mit viel Phantasie, Freude und Einsatz gemeinsam gefeiert.

4. August 2001: Verabschiedung von Pfarrer Gert Schellhorn nach 18-jähriger Tätigkeit in Böseckendorf.

25. August 2001: Einführung des neuen Pfarrers Matthias Mötzung.

Juni-Oktober 2002: Erneuerung der Dorfstraßen und der Bürgersteige.

2002 Haus Kirchgasse 9 (Stefan Schimanski) erbaut:

(Foto 03.2025)

26. Juni 2003: Pfarrer Matthias Mötzung feierte sein 10-jähriges Priesterjubiläum.

29. Juni 2003: Pfarrer Gert Schellhorn feierte in der Etzelsbacher Wallfahrtskirche sein silbernes Priesterjubiläum.

Juni 2006: Erneuerung der Straße nach Bleckenrode.

20. August 2006 Waldkreuzfest, 10-jähriges Jubiläum des Singekreises. Das Waldkreuzfest wird seither alle 2 Jahre gefeiert.

Am Sonntag, dem **14. September 2008**, öffneten zwei Häuser in Böseckendorf am Tag des offenen Denkmals ihre Türen zur Besichtigung: "Eckens Hof" (Dorfstr. 29) und "Julius Schmalstieg" (Dorfstr. 5).

Am Sonntag, dem **13. September 2009**, öffnete ein Haus in Böseckendorf am Tag des offenen Denkmals seine Türen zur Besichtigung: "Eckens Hof" (Dorfstr. 29).

Juni-November 2009: Sanierung des Friedhofs. An Allerheiligen wurden die Marmortafeln links und rechts vor der Grotte enthüllt, die die hölzernen Ehrenkreuze auf dem Friedhof ersetzen. Leider enthalten die Tafeln einige falsche Datumsangaben.

19. - 23. August 2010: Die 26. Eichsfeldtage fanden diesmal rund ums Grenzlandmuseum Teistungen statt. Am Eröffnungsabend trat der Singekreis Böseckendorf im Festzelt auf.

Am Sonntag, dem **12. September 2010**, öffneten zwei Häuser in Böseckendorf am Tag des offenen Denkmals ihre Türen zur Besichtigung: "Eckens Hof" (Dorfstr. 29) und "Leineweber-Hof" (Dorfstr. 20).

24. September 2010: Abschluss der Flurneuordnung, Enthüllung eines Gedenksteins in der Nähe des Waldkreuzes; Feier bei Fröhlich in Bleckenrode.

2010 wurde das Haus Hinter dem Dorfe 2 (Simone Hebestreit) erbaut:

(Foto 03.2025)

Juni 2011 Grenzwanderungen – initiiert von der Thüringer Allgemeinen Zeitung.

23. September 2011: Papst Benedikt XVI. besuchte den Wallfahrtsort Etzelsbach. Neben der Marienvesper mit dem Papst erwartete die Besucher ein umfangreiches Rahmenprogramm. Ein großes Ereignis für Böseckendorf und das gesamte Eichsfeld!

2. Oktober 2011: 50. Jahrestag der großen Flucht aus Böseckendorf.

Nachfolgend ein Auszug aus dem **Juli**-Heft **2012** der "Lindenberg-Nachrichten", dem Amtsblatt der VG Lindenberg, über die Pläne der Gemeinde mit dem Areal der abgerissenen Höfe ("Meierei-Hof" und Heimbrodt-Hof):

Geplant waren ursprünglich 11 Häuser, realisiert wurden allerdings nur 3:

23. – 26. August 2012 Jubiläum "**112 Jahre Freiwillige Feuerwehr Böseckendorf**"
Schirmherr des Jubiläums war Herr Peter Kittel aus Regensburg (Cheforganisator des Papstbesuchs im Eichsfeld). Das Festzelt stand auf dem Gelände der ehemaligen "Meierei" und des Heimbrodt-Hofes.
Donnerstag, **23. August 2012**, 19.30 Uhr: Plattdeutscher Abend mit den "Plattdütschen Frünne" aus Gieboldehausen und weiteren Überraschungen!
Freitag, **24. August 2012**, 21.00 Uhr: Rock- und Tanzparty mit der Band "EXCITE" aus Weimar
Samstag, **25. August 2012**, 19.00 Uhr Festsitzung; ca. 21.00 Uhr: Tanzband "INSIDE" aus Ecklingerode sowie "Feuerwehrmann Kresse"
Sonntag, **26. August 2012**, 10.00 Uhr: Hl. Messe im Festzelt; ab 12.00 Uhr: Feuerwehrwettkämpfe "20 Jahre Eichsfeldpokal"; 14.30 Uhr: "Brehmer Blasmusik" live mit der Brehmer Blaskapelle

2012: Richtfest des Hauses Kirchgasse 6 von Christian Dornieden

(Foto 03.2025)

2013: Baubeginn des Hauses Bleckenröder Str. 3 von Teresa Eckardt:

Richtfest war im Januar 2014. (Foto 03.2025)

20. Juni 2014: die Böseckendorfer feiern das 300-jährige Bestehen ihres Gotteshauses
Festlich geschmückt mit Fahnen, Girlanden und Wimpelketten zeigte sich am Donnerstag die kleine Eichsfeldgemeinde Böseckendorf.

Zum 300-jährigen Bestehen ihrer Kirche konnten die Böseckendorfer Weihbischof Reinhard Hauke begrüßen.
Foto: Sigrid Aschoff

Zum Festgottesdienst zu Fronleichnam und der anschließenden Prozession konnten Einheimische, Gäste aus den Nachbarorten sowie Pfarrer Andreas Mittmann Diözesanadministrator und Weihbischof Reinhard Hauke sowie den ehemaligen Seelsorger der Gemeinde, Gerhard Seeland, begrüßen. Schließlich gab es einen besonderen Grund zur Freude: vor 300 Jahren wurde das Gotteshaus, das dem heiligen Nikolaus geweiht ist, errichtet. (Thüringer Allgemeine)

2015 wurden die Grundstücke des ehemaligen Meierei- und des Heimbrodt-Hofs neu bebaut. V.l.n.r:
Fam. Münnemann (Dorfstr. 23); Fam. Behre (Dorfstr. 25); Fam. Remin (heute: Fam. Wagner, Dorfstr. 25a).
(Foto 03.2025)

2017 wurde ein neues Haus erbaut (Dorfstr. 58, rechts) von Matthias Krauß. **2019** erbaute Sebastian
Eckardt sein Haus (Dorfstr. 60, links). (Foto 03.2025)

Im **Juni 2018** wurde der historische Ortskern Böseckendorfs als Denkmalensemble in das Denkmal-
buch des Freistaats Thüringen eingetragen. Geltungsbereich: Gemarkung Böseckendorf, Flur 5, Flurstücke 53, 128/3, 48, 42, 114, 52, 41, 60, 101, 34, 91, 64, 131, 100/2, 96, 23, 21, 22, 51, 39/3, 56, 70, 63,
93, 36, 95/2, 81, 65, 100/1, 86, 55, 90, 32, 35, 109, 102, 49, 110, 68, 84, 89, 50, 85, 87, 97, 92, 46, 108,
127, 39/2, 29, 31, 99, 57, 69, 61, 24, 82, 33, 88, 27, 113, 43, 94, 54, 47, 98, 103, 62, 38, 26, 58, 28, 30,
95/1, 129, 59, 132, 25, 83, 130; Flur 6, Flurstücke 145, 144, 148.
(Az.: 61.017-0001/18, Thüringer Staatsanzeiger Nr. 25/2018 vom 18. Juni 2018, S. 716). (Q018)

Neubau auf dem Ismael-Hof (Dorfstr. 12)   (Foto 03.2025)

Vom **14. – 17. August 2025** feierte Böseckendorf das Jubiläum seiner Ersterwähnung vor 775 Jahren und gleichzeitig das 125-jährige Gründungsjubiläum seiner Freiwilligen Feuerwehr. Das Festzelt stand auf dem Sportplatz beim Friedhof.

Anekdoten & Bemerkenswertes

Am **4. Juni 1667** trat Johannes Henrich **Lilpop** die ihm wegen zweimaligem Nichterscheinen zur Burgfeste[68] zudiktierte Strafe von 2 Tagen Arrest im Kloster Teistungenburg an.

Andreas Georg **Schmalstieg** (1787-1846; "Julius Schmalstieg", Dorfstr. 5) gewährte nach der Auflösung des Klosters Teistungenburg (**12. Oktober 1809**) 2 Nonnen Unterschlupf, verbarg sie, ernährte und versorgte die beiden bis an ihr Lebensende. Und das ohne irgendeine Unterstützung von Seiten des Staates! Was war das doch für ein großes Werk der Nächstenliebe! (überliefert von Franz Zwingmann).

Johannes Heinrich **Schmalstieg** starb am **27. Februar 1811**, ledig, im Alter von 23 Jahren, nachdem er ein Maas Branntwein auf einmal getrunken hatte

Der Landwehrmann Johannes **Schmalstieg** (1824-1886; "Metschgers", Dorfstr.10) wurde am **30. Dezember 1842** vom Schulzen Joseph **Leineweber** in Böseckendorf zu einem besseren Lebenswandel ermahnt. "Er war wegen Diebstahls aus unbewohnten Gebäuden in gerichtlicher Untersuchung gewesen und hat die zuerkannte sechsmonatige Haftstrafe verbüßt. Er erschien deshalb auf erhaltene Weisung vor dem hiesigen Schulzenamte und wurde zu einem regelmäßigen, tugendhaften und arbeitsamen Leben ernstlich ermahnt, insonderheit vor Unmäßigkeit, Völlerei, Nachtschwärmerei, vor dem gefährlichen Genusse des Branntweins, vor der verführerischen Glücksspielerei, vor dem liederlichen arbeitslosen Herumtreiben, vor aller Belästigung und Bettelei dringlich verwarnt.
Hierauf wurde dem Johannes Schmalstieg eröffnet, dass er nach Vorschrift der gesetzlichen Bestimmungen der Criminalordnung §§ 569 bis 571 und der Regierungs-Verordnung vom 8. Juni 1837 unter polizeilicher Aufsicht und Beobachtung stehe, daher sich ohne polizeiliche Erlaubniß weder über Nacht außerhalb seiner Wohnung aufhalten noch aus dem Orte entfernen dürfe, auch jede Wohnungsveränderung ohne allen Zeitverlust der Orts-Polizeibehörde anzeigen und sich jederzeit der polizeilichen Revision folgsam unterwerfen müsse.
Ferner wurde ihm zur Pflicht gemacht, sich jeden Sonntag mittags 3 Uhr bei dem Schulzen Leineweber zu melden und den redlichen Broterwerb der vergangenen Woche nachzuweisen, sowie weitere Befehle wegen seiner Beaufsichtigung cc. entgegenzunehmen. Sodann geschah ihm die Andeutung, dass er widrigenfalls Ordnungsstrafen, nach Umständen Einsperrung und Arbeitszwang im Arbeitshause zu Worbis zu gewärtigen haben werde."

Anlässlich der Hochzeit in Nesselröden am **8. Oktober 1871** von Emma **Zwingmann** (1850-1937; sie stammte von "Karels", Dorfstr. 46) mit Friedrich **Borchard** (1841-1913) fuhr ihr Bruder Karl als Mitgift eine Schubkarre Goldstücke von Böseckendorf nach Nesselröden. Damit wurde dem Bräutigam der Bau oder Kauf eines neuen Hofes in Nesselröden ermöglicht (heute: Schlecker). Sein alter Hof lag nämlich zu nah an den beiden örtlichen Gastwirtschaften!

Am **26. September 1899** starb in Böseckendorf auf "Schausters" (Dorfstr. 14) Margaretha Elisabeth **Schmalstieg** im Alter von 1 Jahr und 8 Monaten. Sie war in den Musbottich gefallen und hatte sich verbrüht.

---

[68] Burgfeste = Frondienst

Anno **1902** begann der Lokalkaplan Johannes **Bierschenk** (1871-1936) mit der Überprüfung alter Ehe-einträge im Kirchenbuch. In einigen Fällen wurden bei alten Ehen nachträglich noch Unklarheiten bei der Blutsverwandtschaft der Brautleute festgestellt. In solchen Fällen wurden die Ehepartner aufgefordert, ihre Ehe in der Kirche neu zu schließen (revalidieren). Es sind mindestens 4 Fälle bekannt, in denen dies tatsächlich durchgeführt wurde. Alle diese Ehepaare hatten bereits mehrere Kinder.
Als dieses Ansinnen an den Schafmeister Johannes **Ismael** (1845-1921; Ismael-Hof, Dorfstr. 12) herangetragen wurde, entgegnete der: **„Ek bringe mek en junget Mäken me."** Er war seit dem 8. Februar 1876 mit Emma **Napp** (1851-1936) verheiratet und hatte mit ihr 5 Kinder. Diese Revalidierung fand nicht statt.   (Q222)

Joseph **Klapprodt** (1876->1948) wollte **1906** eigentlich Karoline, die jüngere Schwester von Anna **Schmalstieg** (1882-1934), heiraten. Als er mit diesem Ansinnen zu seiner künftigen Schwiegermutter kam, wurde das mit folgenden Worten abgelehnt: "so geht das nicht - das olle Brot wird zuerst gegessen!". So musste er die Ältere nehmen ...

Karl **Klingebiel** (1851-1928; "Alter-Schultens-Hof", Dorfstr. 21) zeigte seinem Enkel Ewald (1912-1995) eine Schublade voller Goldstücke. Er fragte ihn, ob er ihm dafür lieber die Hägerburg in Berlingerode oder das Gut in Bleckenrode kaufen solle ...

Am **16. Januar 1929** starb in Böseckendorf auf "Metschgers" (Dorfstr. 10) Elisabeth **Rhode** im Alter von 92 Jahren. Sie war damals die älteste Einwohnerin Böseckendorfs.

Von **1931-1935** bestand in Böseckendorf eine **Doppelkopf-Runde** mit folgenden Mitspielern:
Johannes **Bierschenk** (1871-1936), Pfarrer in Neuendorf und Dechant des Dekanats Bischofferode; Heinrich **Glorius** (1900-1959), Vikar in Böseckendorf; Karl **Merten** (1891-1946), Lehrer in Neuendorf, ab 1. Oktober 1935 in Böseckendorf; Heinrich **Heimbrodt** (1889-1960), Bauer auf dem Heimbrodt-Hof; Franz (IV.) **Zwingmann** (1883-1961), Bauer auf "Valtens".   (Q202)

Taubenbrüstchen waren die Lieblingsspeise von Pfarrer Heinrich **Glorius** (1900-1959).

Am Gasthaus Busch (Kirchgasse 1) in Böseckendorf war die Bushaltestelle. Erich **Zwingmann** (1920-1942) öffnete den Kasten, in dem der Fahrplan hängt, und brachte dort einen Zettel mit folgendem Text an: "Wie heißt es doch so schön bei BUSCH: Mit des Bieres Hochgenuss wächst des Bauches Radius."

Franziska **Eckermann geb. Duwald** (1891-1960; "Schrieners", Dorfstr. 40) wurde bei der Ernte verletzt: beim Dreschen bohrte sich ein Strohhalm in ihre Wange. Die Wunde heilte nicht. Im Sommer 1957 hatte sie schon eine tiefe offene Wunde. Ihre Westverwandtschaft schickte ein Päckchen Penicillin. Diese Sendung ging an den Absender zurück mit dem Hinweis: "Die DDR sieht sich durchaus in der Lage, ihren Einwohnern die benötigten Medikamente selbst zur Verfügung zu stellen". Franziska starb 1960 qualvoll an Gesichtskrebs.

Franz **Zwingmann** (1925-2013) besuchte **1989** unmittelbar nach der Grenzöffnung den "Alter-Schultens-Hof" (Dorfstr. 21). Er sah dort einen ganzen Schrank voller alter Dokumente. Als er einige Wochen später danach fragte, hieß es: "damit haben wir Marmelade gekocht" ...

"Jeder Bauer hatte eine nebenbei!". Es gab Durchschlupf-Löcher von Scheune zu Scheune ... (überliefert von Franz Zwingmann).

"Liebe vergeht – Hektar besteht!": eine bei Bauernfamilien oftmals angewandte Regel bei der Brautwahl ...

Hausnummern

Die Nummerierung der Häuser in Böseckendorf wurde - soweit bekannt - zweimal geändert.

Die älteste bekannte Nummerierung begann mit der Kirche als der Nr. 1; in Richtung Immingerode stiegen die Hausnummern entlang der linken Seite der Dorfstraße an, vom Ortsende zurück auf der anderen Straßenseite bis zum Ortsende Richtung Neuendorf, wechselten dort erneut die Straßenseite und liefen zurück bis hinter die Kirche. Diese Nummerierung findet sich z. B. in den Adressbüchern von 1937/38, 1941 und 1948.

Zu DDR-Zeiten gab es eine neue Nummerierung. Nun hieß alles "Dorfstraße".

Die heutige Nummerierung der Häuser - mit den Straßennamen Dorfstraße, Bleckenröder Straße, Hinter dem Dorfe, Kirchgasse - wurde schließlich 1997 eingeführt (Satzung der Gemeinde Böseckendorf über die Hausnummerierung vom 22.05.1997, VG Amtsblatt 6/1997).

Laut einer alten Ansichtspostkarte von 1904 teilt sich das Dorf wie folgt auf:

Oberdorf: von der Kreuzung bis Ortsende in Richtung Neuendorf
Mitteldorf: von der Kreuzung bis zur Kirche
Unterdorf: von der Kirche bis Ortsende in Richtung Immingerode

Haus - Nr.			Name	Bemerkungen
alt	DDR	heute		
1		-	Kirche St. Nikolaus	Bj. 1713/14 (die heutige Kirche)
2		-	Walberg-Haus / Schule	<1674? Bj. 1829; Abriss 1985
3		Kirchgasse 9	"Schneyers" / Amalia Eckermann Stefan Schimanski	Abriss 1970er Jahre Neubau Bj. 2002
4	41	Dorfstr. 29	"Eckens" Hof	Bj. um 1573 Abriss der Scheune 1970er Jahre
-	-	Dorfstr. 31	Freiwillige Feuerwehr	Bj. 1998/99
-	-	Dorfstr. 33	Johannes Klingebiel, heute Wummel	Bj. um 2002
5	43	Dorfstr. 35	"Plonichens-Hof" / "Polten-Hof" / "Anselm-Klingebiel-Hof"	<1674? Scheune: Bj. 1718
-	43a	Dorfstr. 37	Ehem. Gastwirtschaft "Zur Post"	Bj. 1982
6	45	Dorfstr. 39	"Hermanns" Hof	<1674 (1792 Neubau?)
7a	47	Dorfstr. 41	"Schmetts" Hof	Bj. um 1800 Nr. 7 bis ca. 1905
7b	49	Dorfstr. 43	Joseph Napp	Bj. um 1905
-	64	Dorfstr. 62	Leopold Napp	Bj. 1948 (Bauschein vom 03.10.1947)
-	-	Dorfstr. 60	Sebastian Eckardt	Bj. 2019
-	-	Dorfstr. 58	Matthias Krauß	Bj. 2017
8	62	Dorfstr. 54	Karl Dornieden / Sothen	Bj. 1836
-	60	Dorfstr. 52	Erhard Zwingmann	Bj. 1966/67
9b	58?	-	"Wilhelms" / "Timmermanns" Abriss 04.1998?	Bj. zw. 1833 u. 1845 als Nr. 9; vor 1845 Teilung in Nr. 9a und Nr. 9b
9a	56	Dorfstr. 50	"Schmiede" (Schmalstieg)	
10a	54	Dorfstr. 48	Burchardt-Hof (vorher: Remmert – 10b)	<1674 Bj. <1832
10b				
11a	52	Dorfstr. 46	"Karels" Hof Am 06.05.1676 verkaufte Jacob Beckman an Andreas Dornieden	<1640 Bj. <1747
11b	50	Dorfstr. 44	"Agnes Klingebiel"	Bj. um 1850, vorher Gartenland
11c	48	Dorfstr. 42	"Schultens" (Napp)	Bj. 1898, vorher Gartenland
12	46	Dorfstr. 40	"Schrieners"	Bj. <1754
13	-	-	Jacob Klingebiel (*1703)?	vor langer Zeit abgerissen (<1867)
14	44	Dorfstr. 38	"Franz-Napps-Hof"	<1674 Bj. <1700
15	42	Dorfstr. 36	"Tie-Hof" / "Bunners"	<1674 (heutiges Haus Bj. 1911)
16	40	Dorfstr. 34	"Bobers"	Bj. um 1852
17	38	Dorfstr. 32	Rhode-Stammhof (vorher Deppe)	<1674 Bj. 1836; Brunnen 1681
18	36	Dorfstr. 30	Bömeke/ Stolze/ Kaplanei	<1674 Bj. 1831; Brunnen 1681
18b	34	Dorfstr. 28	"Valtens" Hof	Bj. um 1898
-	-	Bleckenröder Str. 3	Teresa Eckardt	Bj. 2013
18c	32	Bleckenröder Str. 1	"Försters"	
18a		Hinter dem Dorfe	Schneemann	
18b	30	Hinter dem Dorfe 1	Josef Thume	Bj. vor 1867
-	-	Hinter dem Dorfe 2	Simone Hebestreit	Bj. 2010
18d		-	Ewald Klingebiel	Bj. um 1910 Abriss 1986

Anmerkung:

Graue und blaue Schattierungen in Verbindung mit gestrichelten Trennlinien zeigen früher zusammen-hängende Grundstücke an.

Haus - Nr.			Name	Bemerkungen
alt	DDR	heute		
19a	24	Bleckenröder Str. 2	Eckermann-Hof	<1674 Teilung vor 1808
19b	22	Dorfstr. 26	"Maria Napp"	
20	20	Dorfstr. 24	"Villa Senger"	<1674 Bj. <1833 heutiges Haus: Bj. um 1900
21	18	Dorfstr. 22	Emma Konradi / Liborius	<1745?
22	16?	Dorfstr. 20	Leineweber-Hof	<1672 Bj. um 1810
		Dorfstr. 18	Leinewebers Garten	(Garten bekam eigene Haus-Nr.)
23	14	Dorfstr. 16	"Schultens" (Klingebiel)	<1674 Bj. 1788
24	12	Dorfstr. 14	"Schausters"	Bj. um 1852?
25a	10	Dorfstr. 12	Ismael-Hof	Bj. um 1813?
25c	8?	Dorfstr. 10	"Metschgers" (Schmalstieg; vordere Haushälfte)	"Die Burg" Bj. >1832 Abriss etwa 1982/83
25b	6?	Dorfstr. 8?	"Maurermeisters" (Kleineberg; hintere Haushälfte)	
25d	2	Dorfstr. 6	Johannes Napp (linke Haushälfte)	Bj. >1845; Abriss 01.2021
25d	4	Dorfstr. 4	Johannes Schatz (rechte Haushälfte)	
26	1	Dorfstr. 3	"Klapprodts" (Müller)	Bj. 1906 - 1909
27	3	Dorfstr. 5	"Julius Schmalstieg" (vorher: Bömeke, Burchardt)	<1656 Bj. 1786
28a	5	Dorfstr. 7	Engelhardt-Hof	Bj. um 1830?
28b	7	Dorfstr. 9	Dietrich-Hof	Bj. um 1830?
29a	9	Dorfstr. 11	Hackethal-Hof (linke Haushälfte)	Bj. 1763
29b	11	Dorfstr. 13	Deppe-Hof (rechte Haushälfte)	
30	13	Dorfstr. 15	"Kochs"	<1674 Bj. <1772
31	15	Dorfstr. 17	"Emma Leineweber"	<1674 Bj. um 1818?
32	17	Dorfstr. 19	Huschenbett-Hof	Bj. <1900
33	19	Dorfstr. 21	"Alter-Schultens-Hof"	<1674 Bj. <1772?
34		-	Nr. 34	<1674? am 08.09.1976 abgebrannt
-	-	Bleckenröder Str. 4	Uschkoreit	Bj. um 1997
34a	-	-	Deputat- bzw. Tagelöhnerhaus	1867/69 bewohnt
34b	-	-	Deputat- bzw. Tagelöhnerhaus	1867/69 bewohnt
34c	-	-	Deputat- bzw. Tagelöhnerhaus	1867/69 bewohnt
35	21	-	"Meierei-Hof" ("Marais")	<1674 Bj. 1720; Abriss 2009
36	23	-	Deppe-/Rhode-/Heimbrodt-Hof Ehem. Hof derer von Wintzingerode?	<1674 Bj. um 1726; Abriss 2009
37a	25	Dorfstr. 27	"Kaufmanns" Paul Deppe bis 1669, dann Hans Henrich Dornieden aus Neuendorf	<1600 Bj. um 1900
-	-	Dorfstr. 23	Fam. Münnemann	Bj. 2015
-	-	Dorfstr. 25	Fam. Behre	Bj. 2015
-	-	Dorfstr. 25a	Fam. Remin, heute Fam. Wagner	Bj. 2015
38	27	Kirchgasse 1	Gasthaus Busch / Schmalstieg	<1674 Bj. <1772?
37c	29	Kirchgasse 3	"Berge Hermann"	Bj. um 1816; Abriss 1992
37b	31	Kirchgasse 4	Drieselmann / Konradi	Bj. um 1897 / (Balken um 1740)
39	33	Kirchgasse 5	"Schäpers"	<1674? Abriss 2008
40	35	Kirchgasse 6	"Gregor Leineweber"	<1674? Abriss 2012

rot: Wohngebäude
braun: Nebengebäude, Scheunen, Stallungen etc.

Hausnummern: alte Nummerierung

Schulbilder

1922, v.l.n.r.:

1. Reihe:

Josef **Zwingmann** (*06.05.1913 B., †04.02.1988 Duderstadt) — von "Karels" Hof
   Er oo am 16.05.1954 Lucia **Zwingmann** (*16.09.1920 B., †08.04.1995 Duderstadt)

Josef **Hey** (*22.06.1910 Buer/Westf., †26.08.1944 WK 2 — wo lebte er 1922?
   (bei Duclair/Frankreich))
   Er war verlobt mit Hermine **Huschenbett** (*20.09.1913 B., †11.12.2008 Duderstadt)

Paul **Zwingmann** (*11.01.1912 B., †nach 1939 wo?) — von "Karels" Hof
   Er hat vermutlich nicht geheiratet? Über seinen Verbleib ist mir nichts bekannt.

2. Reihe:

Hans **Geburzi** (*06.07.1915 Hundeshagen, †wann? wo?) — Sohn des Schullehrers

Karl **Rhode** (*13.09.1914 B., †31.03.1997 Angerstein) — vom Rhode-Stammhof
   Er oo am 08.10.1942 Theresia **Konradi** (*04.11.1916 B., †15.02.2012 Nörten-Hardenberg

Bruno **Napp** (*16.10.1912 B., †wann? wo?) — von "Maria Napp"
   Er oo am 05.07.1941 Anna (?) **Maechler** (*wann? Gronau/Leine?)

Gregor **Leineweber** (*11.10.1913 B., †26.11.1971 B.) — von "Gregor Leineweber"
   Er blieb unverheiratet

Konrad **Klingebiel** (*21.08.1912 B., †06.09.1986 Neuendorf) — von "Anselm Klingebiel"
   Er oo vor 1950 Edeltrud **Engelhardt**

Hermann **Zwingmann** (*30.08.1910 B., †25.08.1941 WK 2 (Russland)) — von "Timmermanns"
   Er blieb unverheiratet

Rudolf **Eckermann** (*23.01.1915 B., †11.05.1999 Duderstadt) — vom Eckermann-Hof

Er oo am 10.05.1941 Margareta **Popp** (*23.01.1915 Ingolstadt, †12.11.2000 Duderstadt

Ewald **Klingebiel** (*24.10.1912 B., †15.04.1995 Angerstein) — Hinter dem Dorfe

Er oo am 01.02.1949 Ursula **Hettenhausen**

3. Reihe:

Paula **Klingebiel** (*28.06.1915 B., †25.01.2003 B.) — von "Anselm Klingebiel"

Sie oo am 17.01.1948 Josef **Napp** (*04.03.1910 B., †05.11.1971 B.)

Eva **Geburzi** (*05.07.1917 Weißenborn-Lüderode, †wann? wo?) — Tochter des Schullehrers

(Sie war erst ab Ostern 1923 schulpflichtig). Was wurde aus ihr?

Gisela **Zwingmann** (*17.03.1915 Sarne Krs. Rawitsch, †wann? wo?) — von "Bobers" Hof

Sie zog im Februar 1922 mit ihren Eltern nach Heiligenstadt um. Was wurde aus ihr?

Maria "Mimi" **Klingebiel** (*04.03.1915 B., †12.01.2005 Angerstein) — Hinter dem Dorfe

Sie oo am 09.05.1939 Bernhard **Napp** (*21.08.1909 B., †22.02.1995 Angerstein)

Maria **Zwingmann** (*08.11.1914 B., †14.09.1973 Duderstadt (Krhs.)) — von "Karels" Hof

Sie oo am 02.01.1944 Friedrich **Klingebiel** (*18.03.1908 Immingerode, †10.12.1971 ebd.)

Elisabeth **Klapprodt** (*16.09.1913 B., †14.08.1993 Duderstadt) — von "Klapprodt/Müller"

Sie war Schwester Humilitas bei den Vinzentinerinnen in Hildesheim.

Hermine **Huschenbett** (*20.09.1913 B., †11.12.2008 Duderstadt) — vom Huschenbett-Hof

Sie war verlobt mit Josef **Hey** (*22.06.1910 Buer/Westf., †26.08.1944 WK 2 (bei Duclair/Frankreich))

Theresia **Leineweber** (*14.09.1913 B., †21.11.1944 Göttingen) — vom Leineweber-Hof

Sie blieb vermutlich unverheiratet

Gertrud **Napp** (*27.03.1914 B., †24.11.2011 Seeburg) — von "Schultens" (Napp)

Sie oo am 19.04.1950 Wilhelm **Merten** (*vor 1914 Seeburg, †wann? Seeburg)

Rosa **Klingebiel** (*30.03.1914 B., †13.04.1998 Angerstein) — vom "Meierei-Hof"

Sie oo am 30.12.1942 Bernhard **Klingebiel** (*27.12.1912 Nesselröden, †30.12.1986 Angerstein)

Maria **Huschenbett** (*20.09.1915 B., †01.06.1948 B.) — vom Huschenbett-Hof

Sie blieb unverheiratet

4. Reihe:

Katharina **Zwingmann** (*10.11.1910 B., †05.11.1925 B.) — von "Karels" Hof

Sie starb im Alter von 14 Jahren.

Agnes **Eberhardt** (*24.09.1909 B., †02.12.1957 B.) — von "Kaufmanns"

Sie oo am 02.01.1935 Josef **Dornieden** (*18.09.1909 Bleckenrode, †01.10.1996 B.)

Maria **Eckermann** (*10.03.1912 B., †27.05.1987 Sondershausen) — vom Eckermann-Hof

Sie oo am 19.05.1937 Karl **Hey** (*24.07.1904 Sondershausen, †12.09.1975 Sondershausen)

Berta **Huschenbett** (*15.12.1911 B., †04.08.1956 Mühlhausen) — vom Huschenbett-Hof

Sie oo am 30.12.1937 Karl **Dornieden** (*15.10.1906 Bleckenrode, †17.06.1997 B.)

Anna **Leineweber** (*06.10.1911 B., †09.10.1993 Angerstein) — vom Leineweber-Hof

Sie oo am 23.02.1949 Johannes **Zwingmann** (*01.02.1907 B., †30.03.1965 Göttingen)

Hildegard **Drieselmann** (*13.10.1910 B., †31.07.1995 B.) — von Drieselmann / Konradi

Sie oo am 19.07.1933 Otto **Konradi** (*03.11.1909 B., †12.01.1972 B.)

Agnes **Leineweber** (*20.04.1910 B., †wann? wo?) — von "Emma Leineweber"

Sie oo am 09.10.1938 August **Eyda** (*vor 1910 Duderstadt?, †wann? wo?)

Anna **Klapprodt** (*07.03.1911 B., †19.02.1992 B.) — von "Klapprodt/Müller"

Sie oo am 28.12.1938 Wilhelm **Müller** (*05.02.1906 Neuendorf, †24.05.1963 B.)

Anna **Klingebiel** (*04.12.1912 B., †10.07.1983 Heiligenstadt) — von "Eckens" Hof

Sie blieb unverheiratet

Rosa **Eckermann** (*07.04.1913 B., †04.04.2012 Duderstadt)   - vom Eckermann-Hof

Sie blieb unverheiratet

Maria **Hey** (*30.06.1908 Buer/Westf., †19.01.1995 B.)   - wo lebte sie 1922?

Sie oo am 29.06.1937 Julius **Napp**

(*30.09.1913 Berlingerode, †21.09.1983 Böseckendorf)

Maria **Klapprodt** (*06.10.1908 B., †28.06.2000 Salzgitter-Bad)   - von "Klapprodt/Müller"

Sie war Schwester Salviana bei den Vinzentinerinnen in Hildesheim.

5. Reihe:

Hubert **Huschenbett** (*15.04.1910 B., †08.11.1985 B.)   - vom Huschenbett-Hof

Er oo1 am 21.02.1938 Rosa **Arand** (*12.08.1909 Günterode, †13.06.1957 B.)

Er oo2 am 17.09.1958 Anna **Günther** (*05.02.1916 Neuendorf, †03.11.1996 B.)

Josef **Napp** (*04.03.1910 B., †05.11.1971 B.)   - von "Schultens" (Napp)

Er oo am 17.01.1948 Paula **Klingebiel** (*28.06.1915 B., †25.01.2003 B.)

Josef **Napp** (*03.08.1909 B., †07.03.1927 B.)   - von "Maria Napp"

Er starb mit 17 Jahren

Bernhard **Napp** (*21.08.1909 B., †22.02.1995 Angerstein)   - von "Hermanns" Hof

Er oo am 09.05.1939 Maria **Klingebiel** (*04.03.1915 B., †12.01.2005 Angerstein)

Otto **Klingebiel** (*12.01.1908 B., †09.1944 WK 2 (vermisst Russland))   - von "Agnes Klingebiel"

Er blieb unverheiratet

Otto **Konradi** (*03.11.1909 B., †12.01.1972 B.)   - von "Emma Konradi"

Er oo am 19.07.1933 Hildegard **Drieselmann** (*13.10.1910 B., †31.07.1995 B.)

Anselm **Klingebiel** (*22.12.1910 B., †2003 Duderstadt)   - vom "Anselm-

Er oo am 19.12.1945 Erika **Meier**   Klingebiel-Hof"

Lehrer Johannes **Geburzi** (*12.09.1884 Sachsenhausen/Ffm., †nach 1948 Schnellmannshausen?)

Er oo am 10.10.1914 Luise **Letzner** (*30.01.1888 Berlin-Steglitz, †wann? wo?)

1929, v.l.n.r.:

1. Reihe:

Karl **Köhler** (*09.01.1921 B., †09.10.1944 WK 2 (Budapest/Ungarn)) — vom "Alter-Schultens-Hof"
    Er blieb unverheiratet

Franz **Heimbrodt** (*05.02.1922 B., †13.10.1990 Geseke) — vom Heimbrodt-Hof
    Er war katholischer Priester

Karl **Schmalstieg** (*01.03.1922 B., †14.02.1998 Hildesheim) — v. Schmalstieg- Schmiede
    Er oo am 17.11.1953 Margret **Wissel** (*25.01.1929 Papenburg, †27.11.2002 Hildesheim)

Wilhelm **Zwingmann** (*03.11.1921 B., †1944 WK 2 (Balkan vermisst)) — von "Bunners" Hof
    Er blieb unverheiratet

Hermann **Thume** (*04.10.1921 B., †18.10.1998 B.) — Hinter dem Dorfe
    Er oo am 16.01.1952 Agnes **Dietrich** (*10.12.1921 B., †28.04.1983 B.)

Bruno **Zwingmann** (*25.02.1922 B., †24.11.2005 Hildesheim) — von "Karels" Hof
    Er oo am 05.03.1948 Gertrud **Weber** (*02.05.1925 Neuendorf, †30.03.2014 Hildesheim)

Hermann **Konradi** (*01.03.1922 B., †01.12.1942 WK 2 (Stalingrad)) — von "Emma Konradi"
    Er blieb unverheiratet

Agnes **Dietrich** (*10.12.1921 B., †28.04.1983 B.) — vom Dietrich-Hof
    Sie oo am 16.01.1952 Hermann **Thume** (*04.10.1921 B., †18.10.1998 B.)

Elsbeth **Geburzi** (*25.12.1921 B., †wann? wo?) — Tochter des Schullehrers

2. Reihe:

Ferdinand **Schmalstieg** (*09.06.1918 B., †19.03.1996 B.) — von Busch/Schmalstieg
    Er oo am 27.01.1954 Magdalena **Ismael** (*15.01.1922 B., †27.01.2010 B.)

Theresia **Konradi** (*04.11.1916 B., †15.02.2012 Nörten-Hardenberg) — von "Emma Konradi"
    Sie oo am 08.10.1942 Karl **Rhode** (*13.09.1914 B., †31.03.1997 Angerstein)

Emma **Leineweber** (*29.03.1917 B., †25.10.1999 B.) — von "Emma Leineweber"
    Sie oo am 27.07.1955 den Witwer Franz (V) **Zwingmann** (*02.10.1900 B., †09.06.1966 B.)

Eva **Geburzi** (*05.07.1917 Weißenborn-Lüderode, †wann? wo?) — Tochter des Schullehrers

Maria **Napp** (*11.06.1916 B., †29.08.1968 B.) — von "Maria Napp"
    Sie blieb unverheiratet

Lucia **Zwingmann** (*16.09.1920 B., †08.04.1995 Duderstadt) — von "Berge Hermann"
    Sie oo am 16.05.1954 Josef **Zwingmann** (*06.05.1913 B., †04.02.1988 Duderstadt)

Irmgard **Klingebiel** (*12.09.1921 B., †20.07.2019 Duderstadt) — Hinter dem Dorfe
    Sie oo am 06.07.1948 Fritz **Burchard** (*01.08.1914 Duderstadt, †24.06.1979 Duderstadt)

Adelheid **Schmalstieg** (*07.05.1921 B., †29.04.2009 Duderstadt) — von Busch/Schmalstieg
    Sie oo am 14.05.1952 Heinrich **Huschenbett** (*04.09.1919 B., †25.11.2003 Duderstadt)

Rita **Klingebiel** (*18.09.1921 B., †13.11.2006 Angerstein) — von "Schmetts" Hof
    Sie oo am 07.02.1950 Alfons **Napp** (*28.09.1905 B., †21.03.1990 Angerstein)

Irmgard **Hackethal** (*27.01.1922 B., †08.10.2016 B.) — vom Hackethal-Hof
    Sie blieb unverheiratet.

3. Reihe:

Gisela **Geburzi** (*06.08.1924 B.) — Tochter des Schullehrers
    (Sie war erst ab Ostern 1930 schulpflichtig und ging in Böseckendorf nie regulär zur
    Schule).

Hermann **Huschenbett** (*29.05.1917 B., †09.10.2002 Teistungen) — vom Huschenbett-Hof
    Er oo am 29.11.1950 die Witwe Maria **Wand geb. Schmalstieg** (*06.08.1914
    Teistungen, †10.03.2003 Teistungen)

Josef **Ismael** (*29.03.1916 B., †wann? Hamburg?) — vom Ismael-Hof
    Er oo am 17.02.1946 in Hamburg Wilfriede **Krawinkel** (*wann? wo?)

Josef **Grezegefoke** (*09.11.1914 Katharinenberg, †18.01.1943   - in Pflege bei Eduard (V.)
WK 2 (b. Gumrak/Russland))   Klingebiel ("Schmetts" Hof)
(FN Katzmarek bzw. Kaczmarek ist nicht belegt)

Johannes **Geburzi** (*06.07.1915 Hundeshagen, †wann? wo?)   - Sohn des Schullehrers

Rudolf **Eckermann** (*23.01.1915 B., †11.05.1999 Duderstadt)   - vom Eckermann-Hof
      Er oo am 10.05.1941 Margareta **Popp** (*24.03.1918 Ingolstadt, †12.11.2000 Duderstadt)

Heinrich **Huschenbett** (*04.09.1919 B., †25.11.2003 Duderstadt)   - vom Huschenbett-Hof
      Er oo am 14.05.1952 Adelheid **Schmalstieg** (*07.05.1921 B., †29.04.2009 Duderstadt)

Willi **Drieselmann** (*28.08.1919 B., †12.10.1944 WK 2 (Litauen))   - von "Drieselmann /
      Er blieb unverheiratet   Konradi"

Rudi **Geburzi** (*20.01.1920 B., †05.08.1941 Silberhausen)   - Sohn des Schullehrers

Erich **Zwingmann** (*27.09.1920 B., †10.06.1942 WK 2 (Russland))   - von "Bunners" Hof
      Er blieb unverheiratet

Gustav **Klingebiel** (*19.03.1919 B., †21.09.1944 WK 2 (Frankreich))   - vom "Anselm-Klingebiel-
      Er blieb unverheiratet   Hof"

4. Reihe:

Lehrer Johannes **Geburzi** (*12.09.1884 Sachsenhausen/Ffm., †nach 1948 Schnellmannshausen?)
      Er oo am 10.10.1914 Luise **Letzner** (*30.01.1888 Berlin-Steglitz, †wann? wo?)

Maria **Huschenbett** (*20.09.1915 B., †01.06.1948 B.)   - vom Huschenbett-Hof
      Sie blieb unverheiratet

Paula **Klingebiel** (*28.06.1915 B., †25.01.2003 B.)   - vom "Anselm-Klingebiel-
                                                          Hof"
      Sie oo am 17.01.1948 Josef **Napp** (*04.03.1910 B., †05.11.1971 B.)

Maria "Mimi" **Klingebiel** (*04.03.1915 B., †12.01.2005 Angerstein)   - Hinter dem Dorfe
      Sie oo am 09.05.1939 Bernhard **Napp** (*21.08.1909 B., †22.02.1995 Angerstein)

Maria **Zwingmann** (*08.11.1914 B., †14.09.1973 Duderstadt (Krhs.))   - von "Karels" Hof
      Sie oo am 02.01.1944 Friedrich **Klingebiel** (*18.03.1908 Immingerode, †10.12.1971 ebd.)

Rosa **Leineweber** (*16.09.1919 B., †22.06.2011 B.)   - von "Gregor Leineweber"
      Sie oo am 13.09.1954 Hubert **Eckardt** (*31.01.1922 Gut Beinrode b. Kallmerode,
      †08.07.1973 Worbis)

Anna **Ismael** (*25.06.1920 B., †28.09.2010 Brehme)   - vom Ismael-Hof
      Sie blieb unverheiratet

Gertrud **Klingebiel** (*09.06.1920 B., †23.08.2008 Duderstadt)   - von "Schmetts" Hof
      Sie oo am 09.06.1948 Ignaz **Werner** (*09.07.1910 Duderstadt, †22.04.1999 Duderstadt)

Paula **Hackethal** (*09.01.1920 B., †08.11.2013 Korbach)   - vom Hackethal-Hof
      Sie oo am 28.07.1967 Günther **Horstmann** (*27.05.1920 Korbach?, †15.11.2009
      Korbach)

Agatha **Rhode** (*28.05.1919 B., †28.11.1997 Holungen)   - vom Rhode-Stammhof
      Sie oo1 am 16.04.1940 Johannes **Anhalt** (*30.07.1911 Heiligenstadt,
      †17.09.1942 WK 2 (Woronesch/Russland))
      Sie oo2 am 29.06.1958 Bernhard **Gerlach** (*10.06.1920 Holungen, †10.12.1990
      Holungen)

Magdalena **Ismael** (*15.01.1922 B., †27.01.2010 B.)   - vom Ismael-Hof
      Sie oo am 27.01.1954 Ferdinand **Schmalstieg** (*09.06.1918 B., †19.03.1996 B.)

Rosa **Napp** (*16.02.1922 B., †09.04.2005 Duderstadt)   - von "Johannes Napp"
      Sie oo am 20.04.1949 Heinrich <u>Georg</u> **Mock** (*17.06.1920 Duderstadt, †21.12.2006
      Duderstadt)

1930, v.l.n.r.:

1. Reihe:

Elisabeth **Klingebiel** — von "Schmetts"
        Sie oo am 01.04.1959 Arnold **Hansen**
        (*14.09.1918 Wollersheim/Euskirchen, †09.11.1978 Zülpich)

Magdalena **Ismael** — vom Ismael-Hof
        Sie oo am 27.01.1954 Ferdinand **Schmalstieg** (*09.06.1918 B., †19.03.1996 B.)

Irmgard **Hackethal**, sie blieb unverheiratet — vom Hackethal-Hof

Erika **Leineweber** — von "Emma Leineweber"
        Sie oo am 13.10.1948 Friedrich Rudolf **Freckmann** (*19.09.1920 Duderstadt,
        †wann? Duderstadt?)

Katharina **Engelhardt** — aus Neuendorf
        Sie oo am 11.08.1946 Hugo **Zwingmann** (*18.11.1904 B., †30.10.1982 Heiligenstadt)

Oswald **Leineweber**, er blieb unverheiratet — von "Gregor Leineweber"

Hermann **Konradi**, er blieb unverheiratet — von "Emma Konradi"

Bruno **Zwingmann**, er oo 1948 Gertrud **Weber** — von "Karels" Hof

2. Reihe:

Paula **Hackethal** (*09.01.1920 B., †08.11.2013 Korbach) — vom Hackethal-Hof
        Sie oo am 28.07.1967 Günther **Horstmann**
        (*27.05.1920 Korbach?, †15.11.2009 Korbach)

Agnes **Dietrich**, sie oo 1952 Hermann **Thume** — vom Dietrich-Hof

Gertrud **Eckermann**, sie blieb unverheiratet — vom Eckermann-Hof

Agnes **Heimbrodt**, sie oo 1955 Karl **Klingebiel** — vom Heimbrodt-Hof

Gertrud **Hackethal**, sie blieb unverheiratet — vom Hackethal-Hof

Maria **Zwingmann**, sie oo 1957 Wilhelm **Heimbrodt** — von "Valtens"

Erhard **Zwingmann**, er starb als Schüler im Alter von 12 Jahren — von "Valtens"

Alfons **Schmalstieg**, er blieb unverheiratet
- von der Schmalstieg-Schmiede

Karl **Klingebiel**, er oo 1955 Agnes **Heimbrodt**
- vom "Franz-Napps-Hof"

Johannes **Ismael**, er blieb unverheiratet
- vom Ismael-Hof

3. Reihe:

Rosa **Leineweber** (*16.09.1919 B., †22.06.2011 B.)
- von "Gregor Leineweber"

    Sie oo am 13.09.1954 Hubert **Eckardt**

Agatha **Rhode** (*28.05.1919 B., †28.11.1997 Holungen)
- vom Rhode-Stammhof

    Sie oo1 am 16.04.1940 Johannes **Anhalt**

    (*30.07.1911 Heiligenstadt, †17.09.1942 WK 2 (Woronesch/Russland)

    Sie oo2 am 29.06.1958 Bernhard **Gerlach**

    (*10.06.1920 Holungen, †10.12.1990 Holungen)

Theresia **Konradi** (*04.11.1916 B., †15.02.2012 Nörten-Hardenberg)
- von "Emma Konradi"

    Sie oo am 08.10.1942 Karl **Rhode** (*13.09.1914 B., †31.03.1997 Angerstein)

Emma **Leineweber** (*29.03.1917 B., †25.10.1999 B.)
- von "Emma Leineweber"

    Sie oo am 27.07.1955 den Witwer Franz (V.) **Zwingmann**

    (*02.10.1900 B., †09.06.1966 B.)

Lehrer Josef **Reinhardt** (*28.01.1900 Dieterode, †nach 1945 wo?)
- Schule

Hermann **Huschenbett** (*29.05.1917 B., †09.10.2002 Teistungen)
- vom Huschenbett-Hof

    Er oo am 29.11.1950 die Witwe Maria **Wand geb. Schmalstieg**

    (*06.08.1914 Teistungen, †10.03.2003 Teistungen)

Wilhelm **Zwingmann** (*27.04.1918 B., †nach 1932 wo?)
- von "Karels" Hof

    Über seinen Verbleib ist nichts bekannt

Willi **Drieselmann** (*28.08.1919 B., †12.10.1944 WK 2 (Litauen))
- von "Drieselmann / Konradi"

    Er blieb unverheiratet

Ferdinand **Schmalstieg** (*09.06.1918 B., †19.03.1996 B.)
- von Busch/Schmalstieg

    Er oo am 27.01.1954 Magdalena **Ismael**

Heinrich **Huschenbett** (*04.09.1919 B., †25.11.2003 Duderstadt)
- vom Huschenbett-Hof

    Er oo am 14.05.1952 Adelheid **Schmalstieg**

4. Reihe:

Rita **Klingebiel**
- von "Schmetts"

    Sie oo am 07.02.1950 Alfons **Napp** (*28.09.1905 B., †21.03.1990 Angerstein)

Irmgard **Klingebiel**
- Hinter dem Dorfe

    Sie oo am 06.07.1948 Fritz **Burchard** (*01.08.1914 Duderstadt, †24.06.1979 Duderstadt)

Adelheid **Schmalstieg**
- von Busch/Schmalstieg

    Sie oo am 14.05.1952 Heinrich **Huschenbett** (*04.09.1919 B., †25.11.2003 Duderstadt)

Gertrud **Klingebiel** (*09.06.1920 B., †23.08.2008 Duderstadt)
- von "Schmetts"

    Sie oo am 09.06.1948 Ignaz **Werner** (*09.07.1910 Duderstadt, †22.04.1999 Duderstadt)

Anna **Ismael** (*25.06.1920 B., †28.09.2010 Brehme)
- vom Ismael-Hof

    Sie blieb unverheiratet

Lucia **Zwingmann** (*16.09.1920 B., †08.04.1995 Duderstadt)
- von "Berge Hermann"

    Sie oo am 16.05.1954 Josef **Zwingmann** (*06.05.1913 B., †04.02.1988 Duderstadt)

Erich **Zwingmann** (*27.09.1920 B., †10.06.1942 WK 2 (Russland))
- von "Bunners" Hof

    Er blieb unverheiratet

Gustav **Klingebiel** (*19.03.1919 B., †21.09.1944 WK 2 (Frankreich))
- vom "Anselm-Klingebiel-Hof"

    Er blieb unverheiratet

Franz **Heimbrodt**, er war katholischer Priester
- vom Heimbrodt-Hof

Karl **Schmalstieg**, er oo 1953 Margret **Wissel**
- von der Schmalstieg-

Karl **Köhler**, er blieb unverheiratet
Wilhelm **Zwingmann**, er blieb unverheiratet
Hermann **Thume**, er oo 1952 Agnes **Dietrich**

Schmiede
- vom "Alter-Schultens-Hof"
- von "Bunners" Hof
- Hinter dem Dorfe

1947, v.l.n.r.:

1. Reihe:
Dechant Ferdinand **Gaudl** (*18.09.1874 Kaaden/Eger, †21.04.1951 B.?)
Rita **Zwingmann**, sie oo 1966 Ferdinand (III.) **Schmalstieg**   - von "Kochs"
Rita **Schmalstieg**, war nach dem Krieg als Ausgebombte in   - Tochter von Oswald
    Böseckendorf, hat später geheiratet (wen?)   - auf "Kochs"?
Edeltraud **Schneemann**, sie oo 1958 Gerhard **Schnabel**   - von "Schneemann"
Rosemarie **Thume**, sie oo nach 1958 Hubert **Zimmermann**   - vom Thume-Hof
Gerhard **Dornieden**, er blieb unverheiratet und starb mit 25 Jahren   - von "Karl Dornieden"
Lehrer Johannes **Dressler** (*07.03.1881 Frobelwitz/Schlesien, †wann? wo?)
2. Reihe:
Adalbert **Dornieden**, er oo 1962 Elisabeth **Zinke**   - von "Kaufmanns"
Vera **Zieglowski**, Flüchtlingskind   - lebte auf "Schultens"
    Sie oo nach 1956 wo? N.N. **Schumacher**   (Klingebiel)
Anni **Schmalstieg**, sie oo 1967 Hubert **Deppe**   - von "Schausters"
Hermann **Deppe**, er oo 1962 Waltraud **Aschoff**   - vom Deppe-Hof
Hans-Helmut "Hansi" **Schwarze**, Ausgebombter aus Hannover,   - lebte auf dem Burchardt-
    Sohn des Pressefahrers Ernst Schwarze   Hof
Maria **Schmalstieg**, sie oo 1966 Herbert **Schneemann**   - von "Schausters"

3. Reihe:

Herbert **Zwingmann**, er oo 1964 Margret **Koch** — von "Bobers" Hof

Paul **Napp**, er oo 1963 Ursula **Dornieden** — von "Näppchens"

Rita **Napp**, sie oo 1961 Hubert **Senge** — von "Karl Dornieden"

Thea **Schwarze**, Ausgebombte aus Hannover, Tochter des Pressefahrers Ernst Schwarze — lebte auf dem Burchardt-Hof

Thekla **Konradi**, sie oo 1959 Georg **Simon** — von "Drieselmann / Konradi"

1948, v.l.n.r.:

1. Reihe:

Ludwig **Dornieden**, er oo 1967 Margret **Borchard** — von "Kaufmanns"

Gerhard **Schmalstieg**, er oo 1968 Rita **Engel** — von "Schausters"

Josef **Dornieden**, er oo 1972 Anni **Bellgardt** — von "Karl Dornieden"

Gertrud **Dornieden**, sie oo 1967 Hans-Jürgen **Bauermeister** — von "Karl Dornieden"

Reinhold **Müller**, er oo nach 1961 Gisela **Senft** — von "Klapprodt/Müller"

Jutta **Schmalstieg**, sie war nach dem Krieg als Ausgebombte in Böseckendorf, hat später geheiratet (wen?) — Tochter von Oswald — auf "Kochs"?

Irmgard **Gürntke**, Flüchtlingskind. Was wurde aus ihr? — lebte auf Nr. 34

Hubert **Deppe**, er oo 1967 Anna **Schmalstieg** — vom Deppe-Hof

Alois **Dornieden**, er oo 1973 Helga **Glöde** — von "Kaufmanns"

Waltraud **Gürntke**, Flüchtlingskind. Was wurde aus ihr? — lebte auf Nr. 34

2. Reihe:

Ruthilde **Wolf**, sie oo 1961 Gerhard **Fidorra** — "Villa Senger"

Waltraud **Anhalt**, sie oo 1961 Hermann **Wand** — lebte Rhode-Stammhof

Ingrid **Napp**, sie oo 1963 Thomas **Weidlich** — von "Hermanns" Hof

Reinhold **Dornieden**, er oo 1962 Ingeborg **Gawenda** — von "Karl Dornieden"

Roland **Kröhn** — lebte auf "Schultens" (Napp)

Alfons **Müller**, er oo 1976? Maria **Schmalstieg** — von "Klapprodt/Müller"

Ewald **Napp**, er oo 1969 Elisabeth **Tölle** — von "Hermanns" Hof

Horst **Schwanzer**, Sohn des Maurers Franz Schwanzer — lebte auf "Karels" Hof
               Was wurde aus ihm?

Franz **Kröhn**, er oo nach 1961 Ingrid **Raabe** — lebte auf "Schultens" (Napp)

Lehrer Johannes **Dressler** (*07.03.1881 Frobelwitz/Schlesien) — Schule

3. Reihe:

Rudolf **Eckermann**, er oo 1964 Erika **Rösler** — vom Eckermann-Hof

Ferdinand (III.) **Schmalstieg**, er oo 1966 Rita **Zwingmann** — von "Schausters"

Frieda **Zieglowski**, Flüchtlingskind — lebte auf "Schultens" (Klingebiel)
               Sie oo nach 1958 wo? Hans **Himpenmacher**

Hildegard **Napp**, sie starb im Alter von 15 Jahren — von "Karl Dornieden"

Gertrud **Gürntke**, sie oo nach 1961 Walter **Kemp** — lebte auf Nr. 34

Hedwig **Dornieden**, sie oo 1959 Volkhard **Reichel** — von "Kaufmanns"

Irmgard **Huschenbett**, sie oo 1964 Franz **Apel** — vom Huschenbett-Hof

1949, v.l.n.r.:

1. Reihe:

Ewald **Napp**, er oo 1969 Elisabeth **Tölle**	- von "Hermanns" Hof
Ingrid **Napp**, sie oo 1963 Thomas **Weidlich**	- von "Hermanns" Hof
Reinhold **Müller**, er oo nach 1961 Gisela **Senft**	- von "Klapprodt/Müller"
Rudolf **Eckermann**, er oo 1964 Erika **Rösler**	- vom Eckermann-Hof
Josef **Dornieden**, er oo 1972 Anni **Bellgardt**	- von "Karl Dornieden"
Ludwig **Dornieden**, er oo 1967 Margret **Borchard**	- von "Kaufmanns"
Gerhard **Schmalstieg**, er oo 1968 Rita **Engel**	- von "Schausters"
Waltraud **Anhalt**, sie oo 1961 Hermann **Wand**	- lebte Rhode-Stammhof
Irmgard **Huschenbett**, sie oo 1964 Franz **Apel**	- vom Huschenbett-Hof

2. Reihe:

Lehrer Ferdinand **Kleineberg** (*09.02.1884 Heiligenstadt, †1972 Berlingerode)	
Irmgard **Gürntke**	- lebte auf Nr. 34
Horst **Schwanzer**, Sohn des Maurers Franz Schwanzer Was wurde aus ihm?	- lebte auf "Karels" Hof
Franz **Kröhn**, er oo nach 1961 Ingrid **Raabe**	- lebte auf "Schultens" (Napp)
Reinhold **Dornieden**, er oo 1962 Ingeborg **Gawenda**	- von "Karl Dornieden"
Roland **Kröhn**	- lebte auf "Schultens" (Napp)
Alfons **Müller**, er oo 1976? Maria **Schmalstieg**	- von "Klapprodt/Müller"
Hubert **Deppe**, er oo 1967 Anna **Schmalstieg**	- vom Deppe-Hof
Alfred **Böck**, Sohn des Mathematikers Alfred Böck	- lebte auf dem Leineweber-Hof

3. Reihe:

Jutta **Schmalstieg**, war nach dem Krieg als Ausgebombte in Böseckendorf, hat später geheiratet (wen?)	- Tochter von Oswald - auf "Kochs"?
Waltraud **Gürntke**, Flüchtlingskind	- lebte auf Nr. 34
Hildegard **Napp**, sie starb im Alter von 15 Jahren	- von "Karl Dornieden"
Gertrud **Gürntke**, sie oo nach 1957 Walter **Kemp**	- lebte auf Nr. 34
Ruthilde **Wolf**, sie oo 1961 Gerhard **Fidorra**	- "Villa Senger"
Erna **Uschkoreit**, sie oo nach 1963 Manfred **Rojahn**	- "Alter-Schultens-Hof"
Gertrud **Dornieden**, sie oo 1967 Hans-Jürgen **Bauermeister**	- von "Karl Dornieden"
Edith **Uschkoreit**, was wurde aus ihr?	- "Alter-Schultens-Hof"

Schöppen-Liste

Die Schöppen wurden früher "Vormünder" genannt

Amtszeit	Wahl	Name	Geboren	Gestorben
1628		**Bömeke**, Anton (Bömeke-Hof, später Kaplanei Dorfstr. 30)	vor 1590	vor 1665 Böseckendorf
1628		**Schucht**, Henrich Bruder von Paul?	vor 1600 Böseckendorf	
1665	Wahlbestätig. v. 11.11.1665	**Friese**, Philipp "Lips" ("Kochs", Dorfstr. 15)	um 1636	20.03.1696 Böseckendorf
1665	Wahlbestätig. v. 11.11.1665	**Klingebiel**, Hans ("Eckens" Hof, Dorfstr. 29)	um 1614	vor 10.1677 Böseckendorf?
- 1668		**Friese**, Philipp "Lips" ("Kochs", Dorfstr. 15)	um 1636	20.03.1696 Böseckendorf
- 1668		**Dornieden**, Andreas (Meierhof, später Leineweber Dorfstr. 20)	um 1635 Böseckendorf?	nach 11.1699 Böseckendorf?
1668 - 18.12.1668		**Bürmann**, Bernhard	vor 1640	vor 09.1671 Böseckendorf
11.1668 - 09.12.1670		**Hase**, Heinrich	vor 1630	nach 1675 Böseckendorf
1669 - 18.12.1671		**Klingebiel**, Albrecht (sen.) ("Alter-Schultens-Hof", Dorfstr. 21)	um 1623 Böseckendorf	1678 Böseckendorf
1672 - 23.11.1672	18.12.1671	**Brand**, Hans Georg (alte Haus-Nr. 34)	vor 1640	vor 1674 Böseckendorf
1673 - 1674	23.11.1672	**Heine**, Christoph ("Hermanns Hof", Dorfstr. 29?)	um 1635	nach 1706 Böseckendorf?
1673 - 1674	23.11.1673	**Burchardt**, Anton ("Julius Schmalstieg", Dorfstr. 5)	um 1625	20.08.1690 Böseckendorf
1674	04.08.1674	**Dornieden**, Andreas (Meierhof, später Leineweber Dorfstr. 20)	um 1635	nach 1699 Böseckendorf
1675		**Bürmann**, Heinrich	um 1616 Böseckendorf?	nach 1675 Böseckendorf?
1675		**Hase**, Heinrich	vor 1630	nach 1675 Böseckendorf
01.1678		**Friese**, Philipp "Lips" ("Kochs", Dorfstr. 15)	um 1636	20.03.1696 Böseckendorf
12.1678, 12.1679		**Friederich**, Heinrich ("Emma Leineweber", Dorfstr. 17)?	vor 1655	05.08.1689 Böseckendorf

Amtszeit	Wahl	Name	Geboren	Gestorben
ab 1681	27.12.1680	**Klingebiel**, Andreas (sen.) (Deppe-/Rhode-/Heimbrodt-Hof, alte Haus-Nr. 36)	um 1612 Böseckendorf?	22.03.1692 Rengelrode
12.1679, 03.1681	27.12.1680	**Dornieden**, Hans Henrich ("Kaufmanns", Dorfstr. 27)	vor 1640 Neuendorf	nach 1709 Böseckendorf?
02.1680 - 09.02.1682		**Remmert**, Heinrich (Burchardt-Hof, Dorfstr. 48)	um 1615 wo?	24.04.1682 Böseckendorf
11.1681		**Scharffe**, Valentin	vor 1630	nach 1688 Böseckendorf?
02.1682 -	09.02.1682	**Arand**, Andreas ("Hermanns Hof", Dorfstr. 39)?	vor 1658	nach 1700 Böseckendorf?
bis 02.03.1709		**Rhode**, Hans (Rhode-Stammhof, Dorfstr. 32)	um 1652 Etzenborn	03.07.1715 Böseckendorf
bis 02.03.1709		**Lülpop**, Hans <u>Caspar</u> ("Kochs", Dorfstr. 15)?	21.03.1675 Böseckendorf	07.11.1755 Böseckendorf
ab 03.1709	02.03.1709	**Dornieden**, Hans (Henrich) ("Kaufmanns", Dorfstr. 27)	vor 1640 Neuendorf	nach 1709 Böseckendorf?
ab 03.1709	02.03.1709	**Weppner**, Jacob (alte Haus-Nr. 39 oder 40)	vor 1670 Böseckendorf?	nach 03.1709 Böseckendorf?
1712		**Klingebiel**, Johannes ("Franz-Napps-Hof", Dorfstr. 38)	06.03.1654 Böseckendorf	nach 1712 Böseckendorf
1712		**Lillpopp**, J. Heinrich	um 1638 Böseckendorf	nach 1712 Böseckendorf
1829 u. 1832; 1808 Schulze		**Napp**, Ernst ("Schmetts", Dorfstr. 41)	11.09.1777 Böseckendorf	13.08.1834 Böseckendorf
1832, 1835, 1836		**Zwingmann**, Wilhelm ("Karels" Hof, Dorfstr. 46)	14.08.1790 Böseckendorf	11.05.1847 Böseckendorf
1833		**Müller**, Heinrich ("Schrieners", Dorfstr. 40)	03.05.1808 Neuendorf	04.10.1858 Böseckendorf
1838 - 05.1841	12.1837	**Rhode**, Franz (jun.) (Rhode-Stammhof, Dorfstr. 32) 1848 zum Schulzen ernannt	14.05.1812 Böseckendorf	16.12.1875 Böseckendorf
05.1841 - 1845	04.05.1841 Vereidigung	**Klingebiel**, Joseph (III.) ("Anselm-Klingebiel-Hof", Dorfstr. 35)	06.01.1804 Böseckendorf	09.04.1848 Böseckendorf
1842 - 1845	1842	**Klingebiel**, Jacob ("Schultens" (Klingebiel), Dorfstr. 16)	1800 Böseckendorf	08.03.1866 Böseckendorf
1842		**Dornieden**, <u>Johannes</u> Valentin Bleckenrode	27.09.1797 Bleckenrode	29.03.1856 Bleckenrode
1845 - 1848	14.07.1845	**Napp**, Franz (II.) ("Josef Thume", Hinter dem Dorfe 1)	26.02.1820 Böseckendorf	16.10.1870 Böseckendorf

Amtszeit	Wahl	Name	Geboren	Gestorben
1845 - 1848	14.07.1845	**Schmalstieg**, Ferdinand ("Busch/Schmalstieg", Kirchgasse 1)	09.08.1813 Böseckendorf	05.11.1878 Böseckendorf
08.1847 - 11.1848	1847	**Klingebiel**, Heinrich ("Meierei-Hof", alte Haus-Nr. 35) Bat um seine Entlassung; wurde 1850 zum Schulzen ernannt	13.12.1802 Böseckendorf	10.09.1883 Böseckendorf
1849? - 1851?	11.11.1848	**Klingebiel**, Johannes (I.) ("Alter-Schultens-Hof", Dorfstr. 21)	19.11.1814 Böseckendorf	24.04.1894 Böseckendorf
1849? - 1851?	11.11.1848	**Müller**, Heinrich ("Schrieners", Dorfstr. 40)	03.05.1808 Neuendorf	04.10.1858 Böseckendorf
1852 - 1853	27.12.1851	**Zwingmann**, Ferdinand ("Karels" Hof, Dorfstr. 46)	19.11.1820 Böseckendorf	25.05.1853 Böseckendorf
1852 -	17.12.1851	**Napp**, Franz (I.) ("Franz-Napps-Hof", Dorfstr. 38)	03.1800 Böseckendorf	21.08.1863 Böseckendorf
1854 - 1857	1854?	**Müller**, Heinrich ("Schrieners", Dorfstr. 40)	03.05.1808 Neuendorf	04.10.1858 Böseckendorf
1854 - 1857	1854?	**Klingebiel**, Johannes (I.) ("Alter-Schultens-Hof", Dorfstr. 21)	19.11.1814 Böseckendorf	24.04.1894 Böseckendorf
1855 - 1858	1855?	**Rhode**, Edmund (Heimbrodt-Hof, alte Haus-Nr. 36)	19.05.1805 Böseckendorf	06.10.1888 Böseckendorf
1858 - 12.07.1861	1858?	**Zwingmann**, Joseph ("Bunners" Hof, Dorfstr. 36)	18.09.1817 Böseckendorf	15.07.1878 Böseckendorf
1861 - 22.06.1869	15.05.1861	**Stolze**, Joseph (Stolze-Hof, Dorfstr. 30)	05.11.1820 Böseckendorf	22.06.1869 Böseckendorf
1862 - 1868	1862?	**Napp**, Joseph ("Schmetts", Dorfstr. 41)	16.03.1814 Böseckendorf	01.11.1879 Böseckendorf
1868 - 1872?	03.08.1868	**Klingebiel**, Joseph (I.) ("Eckens" Hof, Dorfstr. 29)	23.02.1826 Böseckendorf	07.02.1915 Böseckendorf
1869 - 1877	1871?	**Klingebiel**, Anselm ("Anselm-Klingebiel-Hof", Dorfstr. 35)	28.02.1834 Böseckendorf	28.03.1912 Duderstadt
1872 - 1875	30.11.1872	**Klingebiel**, Wilhelm (II.) ("Meierei-Hof", alte Haus-Nr. 35)	25.09.1839 Böseckendorf	23.02.1917 Böseckendorf
1875 - 1878?	1875?	**Klingebiel**, Wilhelm (II.) ("Meierei-Hof", alte Haus-Nr. 35)	25.09.1839 Böseckendorf	23.02.1917 Böseckendorf
1877 - 1883	10.03.1877	**Klingebiel**, Anselm ("Anselm-Klingebiel-Hof", Dorfstr. 35)	28.02.1834 Böseckendorf	28.03.1912 Duderstadt
1898 - 10.1899	06.1898	**Napp**, Eduard, Ökonom ("Schmetts", Dorfstr. 41)	27.05.1851 Böseckendorf	07.10.1899 Böseckendorf
1898 -	06.1898	**Leineweber**, Ignaz, Ökonom (Leineweber-Hof, Dorfstr. 20)	09.10.1851 Böseckendorf	08.12.1931 Böseckendorf

Amtszeit	Wahl	Name	Geboren	Gestorben
1937/38 Beigeordneter		**Zwingmann**, Eduard ("Karels" Hof, Dorfstr. 46)	05.07.1877 Nesselröden	22.02.1949 Böseckendorf
1937/38 Beigeordneter		**Kolle**, Johannes Bleckenrode	14.11.1879 Bleckenrode	.....?..... Bleckenrode?
1937/38 Gemeinderat		**Zwingmann**, Eduard ("Bunners", Dorfstr. 36)	29.06.1883 Böseckendorf	30.07.1963 Nesselröden
1937/38 Gemeinderat		**Kleineberg**, Karl ("Maurermeisters", Dorfstr. 8?)	11.11.1887 Böseckendorf	29.10.1958 Böseckendorf
1937/38 Gemeinderat		**Klingebiel**, Otto ("Agnes Klingebiel", Dorfstr. 44)	12.01.1908 Böseckendorf	09.1944 WK 2 vermisst
1937/38 Gemeinderat		**Napp**, Franz ("Schmetts", Dorfstr. 41)	14.12.1884 Böseckendorf	31.01.1953 Duderstadt
1937/38 Gemeinderat		**Bösecke**, Andreas Bleckenrode	10.03.1882 Bleckenrode	nach 1957 Bleckenrode?
1937/38 Gemeinderat		**Görke**, Franz Bleckenrode	vor 1900 Bleckenrode	.....?..... Bleckenrode?
1941 Beigeordneter		**Zwingmann**, Eduard (III.) ("Bunners", Dorfstr. 36)	29.06.1883 Böseckendorf	30.07.1963 Nesselröden
1941 Beigeordneter		**Kleineberg**, Karl ("Maurermeisters", Dorfstr. 8?)	11.11.1887 Böseckendorf	29.10.1958 Böseckendorf
1941 Beigeordneter		**Klingebiel**, Otto ("Agnes Klingebiel", Dorfstr. 44)	12.01.1908 Böseckendorf	09.1944 WK 2 vermisst
1941 Beigeordneter		**Napp**, Franz ("Schmetts", Dorfstr. 41)	14.12.1884 Böseckendorf	31.01.1953 Duderstadt
1941 Beigeordneter		**Bösecke**, Andreas Bleckenrode	10.03.1882 Bleckenrode	nach 1957 Bleckenrode?
1941 Beigeordneter		**Görke**, Franz Bleckenrode	vor 1900 Bleckenrode	.....?..... Bleckenrode?

"Eckens" Hof (Dorfstr. 29), von 2003-2010 liebevoll restauriert durch Georg **Klingebiel**

Schulzen-Liste

Amtszeit	Name	Geboren	Gestorben
1553	**Heinfrent**, Joachim	vor 1523	nach 1553
um 1569, 1582	**Klingebiel**, Matthias ("Eckens" Hof, Dorfstr. 29)	vor 1530	vor 1599
vor 10.1628 - 07.1656	**Deppe**, Albrecht (Rhode-Stammhof, Dorfstr. 32)	vor 1595	07.1656 Böseckendorf
01.08.1656 - 18.03.1677	**Klingebiel**, Albrecht (jun.) ("Franz-Napps-Hof", Dorfstr. 38)	um 1623 Böseckendorf	22.04.1689 Böseckendorf
18.03.1677 - nach 03.1681	**Vogt**, Hans (Gasthaus Busch, Kirchgasse 1)	vor 1647 Böseckendorf?	nach 11.1683 Böseckendorf?
vor 1696	**Dedry**, Andreas		
mind. 1697 – 1699	**Dornieden**, Andreas (Meierhof, später Leineweber, Dorfstr. 20)	um 1635 Böseckendorf?	nach 1699 Böseckendorf?
29.01.1704, 1708	**Klingebiel**, Sebastian ("Alter-Schultens-Hof", Dorfstr. 21)	30.12.1652 Böseckendorf	nach 1713 Böseckendorf?
1712	**Fusch (Voss)**, I. (Johann oder Joseph)	vor 1680	nach 1712 Böseckendorf?
nach 1712 bis max. 1729	**Klingebiel**, Sebastian ("Alter-Schultens-Hof", Dorfstr. 21)	30.12.1652 Böseckendorf	nach 1713 Böseckendorf?
1729 bis max. 1748	**Fusch (Voss)**, Johannes Nicolaus ("Schultens" (Klingebiel), Dorfstr. 16)	05.04.1685 Böseckendorf	12.02.1748 Böseckendorf
bis max. 1750	**Klingebiel**, Georg ("Alter-Schultens-Hof", Dorfstr. 21)	04.05.1698 Böseckendorf	10.04.1750 Böseckendorf
1757 bis max. 1772	**Klingebiel**, Jacob (alte Haus-Nr. 13) vermutet	11.02.1703 Böseckendorf	22.04.1776 Böseckendorf
1772 bis max. 1787	**Napp**, Jacob ("Hermanns" Hof, Dorfstr. 39)	25.03.1725 Tiftlingerode	01.03.1787 Böseckendorf
1787 – 1808	**Napp**, Joseph ("Hermanns" Hof, Dorfstr. 39)	17.10.1753 Böseckendorf	07.06.1808 Böseckendorf
1808	**Napp**, Ernst ("Schmetts", Dorfstr. 41)	11.09.1777 Böseckendorf	13.08.1834 Böseckendorf

Amtszeit	Name	Geboren	Gestorben
1810 (29.06.)	**Klingebiel**, Joseph ("Alter-Schultens-Hof", Dorfstr. 21)	09.09.1780 Böseckendorf	26.02.1849 Böseckendorf
1810 bis mind. 1812	**Rhode**, Edmund (Rhode-Stammhof, Dorfstr. 32)	03.08.1771 Böseckendorf	12.06.1831 Böseckendorf
1814 bis mind. 1824	**Klingebiel**, Joseph ("Alter-Schultens-Hof", Dorfstr. 21)	09.09.1780 Böseckendorf	26.02.1849 Böseckendorf
mind. 1826 - 08.1845	**Leineweber**, Joseph (Leineweber-Hof, Dorfstr. 20)	28.12.1780 Neuendorf	26.08.1845 Böseckendorf
03.10.1845 - 04.1848	**Klingebiel**, Joseph (III.) ("Anselm-Klingebiel-Hof", Dorfstr. 35)	06.01.1804 Böseckendorf	09.04.1848 Böseckendorf
04.03.1848 - mind. 12.1848 Prov. Schulze	**Rhode**, Franz (jun.) (Rhode-Stammhof, Dorfstr. 32)	14.05.1812 Böseckendorf	16.12.1875 Böseckendorf
1849 - 03.02.1852	**Klingebiel**, Heinrich ("Meierei-Hof", alte Haus-Nr. 35)	13.12.1802 Böseckendorf	10.09.1883 Böseckendorf
03.02.1852 - 03.1858 Prov. Schulze, auf eigenen Antrag entlassen	**Zwingmann**, Johannes ("Bobers", Dorfstr. 34)	20.08.1823 Böseckendorf	10.04.1876 Böseckendorf
1858 - 24.07.1868 auf eigenen Antrag entlassen	**Rhode**, Franz (jun.) (Rhode-Stammhof, Dorfstr. 32)	14.05.1812 Böseckendorf	16.12.1875 Böseckendorf
01.09.1868 - max. 11.1879	**Napp**, Joseph ("Schmetts", Dorfstr. 41)	16.03.1814 Böseckendorf	01.11.1879 Böseckendorf
1880 – 1922	**Klingebiel**, Wilhelm (I.) ("Schultens" (Klingebiel), Dorfstr. 16)	27.10.1832 Böseckendorf	16.05.1922 Böseckendorf
(seit 1922?) 1927 - <10.1942 wegen Krankheit zurückgetreten	**Napp**, Leopold ("Schultens" (Napp), Dorfstr. 42)	23.02.1864 Böseckendorf	10.05.1944 Böseckendorf
01.11.1942 - 23.04.1945	**Napp**, Franz ("Schmetts", Dorfstr. 41)	14.12.1884 Böseckendorf	31.01.1953 Duderstadt
26.04.1945 - 15.01.1946	**Heimbrodt**, Heinrich (Heimbrodt-Hof, alte Haus-Nr. 36)	22.12.1889 Steinbach	21.03.1960 Böseckendorf
19.01.1946 - 1952 Bleckenrode	**Kleineberg**, Hermann ("Maurermeisters", Dorfstr. 8?)	04.11.1891 Böseckendorf	03.11.1970 Duderstadt
ca. 1952 - 1953 Böseckendorf	**Bauermeister geb. Götze**, Margarete ("Villa Senger", Dorfstr. 24)	07.12.1906 Alt Jauer	21.01.1987 Böseckendorf
1952 - 1960 Bleckenrode	**Schwethelm**, Johannes	16.11.1919 Berlingerode	09.11.2002 Duderstadt (Krh)
um 1961 Bleckenrode	**Rittmeier**, Paul	26.10.1929 Berlingerode	29.06.1985 Berlingerode

Amtszeit	Name	Geboren	Gestorben
1962 – 1985	**Mieth**, Hermann	18.12.1930 Kehmstedt	28.10.1985 Worbis?
1985 – 1990	**Rasch**, Harald	25.10.1928 Ohrdruf	02.06.2015 Duderstadt (Krh)
1990 – 2009	**Konradi**, Manfred (Drieselmann/Konradi, Kirchgasse 4)	28.10.1944 Böseckendorf	21.08.2020 Duderstadt (Krh)
2009 – 2024	**Zwingmann**, Erhard	18.02.1960 Böseckendorf	
seit 2024	**Eckardt**, Fabian	09.09.1988 Leinefelde	

Die Wetterfahne mit der Jahreszahl 1832 auf dem Kirchturmknauf mit "himmlischer" Besetzung

Foto: Verfasser, Oktober 2014

Ortsbrandmeister / Wehrführer in Böseckendorf

bis 1808   Joseph **Napp**, Schmied   (*17.10.1753 Böseckendorf, †07.06.1808 Böseckendorf)

1808-1834   Ernst **Napp**, Schmied, Spritzenmeister
                                        (*11.09.1777 Böseckendorf, †13.08.1834 Böseckendorf)

1834-1879   Joseph **Napp**, Schmied   (*16.03.1814 Böseckendorf, †01.11.1879 Böseckendorf)

1879-1923
Johannes **Schmalstieg**, Schmied
(*19.01.1854 Böseckendorf,
†25.02.1923 Böseckendorf)

1923-1953
Robert **Schmalstieg**, Schmied
(*23.12.1885 Böseckendorf,
†25.05.1954 Böseckendorf)

1953-1956
Heinrich **Rhode**, Bauer
(*04.01.1925 Böseckendorf,
†12.09.1997 Angerstein)

1956-1968
Alfred **Deppe**, Landwirt
(*27.10.1907 Berlingerode,
†04.02.1997 Böseckendorf)

1968-1983
Gerhard **Fidorra**, Schmied

1983-2015 Wehrführer:
Uwe **Dornieden**, Fahrzeug-
schlosser

2012-2018 Orts-Brandmeister Gemeinde Teistungen: Heiko **Franke**, Rettungs-Sanitäter

2018-2019 Orts-Brandmeister (Interim), seit 2019 Gemeinde-Brandmeister: Tom **Teichert**, Gas-, Wasser-, Heizungs-Installateur

seit 2015 Wehrführer, seit 2019 stellv. Gemeinde-Brandmeister: Alexander **von Lipinski**, Verfahrensmechaniker Kunst-stofftechnik

Einweihung des Gemeinschaftsraums der FFW Böseckendorf am **20. November 1999** durch Pfarrer Gert **Schellhorn**

Den Kameraden der Freiwilligen Feuerwehr die besten Wünsche zum 125. Gründungsjubiläum!
Zum 112. Jubiläum 2012 erschien eine Broschüre "112 Jahre Freiwillige Feuerwehr Böseckendorf". Hiervon sind bei der Freiwilligen Feuerwehr noch einige Exemplare vorhanden.

Pfarrer-Liste

Amtszeit	Name	Lebensdaten
1339	Hugo, Pfarrer	
ca. 1400	Siffried	
bis 1508	**Gisbert**, Johannes	
ab 1508	**Listemann**, Johannes	

1550 - 1650 Filiale von Teistungen		
1632 - 1650	**Colerus**, Cyriacus (1632-1662 Propst in Teistungenburg)	*1589 wo? †04.03.1663 Teistungenburg

1650 - 1816 Filiale von Immingerode		
1650 - 1653	**Hase**, Johannes Pfarrer in Immingerode 1611 - 1653	*vor 1590 wo? †24.02.1655 Immingerode
1653 - 1657	**Colerus**, Johannes, Pfarrer in Immingerode (1662-1693 Propst in Teistungenburg)	*um 1629 Duderstadt †02.1693 Teistungenburg
1657 - 1677	**Colerus**, Heinrich, Pfarrer in Immingerode (Propst in Teistungenburg)	*? wo? †? Teistungenburg?
1678 - 1682	**Rohrbach**, Anton, Pfarrer in Immingerode	†1682 an der Pest?
1682 - 1686	**Kuchenbuch**, Johannes Christoph Pfarrer in Immingerode	*um 1652 Wingerode †13.02.1719 Wollbrandshausen
1686 - 1687	**Kopp**, Daniel, Pfarrer in Immingerode	*1658 Volkerode †06.05.1713 Rüdershausen
1687 - 1691	**Fromm**, Johann Adam Pfarrer in Immingerode	*1661 Heiligenstadt †1704 Dingelstädt
1692 - 1693	**Zindermann**, Johannes Heinrich Pfarrer in Immingerode	*um 1642 Lindau †1700? Bilshausen?
1693 - 1698	**Sickenrodt**, Johannes Pfarrer in Immingerode	*1669 Heiligenstadt †1732 Niederorschel
01.12.1698 - 26.01.1743	**Cassel**, Johannes Hermann Pfarrer in Immingerode	*um 1673 Fritzlar †26.01.1743 Immingerode
1743 - 1750	**Rhode**, Johannes Caspar Pfarrer in Immingerode	*11.04.1715 Böseckendorf †12.12.1778 Neuendorf
1750 - 1757	**Keidel**, Christoph, Pfarrer in Immingerode	*um 1704 wo? †04.03.1781 Nesselröden
1757 - 1782	**Gerbode**, Johannes Nicolaus Pfarrer in Immingerode	*vor 1724 Germershausen †13.05.1792 Germershausen
1782 - 1786	**Breidenbach**, Valentin, Pfarrer in Immingerode	*um 1748 Heiligenstadt †27.03.1804 Gieboldehausen
1787 - 1804	**Macke**, Johann Jacob Joseph Pfarrer in Immingerode	~26.04.1759 Duderstadt †15.12.1829 Desingerode
1804 - 1812	**Henniges**, Johannes Franz Joseph Pfarrer in Immingerode	*09.12.1772 Bodensee †25.12.1821 Seeburg
13.09.1812 - 1816	**Seese**, Aloys (Anton?), O.S.B. (Gerode) Pfarrer in Immingerode 1812 – 01.04.1840	*12.11.1773 Berlingerode †12.07.1842 Seulingen

Amtszeit	Name	Lebensdaten
1816 - 1891 Filiale von Neuendorf		
1816 - 1824	**Rink**, Franz Christian, Dechant	*24.04.1769 Seulingen Priesterweihe 16.04.1796 †21.03.1833 Breitenworbis
1824 - 1828	**Hagedorn**, Johannes Christoph	*25.04.1783 Wingerode 1828 suspendiert, 1848 Aussöhnung in Paderborn †um 1850 Wingerode
1828 - 1831 1831 - 1836	**Böhle**, Bernhard Georg, Pfarrverweser in Neuendorf; ab 1831 Pfarrer in Neuendorf	*07.07.1801 Gernrode Priesterweihe 27.12.1826 †31.10 1864 Diedorf
1836 (01-04)	**Teschner**, Joachim	*05.02.1805 Beberstedt Priesterweihe 09.03.1831 †15.06.1873 Breitenbach
1836 - 28.08.1846	**Montag**, Georg Michael Pfarrer in Neuendorf	*28.09.1803 Küllstedt Priesterweihe 27.12.1826 †20.03.1861 Beberstedt
29.08.1846 - 24.09.1853	**Weissenstein**, Heinrich Johannes Pfarrer in Neuendorf	*23.01.1804 Dingelstädt †24.09.1853 Neuendorf
1854	**Herzberg**, Heinrich, Pfarrer in Neuendorf	*20.04.1795 Gernrode Priesterweihe 18.12.1818 †30.04.1856 Heiligenstadt
01.02.1854 - 11.08.1861	**Kellner**, Franz Josef, Pfarrer in Neuendorf	*09.03.1822 Desingerode Priesterweihe 21.08.1847 †08.02.1878 Beberstedt
12.08.1861 - 29.10.1865	**Hilsenberg**, Karl Christoph Pfarrer in Neuendorf	*23.07.1831 Heiligenstadt Priesterweihe 12.03.1856 †16.03.1896 Erfurt
30.10.1865 - 1881	**Dölle**, Heinrich, Pfarrer in Neuendorf	*18.12.1832 Dingelstädt Priesterweihe 17.08.1857 †24.02.1886 Gernrode
27.01.1882 - 1891	**Heinemann**, Georg, Pfarrer in Neuendorf	*23.09.1845 Dingelstädt Priesterweihe 21.03.1871 †04.10.1921 Heiligenstadt ☐ in Neuendorf
1891 - 1981 Pfarrvikarie Böseckendorf		
21.03.1891 - 24.09.1893	**Kahlmeyer**, Johannes, Kaplan	*28.04.1861 Schachtebich Priesterweihe 15.08.1887 †11.01.1934 Ershausen
12.10.1893 - 12.10.1897	**Wetzel**, Heinrich, Kaplan	*18.01.1864 Dingelstädt Priesterweihe 06.04.1889 †07.09.1931 Paderborn

Amtszeit	Name	Lebensdaten
20.10.1897 - 31.05.1898	**Huschenbett**, Philipp, Kaplan	*24.08.1862 Heiligenstadt Priesterweihe 19.03.1888 †14.03.1944 Heiligenstadt
23.08.1898 - 13.03.1901	**Iseke**, Franz, Kaplan	*27.09.1865 Holungen Priesterweihe 06.03.1891 †18.09.1947 Kella
14.03.1901 - 22.01.1904	**Bierschenk**, Clemens <u>Johannes</u>, Kaplan	*14.04.1871 Bodenrode Priesterweihe 12.08.1897 †24.06.1936 Heiligenstadt ⬜ in Bodenrode
14.04.1904 - 10.10.1909	**Breitenstein**, Paul, Kaplan	*29.06.1875 Heiligenstadt Priesterweihe 20.03.1899 †05.08.1936 Neuenrade
16.10.1909 - 10.04.1910	**Kalbhenn**, Ludwig	*15.04.1874 Ershausen †02.07.1944 Ershausen
15.04.1910 - 02.12.1913	**Fick**, Alois, Kaplan	*10.10.1877 Lengenfeld u./St. †17.03.1943 Mengelrode
04.12.1913 - 09.08.1914	**Müller**, Friedrich, Kaplan	*1884 Brakel Krs. Höxter †19.10.1961 Aachen
21.08.1914 - 07.05.1916	**Motz**, Arnold, Kaplan	*22.06.1889 Diedorf †24.12.1978 Birkenfelde
12.05.1916 - 02.09.1917	**Krebs**, Johannes, Kaplan	*11.08.1881 Uder Priesterweihe 1907 Paderborn †31.12.1957 Lengenfeld u./St.
1916 - 1920	**Eckardt**, August, Pfarrer in Berlingerode	*24.05.1873 Beuren Priesterweihe 16.04.1898 †23.01.1949 Beuren
06.09.1917 - 1918	**Hardegen**, Peter, Kaplan	*29.09.1893 Hildebrandshausen †21.02.1958 Berlin
20.04.1918 - 15.05.1919	**Engels**, Jacob, Kaplan	*wann? Brüllingsen/Möhnesee †1923 Dingelstädt
15.05.1919 - 01.09.1919	**Schulte**, Franz, Kaplan <u>Welches?</u>:Asbeck (Gevelsberg), Asbeck (Menden) ?	*29.11.1862 Asbeck Priesterweihe 21.03.1890 †05.02.1943 Haus Kannen (Diözese Paderborn)
27.09.1919 - 1928	**Kaufmann**, Andreas, Kaplan	*31.01.1882 Schwobfeld †08.07.1954 Kreuzebra
1929 - 1931	**Kalbhenn**, Ludwig, Kaplan	*15.04.1874 Ershausen †02.07.1944 Ershausen
1931 - 1935	**Glorius**, Heinrich, Pfarrvikar	*15.07.1900 Heiligenstadt Priesterweihe 10.08.1924 †26.05.1959 Heiligenstadt ⬜ 30.05.1959 Neuendorf
1935 - 1941	**Fricke**, Philipp, Pfarrvikar	*28.03.1892 Sonnenstein Priesterweihe 01.04.1924 †20.07.1969 Heiligenstadt

Amtszeit	Name	Lebensdaten
01.03.1941 - 03.1948	**Hahner**, Hermann, Pfarrvikar	*13.11.1904 Kämmerzell/Fulda Priesterweihe 22.12.1928 †05.04.1978 Fulda
01.07.1948 - 1951	**Gaudl**, Ferdinand, Dechant	*18.09.1874 Kaaden/Eger Priesterweihe 01.07.1898 †21.04.1951 Böseckendorf
1952 - 1959	**Barabasch**, Ernst, Pfarrer	*30.06.1900 Wollstein Krs. Bomst Provinz Posen †04.12.1960 Ferna
27.09.1959 - 1983	**Johne**, Erich, Pfarrer in Neuendorf	*25.06.1920 Deutsch-Gabel (Sudetenland) Priesterweihe 02.04.1949 †21.07.1991 Sömmerda ☐ 25.07. Weissensee/Greußen

1980 - 1983 Betreut von Berlingerode (ohne amtliche Ernennung, wegen Pfr. Johnes Gesundheit)		
1980 - 1983	**Seeland**, Gerhard, Pfarrer in Berlingerode	*14.03.1947 Heiligenstadt Priesterweihe 24.06.1972 Erfurt

seit 1983 Filiale von Berlingerode		
1983 - 04.08.2001	**Schellhorn**, Gert, Pfarrer in Berlingerode	Priesterweihe 24.06.1978
25.08.2001 - 31.07.2013	**Mötzung**, Mathias, Pfarrer in Berlingerode	*27.06.1964 Leipzig Priesterweihe 26.06.1993
01.08.2013 - 31.07.2016	**Mittmann**, Andreas, Pfarrer in Berlingerode	*24.11.1962 Opole Priesterweihe 11.06.1988 Kreuzberg
01.08.2016 - 31.07.2018	**Jacob**, Eberhard, Pfarrer in Berlingerode stammt aus Friedrichroda	*07.12.1952 Erfurt Priesterweihe 27.06.1981
01.08.2018 - heute	**Reinhold**, Tobias, Pfarrer in Teistungen	*31.12.1976 Heiligenstadt Priesterweihe 18.05.2002
01.09.2022 - heute	**Obijiaku**, Pater Stanley, Kaplan in Teistungen stammt aus Nigeria	*24.04.1989 Adazi-Nnukwu Priesterweihe 06.05.2017

DANKSAGUNG

Für die uns beim Heimgang meines lieben Sohnes, unseres guten Bruders, des

hochwürdigen Herrn Pfarrers

Heinrich Glorius

in so reichem Maße zugegangenen Beweise der Mittrauer danken wir hiermit und sagen allen von Herzen „Vergelt's Gott".

Besonders danken wir seinen geistlichen Mitbrüdern, dem Rat der Gemeinde, dem Kirchenvorstand, insbesondere Herrn Johannes Aschoff, dem Männerchor und den ehrwürdigen Schwestern.

Allen Einwohnern Neuendorfs gilt unser herzlichster Dank für die Ausschmückung seines letzten Weges, für die zahllosen Kränze, die große Beteiligung bei der Beerdigung und vor allem für die Beweise der Wertschätzung und Anhänglichkeit an ihren guten Hirten.

Die trauernden Hinterbliebenen
und **Hermine Huschenbett** als Haushälterin

Heiligenstadt, Neuendorf, im Juni 1959.

Reservierte Kirchenplätze 1747

Linke Seite

1. Bank

1	Philipp **Stolze**	Stolze-Hof (Dorfstr. 30)	*um 1708 Immingerode?	†03.02.1778 Böseckendorf
2	Jacob **Napp**	"Hermanns" Hof (Dorfstr. 39)	*25.03.1725 Tiftlingerode	†01.03.1787 Böseckendorf
3	Heinrich **Döppe**	Deppe-/Rhode-/Heimbrodt-Hof (alte Haus-Nr. 36)	*um 1689 Hilkerode?	†04.06.1755 Böseckendorf
4	Godfrid **Schmalstieg**	"Meierei-Hof" (alte Haus-Nr. 35)	*um 1696 Teistungen?	†27.08.1792 Böseckendorf
5	Heinrich **Zwingmann**	"Bunners" (Dorfstr. 36)	*um 1715 Immingerode	†28.01.1749 Böseckendorf

2. Bank

1	Christian **Reuper**	alte Haus-Nr. 39 oder 40 vermutet	*vor 1710 wo?	†19.10.1780 Böseckendorf
2	Heinrich **Napp**	"Emma Leineweber" (Dorfstr. 17)	*30.09.1705 Böseckendorf	†27.11.1766 Böseckendorf
3	<u>Andreas</u> Georg **Dornieden**	Meierhof (später: Leineweber) (Dorfstr. 20)	*30.08.1722 Böseckendorf	†11.06.1800 Böseckendorf
4	Caspar **Burchardt**	"Julius Schmalstieg" (Dorfstr. 5)	*um 1704 Böseckendorf?	†29.07.1772 Böseckendorf
5	Peter **Kurze**	welcher Hof?	*vor 1695 Steinbach? Neuendorf?	†28.04.1757 Böseckendorf

Rechte Seite

1. Bank

1	Michael **Dornieden**	Meierhof (später: Leineweber) (Dorfstr. 20)	*03.04.1672 Böseckendorf	†05.11.1753 Böseckendorf
2	Lucas **Busch**	Gasthaus Busch (Kirchgasse 1)	*23.04.1713 Reinholterode	†16.01.1789 Böseckendorf
3	Andreas **Friese**	"Kochs"? (Dorfstr. 15)?	*25.06.1701 Böseckendorf	†15.12.1756 Böseckendorf
4	Nicolaus **Rhode**	Rhode-Stammhof (Dorfstr. 32)	*28.03.1686 Böseckendorf	†24.09.1749 Böseckendorf
5	Franz **Triselmann**	"Karels" Hof (Dorfstr. 46)	*10.08.1717 Neuendorf	†14.06.1784 Böseckendorf

2. Bank

1	Georg **Klingebiel** [sen.]	"Franz-Napps-Hof" (Dorfstr. 38)	*04.05.1698 Böseckendorf	†10.04.1750 Böseckendorf

2	Heinrich **Lillpopp**	"Villa Senger" (Dorfstr. 24)	*um 1705 Teistungen?	†26.02.1776 Böseckendorf
3	Franz **Lillpopp**	welcher Hof?	*vor 1710 Teistungen?	†29.03.1758 Böseckendorf
4	Lucas **Burchardt**	Burchardt-Hof (Dorfstr. 48)	*27.12.1689 Böseckendorf	†25.09.1768 Böseckendorf
5	Valten **Zwingmann**	"Anselm-Klingebiel-Hof" (Dorfstr. 35)	*13.08.1708 Immingerode	†28.12.1751 Böseckendorf
3. Bank				
1	Jacob **Klingebiel**	alte Haus-Nr. 13 vermutet	*11.02.1703 Böseckendorf	†22.04.1776 Böseckendorf
2	Heinrich **Koch**	"Schultens" (Klingebiel) (Dorfstr. 16)?	*07.10.1699 Seulingen	†15.02.1763 Böseckendorf
3	Nicolaus **Fusch (Voss)**	"Schultens" (Klingebiel) (Dorfstr. 16)? oder alte Haus-Nr. 2?	*05.04.1685 Böseckendorf	†12.02.1748 Böseckendorf
4	Christoph **Klingebiel**	"Karels" Hof (Dorfstr. 46)	*18.03.1690 Böseckendorf	†28.11.1753 Böseckendorf
5	Georg **Napp**	"Eckermann/Napp" (Bleckenröder Str. 2/Dorfstr. 26)	*04.05.1703 Böseckendorf	†12.01.1763 Böseckendorf
6	Andreas **Klingebiel** [sen.]	"Eckens" Hof (Dorfstr. 29)	*27.10.1705 Böseckendorf	†27.07.1781 Böseckendorf

<u>Alle genannten Personen lebten von 1746 bis 1748 gleichzeitig in Böseckendorf.</u>

Dorfstraße in den 1930er Jahren. Links der Heimbrodt-Hof (alte Haus-Nr. 36), auf der Straße Pfr. Heinrich **Glorius**, rechts "Bobers" (Dorfstr. 34)

Lehrer-Liste

Amtszeit	Name	Geboren	Gestorben
1693	**unbekannt**		
1705	**Nürnberg**, Andreas		
1706 - mind. 1713	**Preis**, Johan Henrich		
1722 - 1735?	**Lillpopp**, Caspar	21.03.1675 Böseckendorf	07.11.1755 Böseckendorf
1735 - 1749	**Lillpopp**, Christoph	13.11.1672 Böseckendorf	12.03.1749 Böseckendorf
1749 - 1757	**Lillpopp**, Franz	vor 1710 Teistungen?	29.03.1758 Böseckendorf
1757 - 1803 (1807?)	**Schmalstieg**, Christoph	15.12.1722 Nesselröden	25.02.1808 Böseckendorf
1807 - 1817	**Koch**, Johannes	27.11.1784 Böseckendorf	08.09.1848 Böseckendorf
1817 - 1820 ab 1821 Freienhagen?	**Langlott**, Johann Michael	09.10.1797 Neuendorf	24.02.1849 Berlingerode
1820 - 1823	**Heinevetter**, Johannes Joseph	09.02.1792 Ferna	01.07.1857 Wingerode
1824 - 1834	**Hollenbach**, Christoph	um 1798 wo?	08.06.1850 Günterode
1834 – 1844 (vorher Rüstungen)	**Dietrich**, Nicolaus	23.11.1806 Wachstedt	16.11.1844 Böseckendorf
1845 - 1880 14.05.1879: 50-jähriges Lehrerjubiläum	**Dietrich**, Franz Karl	um 07.1810 Lutter	03.02.1883 Böseckendorf
1880 - 31.08.1886 vor 1880: Bleicherode? nach 1886 Birkungen	**Trappe**, Martin	04.04.1853 Beuren	19.04.1916 Dingelstädt
01.10.1886 - 1908 bis 1886 Teistungen ab 1908: Ferna	**Raabe**, August	vor 1865 Breitenbach?	wann? wo?
1904	**Klingebiel**, Franz	09.06.1877 Böseckendorf	21.09.1955 Böseckendorf
1908 - 02.09.1919 ab 1919 Beberstedt	**Montag**, Hieronymus	08.10.1881 wo?	1962 Lutter
09.1919 - 30.09.1919 danach Schierschwende	**Rhode**, Gustav?	30.07.1848? Bomst Reg. Bez. Posen?	02.01.1926? Erfurt?
01.10.1919 - 30.09.1929	**Geburzi**, Johannes	12.09.1884 Sachsenhausen/Ffm.	nach 1948 wo?
01.10.1929 - 31.05.1935	**Reinhardt**, Karl-Josef	28.01.1900 Dieterode	nach 1945 wo?
01.10.1935 - 08.04.1945	**Merten**, Karl Johannes	12.08.1891 Seeburg	25.03.1946 Darmstadt
09.04.1945 - 01.10.1945	**Schule geschlossen**		

Amtszeit	Name	Geboren	Gestorben
08.10.1945 - 23.11.1945	**Seidel**, Fritz		
01.12.1945 - 31.07.1955	**Dreßler**, Johannes Hauptlehrer und Organist	07.03.1881 Frobelwitz/Schlesien	1971 Osnabrück begr. Leinefelde
08.01.1949 - 1949	**Kleineberg**, Ferdinand	09.02.1884 Heiligenstadt	1972 Berlingerode
1949 - 1952	**Rindermann**, Martha	wann? wo?	wann? wo?
	Franke, Wolfried		
	Schneider, N.N.		
1955 - 1961	**Heddergott**, Ulrich Hauptlehrer?	wann? Breitenbach	wann? wo?
	König, Werner (Vertretung für Heddergott)	22.06.1935 Mühlhausen	19.07.2014 Duderstadt (Khs)
09.1965 - 04.1966	**Helbing**, Hans-Dieter	18.12.1941 Ecklingerode	
05.1966 - 01.1967	**Grella**, Gerhard		
02.1967 - 06.1967	**Krauß**, Edgar	08.05.1946 Ifta (Treffurt)	

"Hermanns Hof" (Dorfstr. 39)   (Foto vom 14. November 1956)

Priester und Ordensgeistliche aus Böseckendorf

Georg **Klingebiel** (*23.03.1733 Böseckendorf, †wann? wo?)
Geb. alte Haus-Nr. 13
1758 Eintritt in den Jesuitenorden
Coadjutor temporalis

Johannes Caspar **Rhode** (*11.04.1715 Böseckendorf, †12.12.1778 Neuendorf)
Firmung 1716 in Böseckendorf, Firmpate: Hans Rhode
Lebte 14 Jahre lang in Böseckendorf auf Eckens Hof bei seinem Stiefbruder Andreas Klingebiel (*1705).

1739-1740	Theologiestudium im Päpstlichen Seminar in Fulda
1740-1741	Kaplan im Bistum Speyer
1741-1750	Pfarrer in Immingerode und Dechant des Dekanats Immingerode, somit war er als Pfarrer auch für seinen Geburtsort Böseckendorf zuständig.
1750-1755	Pfarrer, wo?
1755-1778	Pfarrer in Neuendorf, Günterode und Glasehausen

Sabath a prandio post duodecimam horam pie in Domino obiit R.D. Joannes Rhode viginti trium annorum Parochus, sepultus 15.
(Am Samstag, dem 12.12. früh nach 12 Uhr, verstarb im Herrn der Ehrwürdige Herr Johannes Rhode, der 23 Jahre Pfarrer war, und wurde am 15. begraben.)

Johannes Joseph **Klingebiel** (*10.02.1749 Böseckendorf, †11.03.1815 Helmsdorf)
Geb. Dorfstr. 29 ("Eckens" Hof)

08.01.1771	Studium in Mainz
31.08.1772	2. Jahr des Studiums in Mainz, ins Priesterseminar aufgenommen
1772-1773	Studium von Theologie und Kirchenrecht in Ingolstadt
1774	Rechtsstudium
1774-1780	Kaplan in Neuendorf
1781-1782	Kaplan in Breitenworbis
1785-1792	Pfarrer in Neuendorf mit Günterode und Glasehausen, er verwaltete die Pfarrei und bat um Versetzung
18.12.1792	Pfarrer in Helmsdorf
-11.03.1815	

Johannes Joseph **Klingebiel** (*07.08.1807 Böseckendorf, †05.09.1870 Ecklingerode)
Geb. alte Haus-Nr. 35 ("Meierei-Hof")

09.04.1835	Priesterweihe in Paderborn
1835	Kaplan in Berlingerode (Pfarrverweser)
1837	Kooperator in Teistungen
1838-1839	Pfarrverweser in Silberhausen
08.10.1839	Pfarrer in Ecklingerode
-1870	

Wilhelm Anselm **Klingebiel** (*16.07.1868 Böseckendorf,
†01.03.1939 Helmsdorf)
Geb. Dorfstr. 35 ("Anselm-Klingebiel-Hof")
Gymnasium in Heiligenstadt, Studium der Theologie in Bonn,
Münster und Paderborn

09.03.1894 Priesterweihe in Paderborn
19.03.1894 Kaplan in Ershausen
18.11.1897 Kaplan in Breitenworbis (unter Philipp Knieb)
13.10.1900 Pfarrer in Helmsdorf, Initiator des Kirchenumbaus
-01.10.1936
01.10.1936 Ruhestand
Er war auch über mehr als 40 Jahre Verwalter der Agricola-Stif-
tung, die vielen Jungen das Studium der Theologie ermöglichte.
Regionalgeschichtliche Forschungen über Kloster Breitenbich,
Wüstung Wolkramshausen und Helmsdorf (gedruckte Chronik
von 1926, Reprint mit Ergänzungen, Duderstadt 1993).
Mitglied im Verein für Eichsfeldische Heimatkunde.

Eduard Joseph **Klingebiel** (*24.02.1871 Böseckendorf, †02.11.1950
Nikolauskloster bei Neuss)
Geb. Dorfstr. 29 ("Eckens Hof")

22.10.1906 eingetreten bei den Oblaten der Unbefleckten Jungfrau
            Maria in Hünfeld (Bruder Joseph Klingebiel)
08.12.1907 erstes Gelübde
25.12.1913 ewiges Gelübde in Straßburg
26.12.1916 Soldat im ersten Weltkrieg, danach Rückkehr nach
Nov. 1918   Böseckendorf
(das auf dem Kriegerdenkmal angegebene Geburtsdatum ist falsch!)
1944 im Nikolauskloster bei Neuss, lebte von Anfang Dezember 1944
bis zum Sommer 1946 als Evakuierter in Böseckendorf bei seinem
Bruder Eduard auf dem "Eckens" Hof - fast 1 $^1/_2$ Jahre lang.

Pater Wendelin Burchardt OSB
Hermann Joseph **Burchardt** (*14.09.1899 Böseckendorf, †03.11.1979
Nymphenburg)
Geb. Dorfstr. 48 (Burchardt-Hof)

09.08.1925 vot. solemn
17.10.1926 Subdiakonatsweihe
02.04.1927 Diakonatsweihe
25.03.1928 Priesterweihe im Benediktiner-Kloster St. Ottilien
14.04.1928 Primiz in Böseckendorf (Ostersonntag)
25.03.1978 Goldenes Priesterjubiläum

Franz Heinrich **Heimbrodt** (*05.02.1922 Böseckendorf, †13.10.1990 Geseke)

Geb. alte Haus-Nr. 36 (Deppe-/Rhode-/Heimbrodt-Hof)

28.03.1934 Gymnasium Duderstadt

Kam zusammen mit seinem Schulfreund Karl Schmalstieg in den Krieg.

Jura-Studium in Göttingen, Prüfung nicht bestanden.

1949   Theologiestudium in Paderborn

22.03.1953 Subdiakonweihe im Benediktinerkloster Huysburg (bei Halberstadt)

25.03.1953 Diakonweihe

11.10.1953 Pfarrvikar in Weferlingen

-07.03.1954

02.02.1954 Priesterweihe im Benediktinerkloster Huysburg[69] (bei Halberstadt)

09.02.1954 Primiz in St. Nikolaus, Böseckendorf

1961 Roßla (Harz), Neumark-Geiseltal, 1973 - 1981 Pfarrer an St. Liborius in Haldensleben, Osterfeld und Bad Sassendorf waren die Stätten seines priesterlichen Wirkens.

Vor dem 11.03.1987 kam er nach Gehirnschlag invalide aus Haldensleben (DDR) in den Westen nach Bad Sassendorf.

Pater Karl Eberhardt OSB

Hans-Werner **Eberhardt** (*23.12.1927 Wesermünde-Lehe, †02.08.2016 St. Ottilien)

Geb. Dorfstr. 27 ("Kaufmanns")

Er wurde zum Kriegsdienst im 2. Weltkrieg eingezogen und kam im Juni 1945 aus der Kriegsgefangenschaft nach Böseckendorf zurück.

1945-1950 Sachbearbeiter auf dem Böseckendorfer Bürgermeisteramt

1945   Organist in Böseckendorf, das Amt wurde an Rudolf Eckermann übergeben. Er spielte auch Akkordeon.

1950   nach München; Abitur am Spätberufenen-Seminar

04.09.1960 Priesterweihe im Benediktiner-Kloster St. Ottilien

11.09.1960 Primiz in Düsseldorf

---

[69] Die Huysburg war 1952-1992 Priesterseminar der Erzdiözese Paderborn bzw. des Bischöflichen Amtes Magdeburg. www.huysburg.de

Katholische Schwestern aus Böseckendorf

Magdalena **Lillpopp** (*um 21.03.1756 Böseckendorf, †05.08.1811 Böseckendorf)
Laienschwester im Zisterzienserinnen-Kloster Teistungenburg
Nach Aufhebung des Klosters 1809 wurde ihr von Johannes Franz Andreas Georg **Schmalstieg** (03.12.1787 - 23.04.1846) im Haus Dorfstr. 5 in Böseckendorf Unterkunft bis zu ihrem Tode gewährt. Gerhard Reddemann schrieb in seinem Aufsatz "Von Besikos Dorf zum Klosterbesitz": "In diese Zeit fiel die Aufhebung Teistungenburgs und die Auflösung des Konvents; nach Böseckendorf kam die Laienschwester Magdalena Lillpopp zurück in ihre Familie, unterstützt durch eine ihr ausgesetzte Jahresrente von 300 Francs."

Maria Katharina **Rhode** (*14.01.1766 Böseckendorf, †nach 09.1809 wo?)
Chorschwester Johanna bis 1809 im Zisterzienserinnen-Kloster Teistungenburg
Geb. alte Haus-Nr. 36 (Deppe-/Rhode-/Heimbrodt-Hof)
um 1783 erstes Gelübde
Am 17.09.1809 verließ sie das Kloster

Anna Maria **Leineweber** (*22.10.1879 Böseckendorf, †06.06.1965 Halle/Saale)
Schwester M. Sebastiana bei den Grauen Schwestern[70]
Geb. Dorfstr. 20 (Leineweber-Hof)

20.12.1900	Eintritt in die Kongregation in Breslau
16.11.1901	Einkleidung in Neisse
04.08.1904	Erstes Gelübde in Breslau
23.07.1908	Staatliche Anerkennung als Krankenpflegerin
30.06.1913	Ewiges Gelübde in Breslau
seit 11.1903	in Leinefelde als ambulante Krankenschwester
seit 12.1914	in einem Lazarett an der Ostfront als Krankenschwester
seit 1918	in Leinefelde als ambulante Krankenschwester
ab 04.07.1919	in Bitterfeld als Oberin
ab 18.02.1926	in Weimar als Oberin
ab 09.12.1932	in Mühlhausen als Oberin
ab 16.05.1938	in Gotha als Oberin
ab 12.1945	in Mühlhausen als Oberin
ab 21.03.1949	in Halle, St. Elisabeth-Heim (Altenheim) zu Aufsicht, Hausarbeit, Ruhestand

Maria Kunigundis **Schmalstieg** (*28.07.1890 Böseckendorf, †vor 1919 wo?)
Geb. Dorfstr. 50 (Schmiede Schmalstieg)
Sie wurde Ordensschwester, wo ist nicht bekannt. Wir haben keine Informationen über ihren Verbleib.

---

[70] Kongregation der (Grauen) Schwestern v. d. hl. Elisabeth www.schwestern-vdhl-elisabeth.de

Maria Elisabeth **Schatz** (*13.11.1901 Böseckendorf, †29.07.1981 Hildesheim)
Schwester Ansfrieda bei den Barmherzigen Schwestern[71] in Hildesheim
Geb. Dorfstr. 4 ("Johannes Schatz")

21.08.1928	Eintritt in die Kongregation in Hildesheim
29.07.1929	Einkleidung
30.07.1930	Erstes Gelübde
11.03.1934	Ewiges Gelübde
07.1955	Silbernes Jubiläum
seit 1959	aus gesundheitlichen Gründen im St.-Bernwards-Krankenhaus Hildesheim
07.1980	Goldenes Jubiläum

Elisabeth Hedwig **Zwingmann**
(*30.09.1902 Böseckendorf, †19.11.1989 Duderstadt)
Schwester Sigeberta bei den Barmherzigen Schwestern in Hildesheim
Geb. Dorfstr. 34 ("Bobers")

15.01.1929	Eintritt in die Kongregation in Hildesheim
10.03.1930	Einkleidung
11.03.1931	Erstes Gelübde
11.03.1934	Ewiges Gelübde

Maria Rosa **Klapprodt**
(*06.10.1908 Böseckendorf, †28.06.2000 Salzgitter-Bad)
Schwester Salviana bei den Barmherzigen Schwestern in Hildesheim
Geb. Dorfstr. 3 ("Klapprodt/Müller")

14.08.1936	Aufnahme in die Kongregation in Hildesheim
11.08.1937	Einkleidung
12.08.1938	Erstes Gelübde
21.09.1941	Ewiges Gelübde (zusammen mit ihrer Schwester Elisabeth Klapprodt)

erste Tätigkeit in der Pflege im Lazarett in Kassel
danach im St.-Josefsstift in Wiedelah
Sie wirkte im katholischen Kindergarten in Wiedelah
August 1963 Silbernes Schwesternjubiläum (12.08.1963?) in Wiedelah
ab 02.10.1964 im St.-Theresien-Stift Liebenburg (Haus und Garten)
10.08.1988   Goldenes Schwesternjubiläum in Liebenburg

---

[71] www.vinzentinerinnen-hildesheim.de

Klara <u>Elisabeth</u> **Klapprodt**
(*16.09.1913 Böseckendorf, †14.08.1993 Duderstadt)
Schwester Humilitas bei den Barmherzigen Schwestern in Hildesheim
Geb. Dorfstr. 3 ("Klapprodt/Müller")

15.08.1935   Aufnahme in die Kongregation in Hildesheim
10.08.1936   Einkleidung
1937?   Erstes Gelübde
erste Tätigkeit im Mariahilf-Krankenhaus in Hamburg-Harburg
ab 20.02.1940   im St.-Bernwards-Krankenhaus in Hildesheim
21.09.1941   Ewiges Gelübde (zusammen mit ihrer Schwester
                    Maria Klapprodt)
1962?   Silbernes Schwesternjubiläum
Herbst 1984   als Seniorin in das St.-Theresien-Stift in
                    Liebenburg
1987?   Goldenes Schwesternjubiläum
ab Januar 1993 schwer erkrankt, Pflege im Altenheim St. Martini
in Duderstadt

"Klapprodts" (Dorfstr. 3) vor 1925

Hier stand zuerst ein kleines Schäferhäuschen. Das heutige Wohnhaus wurde 1906 - 1909, die Scheune 1925/26 von Joseph **Klapprodt** (*31.12.1876) erbaut.

Böseckendorfer Vereine

In Böseckendorf (mit Bleckenrode) sind heute 8 Vereine und Clubs beheimatet:

Freiwillige Feuerwehr Böseckendorf

Wehrführer:	Alexander von Lipinski
Gründung:	1900
Mitglieder:	56

Feuerwehrverein Böseckendorf e.V.

Vorsitzender:	Jan-Gero Meyer
Gründung:	2017
Mitglieder:	49

Singekreis Böseckendorf

Singekreis-Leiter:	Rüdiger Görke
Gründung:	1996
Mitglieder:	8

Freizeit-Fußballmannschaft Turbine Böseckendorf

Leiter der Mannschaft:	Fabian Eckardt
Gründung:	2011
Mitglieder:	32

Bayern München Fanclub „Mia San Eichsfeld"

Vorsitzender:	Sebastian Eckardt
Gründung:	2017
Mitglieder:	39

Waldgenossenschaft Böseckendorf

Vorsitzender:	Theo Fröhlich
Mitglieder:	35

Jagdgenossenschaft Böseckendorf

Vorsitzender:	Dieter Wieprecht
Mitglieder:	125

(Q215)

Böseckendorfer Carneval Club e.V.

Vorsitzende:	Silvana Schimanski
Gründung:	08.07.2023
Mitglieder:	?

Erläuterungen und Abkürzungen

*	Geburts- bzw. Taufdatum
†	Sterbe- bzw. Begräbnisdatum
Allmende	Gemeinschaftsbesitz abseits der parzellierten landwirtschaftlichen Nutzfläche
Allod	auch Allodium: Eigengut, Erbgut
arthaftes Land	Gerodetes Land, zum Pflügen geeignet, landwirtschaftlich nutzbar
b.	bei
B.	Böseckendorf
Bj.	Baujahr
Gerechtigkeits-Hof	ein Hof, dessen Besitz ein Recht auf Waldnutzung beinhaltet
Gereute	durch Rodung urbar gemachtes Land
Hausgut	als Hausgut bezeichnet man im Gegensatz zum Reichsgut die Güter, Immobilien, Ländereien sowie die finanziellen (Zehnt) und damit verbundenen hoheitlichen Privilegien, die im Mittelalter einer Adelsfamilie eigen waren und die innerhalb dieser Familie vererbt wurden. Das Hausgut einer erloschenen Dynastie wurde, insbesondere seit Konrad II., als Reichsgut der nachfolgenden Dynastie betrachtet. (Q018)
Landgraf	ein Reichsfürst, der andere Grafen unter sich hatte (Q179, S. 6)
LPG	Landwirtschaftliche Produktions-Genossenschaft
Mannlehen	Als Mannlehen (auch *werntlich lehen*) wurde im alten Recht des Heiligen Römischen Reiches (Deutscher Nation) unter dem Feudalismus seit dem Hochmittelalter im 12. Jahrhundert das patrilinear vererbte (der Erbfolge des Vaters folgende) Lehen gegen Heerfolge bezeichnet. Der Begriff Mannlehen bezeichnete ursprünglich jedes gegen Kriegsdienst verliehene Lehen, im Gegensatz zu den ministerialischen Dienstlehen und der gewöhnlichen bäuerlichen Leihe. Mit dem Begriff eng verbunden ist der Umstand, dass ein Mannlehen nur an einen wehrfähigen Mann, das heißt im Mannesstamm, vererbt werden kann. Das Kunkellehen dagegen wurde in der weiblichen Linie vererbt. Im Todesfall des Lehnsherrn oder des Belehnten musste das Mannlehen neu verliehen und der Ehrschatz entrichtet werden. Die Mannlehen befanden sich im Besitz von Reichsministerialen und von Freien. Gegenstand dieser Lehen waren Grundherrschaften, Zehntrechte, Mühlen, Alpen und Grundbesitz. Inhaber von Herrschaften im Mannlehen konnten ihrerseits freie Bauern belehnen. Dies wurde als **Afterlehen** bezeichnet. Während der Begriff "Mannlehen" (lat. *feudum virile*) sich allein auf das geschlechtliche Merkmal bezog, unterstrichen die Begriffe Helmlehen (lat. *feudum galeatum*) bzw. Ritterlehen (lat. *feudum nobile*) die kriegerische bzw. adelige Komponente des männlich dominierten Lehens. (Q018)
Manschap, Mannschaft	Lehensverhältnis
Meier-Hof	Lehens-Hof
Pfalzgraf	ein Pfalzgraf von Sachsen war ungefähr so viel wie ein kaiserlicher Oberhofrichter, der sich immer mit in den Palästen oder Pfalzen befand, wo sich der Kaiser oder König aufhielt. Auch in deren Abwesenheit musste er in den sächsischen Provinzen die Justiz verwalten. (Q179, S. 8)
Reichsgut	Als Reichsgut bezeichnet man seit dem Mittelalter die Güter, Immobilien, Ländereien, die finanziellen und damit verbundenen hoheitlichen Rechte, die an

das Amt des Königs oder Kaisers und nicht an die Person selbst oder deren Familie gebunden waren. Mit dem Tod des jeweiligen Regenten fielen sie also nicht an dessen Erben, sondern an seinen Nachfolger. (Q018)

Sattelhof

Ein Sattelhof (auch Saddel-, Sadel-, Sedel-, Setel- oder Zedelhof) war ein von Frondiensten und vielen Abgaben freies Gut, auf dem die Gerichtsbarkeit über die zu ihm gehörenden Höfe ruhte. Die Bezeichnung ist abgeleitet von dem mittelhochdeutschen Wort "satel", welches ein bestimmtes Ackermaß bezeichnete, das allerdings regional von unterschiedlicher Größe war. Diese Güter waren zwar von den *Fronen* befreit, es hafteten aber meistenteils andere Lasten auf ihnen. So mussten die Besitzer dieser Höfe dem Gutsherrn Pferde stellen oder einen gewissen Abgabezins erbringen. Im Kriegsfall war ein berittener Bewaffneter zu stellen. Größere Sattelhöfe hatten zum Teil auch mehrere Pferde und Reiter zu stellen. Solche Höfe wurden als *Sattelgüter* bezeichnet.

(Q018)

Temporalie

(bona temporalia, von lat. tempus Zeit, Plural: Temporalia oder Temporalien "zeitliche Güter") ist in der katholischen Kirche die Bezeichnung für weltliche Güter oder Rechte, die im Gegensatz zu Spiritualien (bona spiritualia) vergänglich sind. (Q018)

Vierdung, Ferto

¼ einer Fläche oder eines Geldbetrages

Vorwerk (Gutshof)

Ein Vorwerk ist ein landwirtschaftlicher Gutshof oder ein gesonderter Zweigbetrieb eines solchen. Der Begriff hat sich im Laufe der Geschichte mehrfach in seiner Bedeutung geändert und kann daher auf verschiedene Art verwendet werden. Ursprünglich lagen die zugehörigen landwirtschaftlichen Güter meist außerhalb von Befestigungsanlagen oder Burgen und unmittelbar davor und wurden daher häufig als "Vorwerk" (frühere Schreibweise häufig: "Vorwerck") bezeichnet. Später wurde die Bezeichnung bis ins 18. Jahrhundert allgemein üblich für Gutshöfe mit Gutsbetrieb oder auch einzelne Meierhöfe verwendet. Auf größeren Gütern mit umfangreichen Landflächen gab es oft neben dem Hauptbetrieb kleinere und entfernt liegende Zweigbetriebe. Diese wurden gegen Ende des 18. Jahrhunderts hin ebenfalls häufig als "Vorwerk" bezeichnet; im 19. Jahrhundert wurde der Begriff nur noch in diesem Sinne verwendet. In Ortsnamen und Flurbezeichnungen kann das Wort aber auch noch in seiner alten Bedeutung vorhanden sein. Eine gelegentlich in offiziellen Dokumenten verwendete Begriffsbezeichnung für Vorwerk ist *pertinentia* (Zubehör).

Vorwerk (Befestigung)

Ein Vorwerk ist eine wehrhafte Anlage, die der eigentlichen Burg vorgelagert war (auch Feldwerk genannt). Vorwerke befanden sich im Mittelalter in der Regel in kleineren Dörfern, die dem zentralen Sitz der Burg vorgelagert waren. In ihnen lebten oft auch Angehörige der jeweiligen ritterlichen Familie. Davon leitet sich ab, die Vorwerke als Rittersitze und im Volksmund als Schloss zu bezeichnen. Sie waren geeignet, kleinere Angriffe abzuwehren und boten der Bevölkerung des Dorfes Schutz. Sie dienten bei größeren Angriffen als Frühwarnsystem der Burg. Da die Vorwerke autonom funktionieren sollten, war eine Verbindung mit landwirtschaftlichen Gütern möglich, die dann zu (vorwerkenden) Gutshöfen wurden. Später übernahmen sie auch administrative Aufgaben. Vorwerke entwickelten sich im Laufe der Zeit auch von der Burg weg zu eigenständigen Anlagen. (Q018)

Weinkauf

Mit Weinkauf (lat. Laudemium) wurde vom 16. bis ins frühe 19. Jahrhundert ein

Antrittsgeld bzw. eine Hofübernahmegebühr bezeichnet, das bei Übernahme eines Kolonats von einem Leibeigenen und vielfach auch bei der Übernahme eines Meierhofs von dem Meier an den Grundherrn zu zahlen war.

Der Begriff hat mit Wein nichts zu tun, sondern stammt von dem niederdeutschen Wort *Winkop* ab. Die erste Silbe beinhaltet den Ausdruck *Gewinn* und bedeutet in diesem Fall *Nutzungsrecht an Grund und Boden*. *Win* wurde beim Übertragen ins Hochdeutsche zunächst irrtümlich in *wien* und dann in *wein* verändert.

Der Weinkauf gehörte zu den unregelmäßigen Gefällen und wurde fällig, wenn ein Höriger oder Meier z.B. durch Erbschaft oder Eheschließung Rechte an einem Hof des Grundherrn erwarb. Weinkauf wurde auch bei der Neugründung eines Hofes oder bei der Neuvergabe einer Hörigenstelle nach dem erbenlosen Tod der Vorbesitzer fällig. Der in der Regel leibeigene Bauer erkannte mit der Zahlung das Eigentumsrecht des Grundherrn an, erwarb damit aber seinerseits gewisse Eigentumsrechte, die der Grundherr mit erfolgter Zahlung anerkannte. Übernahm zum Beispiel ein Nachfolger das Nutzungsrecht, so bekam sein Vorgänger eine Abfindung. Manchmal wurde der Weinkauf für das Kolonat im Abstand von einigen Jahren mehrmals fällig. Die Höhe des Weinkaufs richtete sich nach der Größe des Besitzes und dem Wert des Inventars.

Da bei einer Eheschließung der neu auf einen Hof ziehende Ehepartner zur Zahlung verpflichtet war, sind Weinkaufsregister, die sich in der Regel in den Registern über die grundherrlichen Einnahmen befinden, erstrangige genealogische Quellen. In vielen Fällen reichen sie zeitlich weit über Kirchenbuchaufzeichnungen hinaus.   (Q018)

Weren   Einfluss

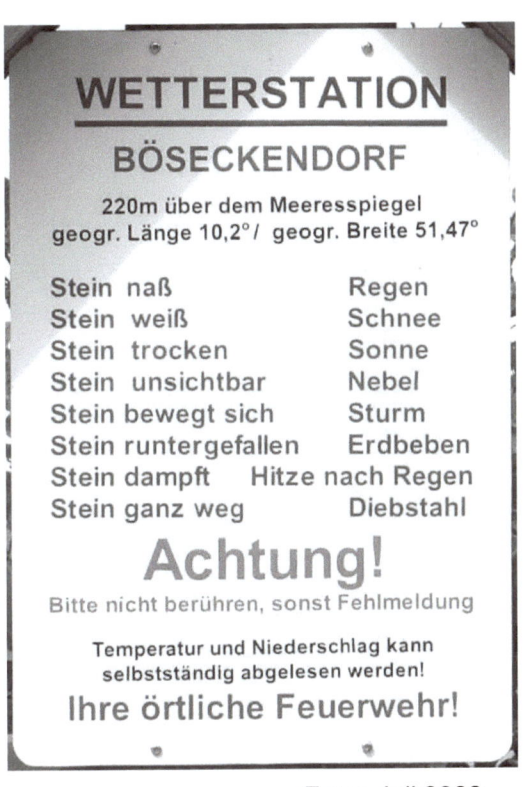

Die Wetterstation bei der Feuerwehr   Fotos Juli 2006

Flächenmasse

1 Acker	1 Morgen
1 Forling	½ Morgen (Acker)
1 Ar	100 m²
1 Hufe	30 Morgen[72] (Acker) - auch 32 Morgen
1 Morgen	1 Acker = 2 Forling - ca. 26,60 Ar (a)
	- ca. 27,30 Ar (a) für das Untereichsfeld

Hohlmasse

Ma.	Malter (altes Kornmass, ca. 180 l)	1 Malter	= 6 Scheffel
Sche.	Scheffel (altes Kornmass, ca. 30 l)	1 Scheffel	= 4 Metzen
Me.	Metze (altes Kornmass, ca. 7,5 l)	1 Metze	= 4 Köpfchen
Kop.	Köpfchen (altes Kornmass, ca. 1,9 l)	1 Köpfchen	= ¼ Metze

Währungen

1 Gulden	fl = floren[tiner]	1 Gulden	= 20 Schneeberger
1 Rtlr.	Reichstaler	1 Reichstaler	= 24 Gr. = 30 Fgr.
1 Fgr.	Fürstengroschen	30 Fgr.	= 1 Reichstaler
1 Gr.	Groschen	1 Groschen	= 12 Pfennig
1 Schb.	Schneeberger	1 Schneeberger	= 12 Pfennig
1 pf.	Pfennig (§ - in den Klosterbüchern mit "d." für denarius abgekürzt)		
	1 Pfennig = 2 Heller		
1 he.	Heller	1 Heller	= ½ Pfennig
1 Thaler	Thaler, Taler	1 Thaler	= 3 Mark Preußen, ab 1851
1 M., Mk.	Mark, Reichsmark	1 Mark	= 100 Pf. (auch "d" für denarius)

Blick vom Dach von "Schmetts" Hof (Dorfstr. 41)   Foto 1992

---

[72] Kloster Teistungenburg rechnete die Hufe zu 30 Morgen

Quellenverzeichnis

Q001 Abschrift der Kirchenbücher von Böseckendorf durch Christina Klingebiel, (*14.07.1881 Böseckendorf)

Q002 Firmlisten von Böseckendorf, transkribiert von Franz Zwingmann† und Rita Häger

Q003 "Prothocollum Teistungenburgensis" 1659-1676

Q004 Aufstellung der Herdstellen in Böseckendorf vom 17. September 1674 (aus "Prothocollum Teistungenburgensis" 1659-1676, S. 446-448)

Q005 Helmut Godehardt: Aus der Geschichte des ehemaligen Zisterzienserinnenklosters Teistungenburg. Mecke, Duderstadt 1999. ISBN 3-932752-39-2

Q006 Aufstellung der Gerechtigkeitsbesitzer in Böseckendorf 1861 (Franz Zwingmann†)

Q007 Diverse Wähler- und Steuerlisten aus Böseckendorf, 19. Jahrhundert

Q008 Adressbuch für den Kreis Worbis/Eichsfeld, 1937/38. Abschrift des Teils Böseckendorf durch Frau Agnes Eckardt

Q009 Einwohnerbuch und Behördenverzeichnis für den Kreis Worbis/Eichsfeld, Verlag und Druck: Markewitz, Mühlhausen i. Th., Ausgabe 1941. Abschrift des Teils "Böseckendorf" durch Frau Agnes Eckardt

Q010 Schematischer Lageplan der Höfe in Böseckendorf 1950, gezeichnet von Herrn Ewald Napp, Nordhorn

Q011 Hausinschriften in Böseckendorf und Glasehausen. Gesammelt von Joh. Hunold, Vikar in Küllstedt. Aus "Unser Eichsfeld", Oktoberheft 1925

Q012 Levin Freiherr von Wintzingeroda-Knorr: Die Wüstungen des Eichsfeldes. Halle 1903. Reprint Mecke, Duderstadt 1995. ISBN 3-923453-70-1

Q013 Stadtarchiv Duderstadt, Bestand Mecke 308-34/14 (mit freundlicher Genehmigung)

Q014 Stadtarchiv Duderstadt, Bestand Mecke 308-34/11 (mit freundlicher Genehmigung)

Q015 Stadtarchiv Duderstadt, Bestand Mecke 308-34/13 (mit freundlicher Genehmigung)

Q016 Stadtarchiv Duderstadt, Bestand Mecke 308-34/12 (mit freundlicher Genehmigung)

Q017 Bernhard Opfermann: Die kirchliche Verwaltung des Eichsfeldes in seiner Vergangenheit. St. Benno-Verlag Leipzig 1958)

Q018 WIKIPEDIA www.wikipedia.de

Q019 Urfehdenbuch 1620/1687, StA Duderstadt

Q020 Hans-Wilhelm Wiesemüller: Chronik von Nesselröden Bd. 1. Mecke, Duderstadt 1977

Q021 Karl Wüstefeld "Kloster Teistungenburg im Eichsfeld" (Verlag Eichsfelder Heimatbote, 1936)

Q022 Eichsfelder Heimathefte 1/1989 S. 088 / Beitrag von: Edgar Rademacher "Ausführliche geographisch-statistisch-topographische Beschreibung des Regierungsbezirkes Erfurt". Bearbeitet von C. A. Noback, Erfurt 1840

Q023 StA Duderstadt, Urkunden Neue Folge Nr. 186

Q024 http://eichsfeldwiki.de

Q025 Landesarchiv Sachsen-Anhalt (LASA), H 30, Uk Nr. 31. (Benutzungsort: Wernigerode) Gutsarchiv Bockelnhagen >> 01. Urkunden >> 01.05. Lehnsbriefe des Stifts Quedlinburg

Q026 Landesarchiv Sachsen-Anhalt (LASA), H 30, Uk Nr. 32. (Benutzungsort: Wernigerode) Gutsarchiv Bockelnhagen >> 01. Urkunden >> 01.05. Lehnsbriefe des Stifts Quedlinburg

Q027 Carl Scharfenberger: Die lateinischen Urkunden der "Politischen Geschichte des Eichsfeldes" und der "Eichsfeldischen Kirchengeschichte" in deutscher Übersetzung. Eichsfeld Verlag, Heiligenstadt 2009, ISBN 978-3-935782-14-2

Q028 Anno 1673: Jurisdiktionalbuch des kurmainz. Amtes Rusteberg im StA Magdeburg mit der Standorts-Signatur A39a, XXII, Nr. 13 (in Nr. 14 nicht enthalten!), Blatt 658 r alle Klingebiel

Q029   Urkunde aus dem Kirchturmknauf in Böseckendorf

Q030   Herr Ewald Napp, Nordhorn

Q031   Heimatland, Illustrierte Blätter für die Heimatkunde des Kreises Grafschaft Hohenstein, des Eichsfeldes und der angrenzenden Gebiete. Herausgegeben von Wilhelm Kolbe. 11. Jahrgang, 1. Januar 1915, S. 52-54

Q032   Hamburger Abendblatt, Ausgabe vom 18.03.2010

Q033   Sigrid Aschoff / 19.12.2013 / Thüringer Allgemeine

Q034   www.sachsengeschichte.de/altsachsen.html

Q035   www.history-vision.de

Q036   "Frankenreich 768-811". Lizensiert unter Creative Commons Attribution-Share Alike 3.0 über Wikimedia Commons - http://commons.wikimedia.org/wiki/File:Frankenreich_768-811.jpg#mediaviewer/Datei:Frankenreich_768-811.jpg

Q037   Niedersächsisches Landesarchiv, HStA Hannover

Q038   Gerhard Reddemann: Teistungenburg 700 Jahre alt (in: Eichsfelder Heimatstimmen, wann?)

Q039   Landesarchiv Sachsen-Anhalt (LASA), H 30, Uk Nr. 2. (Benutzungsort: Wernigerode) Gutsarchiv Bockelnhagen >> 01. Urkunden >> 01.01. Afterlehen

Q040   Landesarchiv Sachsen-Anhalt (LASA), H 30, Uk Nr. 4. (Benutzungsort: Wernigerode) Gutsarchiv Bockelnhagen >> 01. Urkunden >> 01.01. Afterlehen

Q041   Aloys Schmidt, Julius Jaeger: Urkundenbuch des Eichsfeldes Teil 1. Magdeburg 1933, Nachdruck Mecke, Duderstadt 1997. ISBN 3-932752-07-4

Q042   www.sieland-online.de

Q043   Landesarchiv Sachsen-Anhalt, Abt. Magdeburg, U18, I, Nr. 4

Q044   Landesarchiv Sachsen-Anhalt, Abt. Magdeburg, U18, I, Nr. 3

Q045   Manfred Weber: Die Süpplingenburger Dorfchronik, Süpplingenburg 2002, S. 23-46

Q046   Johann Wolf: Eichsfeldisches Urkundenbuch. Göttingen 1819

Q047   Seminarfacharbeit "Böseckendorf – die größte Massenflucht aus der DDR". Autoren: Franziska Bauer, Nikola Kramer, Isabel Senge. Worbis, 06.10.2010

Q048   Julius Jäger: Urkundenbuch von Teistungenburg

Q049   Philipp Knieb: Zur Geschichte des Cisterzienserinnen-Klosters Teistungenburg. Aus "Unser Eichsfeld" 1916-1917

Q050   Übersetzung durch Herrn Leo Engelhardt, Nordhorn

Q051   Anton Ulrich von Erath: Codex Diplomaticus Quedlingenburgensis. Frankfurt a.M. 1764 http://reader.digitale-sammlungen.de/de/fs2/object/display/bsb10939981_00842.html

Q052   Bernd Sternal: Die Harzgeschichte Band 3: Das Spätmittelalter. Books on Demand GmbH, Norderstedt 2013. ISBN 978-3-7322-6348-6

Q053   http://commons.wikimedia.org/wiki/File:Reinstein_(Merian).jpg#mediaviewer/File:Reinstein_(Merian).jpg

Q054   Eichsfelder Tageblatt, Ausgabe vom 13.09.2014

Q055   Helmut Lüder, KptLt. a.D.: Die Geschichte der Ortschaft Bartolfelde

Q056   Landesarchiv Sachsen-Anhalt (LASA), Abteilung: MD, Benutzungsort: Wernigerode, 2011 Findbuch zum Bestand Knorr (E82)

Q057   FENSKE, Lutz; SCHWARZ, Ulrich (Hg.): Das Lehnsverzeichnis Graf Heinrichs I. von Regenstein 1212/1227. Gräfliche Herrschaft, Lehen und niederer Adel am Nordostharz. (Veröffentlichungen des Max-Planck-Instituts für Geschichte 94). Vandenhoeck & Ruprecht, Göttingen 1990. ISBN 3-525-35630-7

Q058   "Putzger 1900 Deutschland und Italien 1803" von Geographische Anstalt von Velhagen & Kla-
        sing, Leipzig - Alfred Baldamus; Ernst Schwabe (Hg.): F. W. Putzgers Historischer Schul-Atlas zur
        alten, mittleren und neuen Geschichte. 24. Aufl. Velhagen & Klasing, Bielefeld / Leipzig 1900, S.
        26f.. Lizenziert unter Gemeinfrei über Wikimedia Commons –
        http://commons.wikimedia.org/wiki/File:Putzger_1900_Deutschland_und_Italien_1803.jpg#med
        iaviewer/File:Putzger_1900_Deutschland_und_Italien_1803.jpg

Q059   Eichsfeldisches Urkundenbuch, Johann Wolf 1819, mit Übersetzungen der lateinischen Doku-
        mente von Carl Scharfenberger. Hrsg. Maik Pinkert, Eichsfeld-Verlag, Heiligenstadt 2004, ISBN:
        3-935782-05-5

Q060   Der Tagesspiegel, Berlin. BERLINER Chronik SERIE 2. Oktober 1961 Jahre Mauerbau

Q061   Hannoversche Allgemeine Zeitung, Ausgabe vom 21.08.2009

Q062   Archiv des Grenzlandmuseums Eichsfeld, Teistungen

Q063   "Prothocollum Teistungenburgensis" 1659-1676; Transkription: Uwe Klingebiel, Wien

Q064   MDR-Film "Böseckendorf – Flucht in den Westen": www.mdr.de/damals/avobjekt152.html

Q065   Adreßbuch des Landkreises Worbis (Eichsfeld). Ausgabe 1948. Mit den neuesten Fernsprech-
        nummern. Gestützt auf amtliche Quellenangaben. 686 S. Thüringer Volksverlag, Zweignieder-
        lassung Heiligenstadt. Nachdruck Rockstuhl-Verlag 2014.

Q066   Adreßbuch des Landkreises Worbis (Eichsfeld). Ausgabe 1937/38

Q067   Frau Mechthild Borchardt geb. Zwingmann, Tiftlingerode

Q068   www.ddr-wissen.de/wiki/ddr.pl?LPG

Q069   Südhannoverscher Heimatkalender - 1965 - Von Thea Herfeld, Göttingen

Q070   Landesarchiv Sachsen-Anhalt (LASA), Signatur: C 96 I, VIII Nr. 78 Titel: Flurnamen des Kreises
        Worbis - Böseckendorf

Q071   Copiarium Monasterii Teistungenburg Ex orig. conscriptum et donatum a Gustavo Schmidt, Dr.
        phil. am Gymnasium Halberstadt. Bestand LASA, Magdeburg, Copiare Nr. 1539a

Q072   www.zeno.org

Q073   www.retrobibliothek.de/retrobib/kuenstler/index_kuenstler_AE.html

Q074   Gerichtshandelsbuch Teistungenburg 1676-1711, Landesarchiv Sachsen-Anhalt (LASA), MD,
        A42, c Nr. 1; Transkription: Uwe Klingebiel, Wien

Q075   Walter Prochaska: gesammelte Unterlagen zu Böseckendorf

Q076   Johann Wolf: Politische Geschichte des Eichsfeldes Bd. I. und II. Göttingen 1792 und 1793.
        Nachdruck Mecke, Duderstadt 1993. ISBN 3-923453-48-5

Q077   Articuli probatoriales 1644, Landesarchiv Sachsen-Anhalt (LASA), MD, A42, c Nr. 20
        Transkription: Uwe Klingebiel, Wien

Q078   Dr. Julius Jaeger: Urkundenbuch der Stadt Duderstadt bis zum Jahre 1500. Hildesheim 1885.
        Neudruck H. Th. Wenner, Osnabrück 1977. ISBN 387898 113 3

Q079   Schulchronik Böseckendorf

Q080   Protokollbuch der Gemeinde Böseckendorf vom 26. Oktober 1940

Q081   Pfarrchronik Neuendorf

Q082   Niedersächsisches Staatsarchiv, Forstweg 2, 38302 Wolfenbüttel. Bestand 60 Urk Nr. 184

Q083   Walter Prochaska: Der Wüstungsvorgang auf dem Mittel- und Südeichsfelde. 2. Bösekendorf.
        Eichsfelder Heimatstimmen 1987, Heft 5, S. 217

Q084   Bernhard Opfermann: Die Klöster des Eichsfeldes in ihrer Geschichte. 3. Aufl. Cordier, Heili-
        genstadt 1998. ISBN 3-929413-46-9

Q085   Schematismus des Bistums Paderborn, wozu das Eichsfeld bis 1929 gehörte:
http://sammlungen.ulb.uni-muenster.de/hd/periodical/titleinfo/2822722
http://sammlungen.ulb.uni-muenster.de/hd/periodical/titleinfo/2825101
http://digital.ub.uni-paderborn.de/retro/urn/urn:nbn:de:hbz:466:1-12862
Hier gibt es folgende Jahrgänge: 1849, 1858, 1863, 1868, 1873, 1881, 1888, 1893, 1895, 1899 und 1913.

Q086   Necrologium Paderbornense (1822-1930) von Prof. Dr. Wilhelm Liese

Q087   Public Domain / Bundesministerium für innerdeutsche Beziehungen

Q088   Thüringer Tageblatt, Ausgabe vom 13. Juli 1989

Q089   Mitteldeutscher Rundfunk www.mdr.de/damals/archiv/zeitstrahl/artikel83934.html

Q090   Bernhard Opfermann: Gestalten des Eichsfeldes. 2. Auflage 1999, Cordier, Heiligenstadt. ISBN 3-929413-37-X

Q091   Otto Posse: Die Siegel des Adels der Wettiner Lande bis zum Jahre 1500. 2. Band: Buchstaben B und C. Baensch, Dresden 1906

Q092   Peter Aufgebauer: Geschichte einer Grenzlandschaft. Aus: Das Eichsfeld – ein deutscher Grenzraum (div. Verfasser). Mecke, Duderstadt 2002. ISBN 3-932752-95-3

Q093   www.glasnost.de

Q094   Otto Posse: Die Siegel des Adels der Wettiner Lande bis zum Jahre 1500. 4. Band: Buchstaben HER bis M. Baensch, Dresden 1911

Q095   Otto Posse: Die Siegel des Adels der Wettiner Lande bis zum Jahre 1500. 3. Band: Buchstaben D bis HEN. Baensch, Dresden 1908

Q096   Otto Posse: Die Siegel des Adels der Wettiner Lande bis zum Jahre 1500. 5. Band: Buchstaben N bis Schellevilz. Baensch, Dresden 1917

Q097   www.witikobund.de

Q098   FOCUS Online www.focus.de

Q099   Friedrich-Ebert-Stiftung www.fes.de/archiv/adsd_neu/inhalt/stichwort/wandel.htm

Q100   www.zeitklicks.de

Q101   Bundesminsterium der Finanzen www.bundesfinanzministerium.de

Q102   Klaus Matwijow, Pfingstanger 1, 37412 Herzberg (ehemaliger Pressefotograf des Eichsfelder Tageblatts)

Q103   SPIEGEL Online www.spiegel.de

Q104   Freiwillige Feuerwehr Angerstein www.ff-angerstein.de

Q105   Kalenderblatt der Deutschen Welle www.kalenderblatt.de

Q106   Hildesheimer Allgemeine Zeitung von 1973: "Was vor 20 Jahren Schlagzeilen machte"

Q107   Brief vom 28. Mai 1952: Elisabeth Nolte geb. Schmalstieg, Immingerode, an Karl Schmalstieg

Q108   Bundesanstalt für politische Bildung www.bpb.de

Q109   Volker Rekittke u. Klaus Martin Becker, Diplomarbeit, Düsseldorf, 17.11.1995: "Politische Aktionen gegen Wohnungsnot und Umstrukturierung und die HausbesetzerInnenbewegung in Düsseldorf von 1972 bis heute"

Q110   StA Duderstadt Dud 1 Nr. 3384

Q111   StA Duderstadt Dud 1 Nr. 3317

Q112   Landesarchiv Sachsen-Anhalt (LASA) A 37a, Nr. 1349

Q113   Kopialbuch Teistungenburg 1284, Fol. 179 r. – 181r

Q114   Kopialbuch Teistungenburg 1284, Fol. 155 – 156

Q115   Eichsfeld – Burgen und Klöster. HVE Eichsfeld Touristik Leinefelde-Worbis 2006 Text: Elmar Golland

Q116   http://www.wintzingerode.de/index.php?option=com_content&view=article&id=23:chronik-von-walter-vw-burg-bodenstein&catid=35:burg&Itemid=55

Q117   Wilhelm Clothar Freiherr von Wintzingerode: Geschichte der Familie von Wintzingerode, Gotha 1913, S. 286. (Aus: Mario Diederich: Chronik Tiftlingerode Bd. I., 2004, S. 46.)

Q118   Walter Prochaska aus Dölle: Regesten Kloster Beuren, Eichsfelder Heimathefte 2/1966 ff

Q119   Egon Kreißl: Chronik von Nesselröden Bd. 2. Mecke, Duderstadt 1987. S. 389/390. Aus: Kreisarchiv Göttingen, Abt. III, F6 Nr. 72

Q120   Johann Wolf: Geschichte und Beschreibung der Stadt Duderstadt, Göttingen 1803

Q121   Johann Wolf: Geschichte und Beschreibung der Stadt Heiligenstadt, Göttingen 1800

Q122   Johann Wolf: Eichsfeld. In: Allgemeine Encyklopädie der Wissenschaften und Künste, Erste Section A-G, Leipzig 1838

Q123   Hessisches Staatsarchiv Marburg, HStAM Bestand 3 in Nr. 2131

Q124   Pfarrer Lehne, Immingerode: Die ersten Zeiten von Immingerode. Aus: "Unser Eichsfeld", November 1933, S. 286/287

Q125   "Unser Eichsfeld" 1916, Seite 67

Q126   "Unser Eichsfeld" 1916, Seite 31

Q127   Joachim Döbler: Wohnen im Nachkriegs-Hamburg: Wohnungszwangswirtschaft in der rechtshistorischen Entwicklung bis 1945

Q128   Ulrike Kliesch, Gesa Schiffmann, Julia Wilke: Leben nach dem Überleben - Zur Lage der Bevölkerung www.uni-giessen.de/~g807/ueberleben.pps

Q129   Rudolf Knappe - Mittelalterliche Burgen in Hessen. Gudensberg, 2000

Q130   Gottfried Christian Voigt: Geschichte des Stifts Quedlinburg, 3. Bd. Quedlinburg 1791

Q131   Copialbuch Teistungenburg 1250-1598. LASA, MD, E 84, VII Nr. 4

Q132   Directorium Diplomaticum oder chronologisch geordnete Auszüge von sämmtlichen über die Geschichte Obersachsens vorhandenen Urkunden; Erster Band. Altenburg 1821

Q133   Eberhard von Wintzingerode: Stammbaum der Familie von Wintzingerode, mit biographischen Erläuterungen. Göttingen 1848

Q134   Klaus Grote: Bernshausen. Bonn 2003

Q135   Johannes Kurt Merker: Aus Gnaden. Roman aus der Zeit der Gegenreformation auf dem Eichsfeld. Verlag Thüringer Evangelisches Sonntagsblatt e.V., Neudietendorf i. Thüringen 1929

Q136   www.gottsleben-genealogie.de/eichsfeld_geschichte.htm

Q137   Friedrich von Sydow: Thüringen und der Harz, mit ihren Merkwürdigkeiten, Volkssagen und Legenden. Sondershausen 1839

Q138   Johann Georg Leuckfeld: Antiquitates Poeldenses oder Historische Beschreibung des vormahligen Stiffts Poelde. Wolffenbüttel 1707

Q139   Johannes Michael Heineccius: Antiquitatum Goslariensum et Vicinarum Regionum Libri sex. Frankfurt a. Main 1752

Q140   August von Wersebe: Beschreibung der Gaue zwischen Elbe, Saale und Unstrut, Weser und Werra, in sofern solche zu Ostfalen mit Nord-Thüringen, und zu Ost-Engern gehört haben, und wie sie im 10ten und 11ten Jahrhunderte befunden sind. Hannover 1829

Q141   Thüringisches Hauptstaatsarchiv Weimar, Unterlagen betreffend "Aktion Kornblume"

Q142   Torsten Capelle: Zur Kontinuität der Sachsen von den Anfängen bis zur Karolingerzeit. In: Studien zur Sachsenforschung, 12. S. 75-81, Isensee Verlag, Oldenburg 1999

Q143   Manfred Rech: Chauken und Sachsen in der schriftlichen Überlieferung. In: Dieter Bischop: Siedler, Söldner und Piraten - Chauken und Sachsen im Bremer Raum (Bremer Archäologische Blätter, Beiheft 2/2000). S. 119-134, Der Landesarchäologe, Bremen

Q144   Torsten Capelle: Die Sachsen des frühen Mittelalters. 160 S., Theiss Verlag, Stuttgart 1998

Q145   Nordhausen-Wiki http://nordhausen-wiki.de/index.php?title=Seite:Gr%C3%BCndungsurkunde_Nordhausen_927.jpg

Q146   https://la.wikisource.org/wiki/Disputatio_pro_declaratione_virtutis_indulgentiarum

Q147   H. Ph. Cappe: Beschreibung der Münzen des vormaligen kaiserlichen freien weltlichen Stifts Quedlinburg. Dresden 1851

Q148   Johann Wolf: Eichsfeldische Kirchengeschichte mit 134 Urkunden. Göttingen 1816

Q149   Franz Winter: Die Cistercienser des nordöstlichen Deutschlands. 2. Teil. Gotha 1871

Q150   Unterlagen aus dem Besitz von Herrn Franz Georg Pfützenreuter, Leinefelde

Q151   Klaus Matwijow: Begegnungen. Menschen - Ansichten - Ereignisse in der Region Eichsfeld. Mecke, Duderstadt 2009. ISBN 978-3-86944-005-7

Q152   Philipp Knieb: Der Bauernkrieg auf dem Eichsfelde. In: "Unser Eichsfeld", VII. Jahrgang 1912

Q153   Dr. Ewald Genau: Das Schicksal der Goldenen Mark Duderstadt. In: Goldene Mark, 26. Jahrg. 1975, Heft 2

Q154   Max von Westernhagen: Geschichte der Familie von Westernhagen auf dem Eichsfelde während eines Zeitraums von 7 Jahrhunderten. Erfurt 1909. Reprint Eichsfeld-Verlag, Heiligenstadt 2003. ISBN 3-935782-01-2

Q155   StA Duderstadt, Sign. Rep 2 Urkunden N.F. Nr. 186, Transkription: Uwe Klingebiel, Wien

Q156   LASA, H30, Urkunden Nr. 2

Q157   LASA, H30, Urkunden Nr. 4

Q158   LASA, H30, Nr. 386

Q159   Google Maps

Q160   www.dw.com Autorin: Daphne Antachopoulos

Q161   Kommissariatsarchiv Heiligenstadt Fach 285, 3

Q162   Landesarchiv Sachsen-Anhalt (Wernigerode), Familienarchiv von Westernhagen, E 84, Titel VII Nr. 4, Seite 141. Transkription: Uwe Klingebiel, Wien

Q163   Herr Rudolf Eckermann, Duderstadt

Q164   Festschrift zur 700-Jahrfeier von Neuendorf 1297-1997. Mecke Druck, Duderstadt 1997

Q165   700 Jahre Glasehausen 1300-2000. Cordier, Heiligenstadt 2000

Q166   900 Jahre Teistungen. Rat der Gemeinde Teistungen 1990

Q167   700 Jahre Steinbach 1297-1997. Cordier, Heiligenstadt 1997

Q168   www.planet-wissen.de Autorin: Sabine Kaufmann

Q169   Maria Hauff und Hans-Heinrich Ebeling: Duderstadt und das Untereichsfeld - Lexikon einer Landschaft in Südniedersachsen. Mecke, Duderstadt 1996. ISBN 3-923453-85-X

Q170   Johannes Christoph Harenberg: Historia Ecclesiae Gandershemensis Diplomatica. Hannover 1734

Q171   D. Friderich Ernst Kettner: Antiquitates Quedlinburgenses oder Keyserliche Diplomata, Päbstliche Bullen / Abteyliche und andere Uhrkunden von dem Keyserlichen Freyen Weltlichen Stiffte Quedlinburg. Leipzig 1712

Q172   Anna Egler: Das Zisterzienserinnenkloster Teistungenburg (ca. 1260-1809). S. 53-104 in: Eichsfeld-Jahrbuch 2013. Mecke, Duderstadt 2013. ISBN 978-3-86944-103-0

Q173   Die Zeit, Ausgabe vom 13. Oktober 1961

Q174   Union in Deutschland - Informationsdienst der Christlich-Demokratischen und Christlich-Sozialen Union. Nr. 45/1961 Bonn

Q175   Göttinger Tageblatt, Ausgabe vom 24. Juli 1989

Q176   Johann Wolf: Geschichte des Geschlechts von Hardenberg. I. Theil mit 132 Urkunden. Göttingen 1823

Q177   Bischöfliches Kommissariats-Archiv Heiligenstadt, Fach 285 Nr. 5 Besitzungen, Einkünfte, Rechnungswesen 1699

Q178   Carl Duval: Das Eichsfeld, mit 24 Ansichten. Sondershausen 1845

Q179   Johann Gottfried Hoche: Vollständige Geschichte der Grafschaft Hohenstein. Halle 1790

Q180   Uwe Klingebiel: Arbeitsprogramm Böseckendorf im 17. Jhd (pdf-Datei), Wien 2017

Q181   Klosterrechnung Teistungenburg für 1672/73. Kommissariats-Archiv Heiligenstadt Fach 285

Q182   Klosterrechnung Teistungenburg für 1674/75. Kommissariats-Archiv Heiligenstadt Fach 285

Q183   Klosterrechnung Teistungenburg für 1675/76. Kommissariats-Archiv Heiligenstadt Fach 285

Q184   Klosterrechnung Teistungenburg für 1677/78. Kommissariats-Archiv Heiligenstadt Fach 285

Q185   Universitäts- u. Landesbibliothek Düsseldorf http://digital.ub.uni-duesseldorf.de

Q186   Die Grenze im Eichsfeld. Verlag Göttinger Tageblatt 1991. ISBN 3-924781-20-6

Q187   Teistungenburger Copialbuch 1620-1657

Q188   Unser Eichsfeld 1932, kurze Chronik vom Eichsfelde

Q189   Ewald J. Frankenberg: Ortsfamilienbuch Struth; Allgemeines. Weilerswist 2011

Q190   Göttinger Tageblatt vom Mittwoch, dem 4.10.1961, Seite 1. Die Zeitung schreibt: am Dienstag-abend. Herr Georg Klingebiel erinnert sich anders: gegen Mittag.

Q191   Aus der Geschichte von Immingerode. Von Pfarrer Lehne in Immingerode. Aloys Mecke, Duderstadt 1934

Q192   Der Kulturkampf und seine Auswirkungen auf dem Eichsfeld und im Fuldaer Land. Dr. Dr. Adalbert Dölle. Mecke, Duderstadt 1987. ISBN 3-923 453-24-8

Q193   Freiwillige Feuerwehr Böseckendorf
        https://www.facebook.com/Feuerwehr-B%C3%B6seckendorf-318164318217654/

Q194   Eichsfelder Heimathefte 4/1986

Q195   Akten des Staatsarchivs Hannover Cal.Br.Arch.33IIB2a Nr. 394, Cl.Br.Arch.53IIB2b Nr. 397d (Walter Prochaska)

Q196   TLZ vom 24. und 29. April 1997

Q197   mündliche Überlieferung Magdalena Schmalstieg geb. Klingebiel 2014

Q198   Die Dorfgeschichte von Westerode, Mecke, Duderstadt 1996. ISBN 3-923453-75-2, S. 30

Q199   Dr. Christoph Lerch: Duderstädter Chronik von der Vorzeit bis zum Jahre 1973. Mecke, Duderstadt 1979.

Q200   Eintrag im Prothocollum Teistungenburgensis – aus der Version im Westernhagener Familienarchiv (Landesarchiv Sachsen-Anhalt, MD, F37, I Nr. 7 Bd.1) Fol. 536. Transkription: Uwe Klingebiel, Wien.

Q201   Stadtarchiv Duderstadt 324-41,1

Q202   Ansgar Merten (Aufzeichnungen seines Vaters)

Q203   Verkündigungsbuch für die katholische Pfarrvikarie Bösekendorf. Pfarrer Barabasch; 8. Mai 1955 bis 27. Dezember 1959.

Q204   Kopialbuch Teistungenburg 1620–1657; Transkription: Uwe Klingebiel, Wien 2021.

Q205   Ulrich Leander Braun: Siedlungsstrukuren in Niedersachsen: Dörfer auf dem Eichsfeld

Q206   Waldbesitzer-Liste Nonnenholz 1932 (Stand: 25.02.1932)

Q207   Waldbesitzer-Liste Gräselei und Nonnenholz 1964 (Stand: 15.05.1964)

Q208   Henning Müller, Adolf-Sievert-Str. 3, 37085 Göttingen www.eichsfelder-postkarten.online

Q209   Duderstadt Chronik 1683 von Johannes Barckefeldt. Hrsg. Dr. Julius Jaeger, Mecke 1920.

Q210   Duderstadt 1929-1949. Untersuchungen zur Stadtgeschichte im Zeitalter des dritten Reichs. Hans-Heinrich Ebeling, Hans-Reinhard Fricke. Mecke 1992.

Q211   Alfred Merten: Persönliche Erinnerungen an das Jahr 1945

Q212   Dieter Wagner: Fluchten aus Böseckendorf, in EHZ 49 (2005), S. 9-13

Q213   Gerhard Schmalstieg, Bocholt

Q214   Transkription: Uwe Klingebiel, Wien

Q215   https://www.lindenberg-eichsfeld.de/gemeinden/teistungen/ot_boeseckendorf__bleckenrode/vereine/index_ger.html

Q216   Eichsfelder Heimatglocken Mai 1923 (Hanßmann, Hermann, Lehrer, Brehme.). S. 72 und Godehardt S. 53 ff.

Q217   UB Plesse (Anm. 1), Nr. 116
Q218   von Wintzingerode-Knorr: "Die Wüstungen des Eichsfeldes"
Q219   Protokollbuch der Gemeinde Bösekendorf vom 26. Oktober 1940
Q220   Robert Schmalstieg
Q221   Heinrich Oidtmann, Linnich/Rhld.
Q222   Leo Engelhardt, Nordhorn (mündlich überliefert von Eduard III. Zwingmann, Nesselröden)

"Meierei-Hof" (alte Haus-Nr. 35). Links der große Schweinestall der LPG, davor Futtersilo und Wiege-häuschen; Foto Jan. 1992

Abholung des Bischofs zur Firmung, v.l.n.r. Reinhold **Müller**?, Ferdinand **Schmalstieg**, Alfons **Müller**?, im Hintergrund Bildmitte "Emma Leineweber" (Dorfstr. 17)   (1957?)